역사저널

그날

7

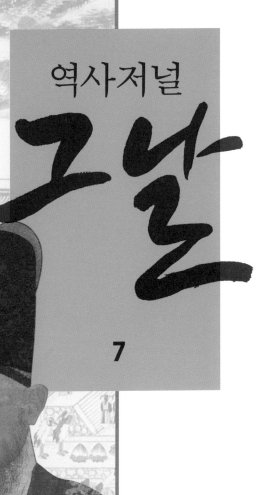

역사저널

그날

7

영조에서 순조까지

KBS 역사저널 그날 제작팀

민음사

　　우리 역사 속에서 '역사를 바꾼 결정적 그날'로 언제를 꼽을 수 있을까? 왕건이 궁예를 몰아낸 날, 이성계가 위화도회군을 한 날, 세종이 훈민정음을 창제하고 반포한 날, 이순신 장군이 명량해전에서 승리를 거둔 날, 안중근 의사가 이토 히로부미를 사살한 날 등 많은 날을 떠올릴 수 있을 것이다. 그리고 이처럼 역사적인 그날이 있기까지 많은 정치적·사회적 모순과 그것을 극복하려는 인간의 대응이 있었다.

　　「역사저널 그날」은 다양한 패널이 우리 역사를 바꾼 그날로 들어가서 당시 상황을 소개하고 자신의 소회를 피력하는 독특한 형식의 프로그램으로 출발했다. 그동안 KBS에서는 「TV 조선왕조실록」, 「역사스페셜」, 「한국사傳」 등 많은 역사 프로그램을 제작해 왔지만, 토크 형식으로 역사를 이야기하는 시도는 처음이었다. 다행히 '역사와 이야기의 만남'은 역사를 보는 새로운 관점을 제시하였고, 「역사저널 그날」은 역사 교양 대표 프로그램으로 자리 잡아 가고 있다. 이 책은 '그날'의 배경을 먼저 서술하여 독자의 이해를 도운 후 방송의 내용을 체계적으로 정리하는 방식을 취한다. 주요 내용을 압축한 소제목을 제시하여 사건의 흐름을 파악하기 쉽게 했고, 필요에 따라 관련 사료와 도판을 삽입하여 방송에서 다룬 영상을 좀 더 구체적으로 전달하고자 했다.

　　이번 책에서는 무신란을 시작으로 박문수의 활동과 사도세자의 죽음을 통해 영조 시대를 살펴보고, 정조의 개혁과 죽음을 재조명해 보았다. 그리고 안동 김씨의 세도정치가 시작되는 그날에서 차별과 수탈에 저항으로 맞선 홍경래의 난까지 격동의 역사를 담았다. '영조, 반란의 칼끝에 탕평으로 맞서다'는 영조의 즉위에 불만을 품은 소론과 남인 급진파가 일으킨 무신란에 맞선 영조의 대처를 소개한다. '백성들의 슈퍼 히어로, 어사 박문수'는 암행어사의 대명사로 알려진 박문수가 영조 시대에 펼쳐진 탕평 정치와 경제개혁의 최일선에서 활약한 관료임을 균역법의 시행 등 여러 사례를 통해 밝힌다. '아바마마, 소자의 죽을죄가 무엇이옵니까'는 영조가 사도세자를 뒤주에 가두어 죽인 '임오화변'의 배경과 과정을 극적 기법으로 보여 준다. 정조라는 대안이 있었기에 사도세자를 죽일 수 있었다는 해석도 눈길을 끈다. '죄인의 아들 정조, 왕이 되다'는 아버지의 비극적 죽음을 겪은 정조가 반대 세력을 끌어안으면서 수행한 여러 개혁 정책과 성과를 소개하고, 규장각의 설치와 수원 화성의 건설 등도 살펴본다. '정조, 소상인의 눈물을 닦아 주다'는 1791년에 단행된 정조 대의 대표적 경제개혁인 '신해통공(辛亥通共)'을 집중적으로 다룬다. 신해통공은 정치권력과 결탁해 독점을 일삼아 온 시전 상인의 특권을 없애고, 자유롭게 성장한 소상인들의 생업을 보장한 획기적 조치였다. '정조 최후의 날, 죽음을 둘러싼 미스터리'는 정조의 죽음에 얽힌 여러 가지 의문을 풀어 가면서 '정조 독살설'이 나타난 경위를 파악해 보고 정조 시대를 평가한다. '순조, 김조순의 딸을 왕비로 맞던 날'은 19세기 안동 김씨 세도정치의 서막을 연 김조순의 역할과 세도정치의 여러 양상을 보여 준다. 소수 세도 가문에 권력이 집중되면서 성행한 매관매직은 수령들이 백성들을 착취하는 결과로 이어졌다. '홍경래의 난, 저항의 시대를 열다'는 19세기 민란의 시작점으로 볼 수 있는 홍경래의 난이 일어난 원인과 경과를 상세하게 다루었다.

이 책이 탄생할 수 있었던 데에는 역사학자들의 논문이나 저서를 두루 섭렵하고 영상 매체로 역사를 쉽게 전달하기 위해 노력한 역사저널 그날 제작팀의 열정과 노력이 무엇보다 큰 역할을 했다. 특히 방송의 시작부터 지금까지 대중의 눈높이에 맞춰 쉬운 언어로 대본을 써 준 김세연, 최지희, 홍은영, 김나경, 김서경 작가들의 노고가 없었다면 이 책은 탄생하기 어려웠을 것이다. 또한 현재까지 함께 진행하는 최원정 아나운서와 류근 시인을 비롯하여, 「역사저널 그날」에 출연하여 다양한 지식과 정보를 제공해 주셨던 전문가 선생님들께도 감사의 말씀을 드리고 싶다.

필자는 「역사저널 그날」의 기획 단계에서부터 참여하여 지금까지 출연하고 있는 인연 때문인지 이 책에 대한 애정이 누구보다 크다. 이 책을 통해 역사를 바꾼 결정적인 '그날'의 역사로 들어가 당시 인물과 사건을 만나고 이야기하면서 현재의 역사를 통찰해 보기를 권한다.

건국대학교 사학과 교수

신병주

차례

일러두기

- 이 책의 본문은 KBS 「역사저널 그날」의 방송 영상과 대본, 방송 준비용 각종 자료 등을 바탕으로 하되, 책의 형태에 맞도록 대폭 수정하고 사료나 주석, 그림을 보충하여 구성했다.

- 각 장의 도입부에 있는 '그날을 만나면서'는 신병주(건국대학교 사학과)가 집필했다.

- 본 방송에서는 전문가 외 패널이 여러 명 등장하나, 가독성을 고려해 대부분 '그날'로 묶고 꼭 필요한 경우에만 이름을 살렸다.

- 본문에서 인용한 사료는 『국역 조선왕조실록』 등을 바탕으로 하되, 본문의 맥락에 맞게 일부 축약·수정하였다. 원본 사료는 국사편찬위원회의 '조선왕조실록' 홈페이지(sillok.history.go.kr)나 한국고전번역원의 '한국 고전 종합 DB'(db.itkc.or.kr) 등을 통해 확인할 수 있다.

- 실록 등 사료에 표시된 날짜는 해당 문헌에 쓰인 날짜이다. 예를 들어 실록의 날짜는 양력이 아니라 음력이다.

- 이 책의 52, 73쪽 배경에 사용된 그림은 일러스트레이터 붓질의 작품이며, 104, 218, 241, 281쪽 배경에 사용된 그림은 일러스트레이터 잠산의 작품이다.

1

영조,
반란의 칼끝에
탕평으로
맞서다

이복형인 경종의 뒤를 이어 왕위에 오른 영조는 즉위한 지 얼마 되지 않아 큰 저항에 부딪혔다. 이인좌를 비롯한 사대부들이 대규모 반란을 일으킨 것이다. 반란을 주동한 인물이 이인좌여서 '이인좌의 난'으로 부르기도 하고, 반란이 일어난 해가 1728년 무신년이어서 '무신란'이라고도 한다. 인조반정 직후인 1624년에 일어난 이괄의 난 이후 최대 규모의 반란이었다.

영조가 즉위한 후 노론이 정치의 중심에 서자 소론과 남인은 영조를 부정적으로 인식하였고, 이른바 '경종 독살설'은 모락모락 퍼져 나갔다. 영조를 비방하는 흉언이 담긴 괘서도 여러 차례 걸렸다. 이러한 분위기 속에서 이인좌는 반란을 일으켰는데, 경상우도의 정희량 부대와 호남의 박필현 부대도 반란군에 합류하기로 계획되어 있었다. 이인좌가 이끄는 반란군은 파죽지세로 청주성을 함락했다. 이인좌는 청주성을 장악한 뒤 절도사 이봉상과 토포사 남연년을 죽이고 스스로 관품을 정하여 이인좌는 대원수, 권서봉은 목사, 신천영은 병사 등이 되었다.

조정에서는 토벌군을 조직하여 소론 출신인 병조판서 오명항에게 토벌 임무를 맡겼다. 소론이 일으킨 반란인 만큼, 또 다른 소론이 반란을 제압하게 하는 이이제이(以夷制夷)의 방책이었다. 영조로서는 노론만을 옹호하지 않는다는 태도를 보이려는 의도도 있었을 것이다. 영조는 오명항을 사로도순무사로 삼고 박문수를 종사관으로 삼아 즉각 토벌군을 내려보냈다. 이인좌의 반란군은 충청도 진천까지 올라왔다가 두 길로 갈라졌는데, 한 부대는 대원수 이인좌가 지휘하여 경기도 안성으로 향하고, 다른 한 부대는 부원수 정세윤이 지휘하여 경기도 죽산으로 향하였다. 한편 오명항이 이끄는 토벌군은 첩자를 투입해 직산으로 향한다고 선전해 놓고는 안성으로 향하였다. 이인좌의 반란군은 토벌군이 직산으로 향하는 줄로만 알고 방심했다가 한밤중에 토벌군의 기습을 받아 많은 수가 도망가 버리고 잔여 세력 400~500여 명이 안성 청룡산에 은거하여 죽산으로 향한 군사가 오기를 기다렸다. 그러나 다음 날 토벌군은 청룡산을 기습하여 100여 명을 죽이는 승리를 거두었다. 내친김에 토벌군은 죽산으로 향하여 반란군을 기습하였다. 이미 안성 전투에서 승리하여 사기가 충천한 토벌군의 기습을 반란군이 당해 낼 리 없었다. 죽산의 반란군은 변변한 전투 한 번 해 보지 못하고 궤멸하였다. 이인좌는 안성 전투에서 도망하여 죽산으로 향했다가 다시 반란군의 패배를 보고 도망가던 중에 사로잡혀 한양으로 호송되었다. 반란군의 원래 전략은 삼남의 군대가 함께 일어서고 거기에 평안 병사의 군세를 합하는 것이었다. 그러나 이인좌 등은 영남의 군사를 기다리지 않고 단독으로 경기도로 진격했다가 무너졌다. 반란군 간에도 서로 손발이 맞지 않았던 것이다.

반란이 진압된 후 영조는 반란이 일어난 원인을 다음과 같이 평가했다. "하나는 조정에서 당쟁만을 일삼아 재능 있는 자를 등용하지 않은 데 있다. …… 또 하나는 해마다 기근이 들어 백성들이 죽을 처지에 있는데도 구제하여 살릴 생각을 하지 않고 당쟁만을 일삼아 백성들이 조정이 있음을 모른 지 오래인지라 와해하여 적도들에 투입하였다. 이는 백성들의 죄가 아니요, 실로 조정의 허물이다." 영조는 당쟁에 몰두함으로써 백성들의 어려움을 해결해 주지 못한 것이 무신란의 원인이라고 지적하였다. 그러나 이 사건으로 영조가 노론 세력에 의존하는 경향이 더욱 커졌고, 향후 정국도 노론을 중심으로 운영해 나가게 되었다. 영조 시대를 흔히 탕평 정치의 시대라 하지만, 거의 50년간 노론 세력이 막강한 권력을 유지해 나간 데에는 영조가 즉위 과정에서부터 노론 세력에게 진 빚이 컸고, 반대 정파에 대한 경계심이 그만큼 컸기 때문이었다.

패서, 영조의 정치 생명을 위협하다

1727년(영조 3) 12월, 전라도 전주에서 패서가 나붙었다.
전주 시장에 나붙은 패서는 이틀 뒤 남원에서도 발견됐으며,
몇 달 뒤에는 한양 서소문에도 나붙었다.

몇 달 사이 전국으로 확대된 패서는
필체로 보아 같은 사람이 쓴 것으로 밝혀졌다.

패서에 적힌 내용은 민심을 어지럽히고 있었다.
그 내용은 『실록』에조차 차마 옮기지 못할 흉언이었다.

전국에서 일어난 패서 사건은
영조의 정치 생명을 뒤흔든 엄청난 것이었다.

소의문 조선 시대의 사소문 중 하나였던 소의문은 서소문으로도 불렸는데, 1914년에 철거되었다.

영조를 위협한 괘서 사건

최원정 　왕위에 오른 지 4년 만에 정치적 위기를 맞는 영조입니다. 근데 이 괘서의 내용이 어땠기에 이렇게 긴장했을까요?

김문식 　괘서의 내용은 공식 기록으로는 등장하지를 않아요. 당시 형률에 따르면 괘서나 벽서를 내건 사람은 교수형에 처하게 되어 있습니다. 그리고 괘서나 벽서는 보는 즉시 불태워서 없애게 되어 있거든요. 그래서 『승정원일기』나 『실록』 같은 곳에도 '흉서' 또는 '괘서'로만 표현되어 있지 그 내용은 전혀 기록하지 않았어요. 영조 자신도 이 괘서의 내용을 파악했는데 사관에게는 기록에 올리지 말라고 합니다. 그걸 보면 영조의 왕위 계승에 관계된, 심각한 문제점이 있는 내용으로 추정되죠.

그날 　내용 중에 흉서, 벽서, 괘서, 이런 용어들이 나오는데 차이가 뭔지 궁금하네요. 괘서라는 말은 무슨 뜻이 있나요?

신병주 　괘서의 괘 자는 걸 괘(掛) 자입니다. 역모 사건에 관한 내용이나 조정을 비방하는 내용을 담은 글을 걸어 둔다고 해서 괘서라고 하는 건데, 벽에 부착했을 때는 벽서가 되는 거고, 흉악한 내용을 담아서 흉서라는 표현도 쓰는 거죠. 이때는 "영조가 경종을 독살했다."라거나 "영조가 숙종의 친아들이 아니다."라는 유언비어까지 전국적으로 확산하는 분위기였습니다.

그날 센 유언비어인데요. 그렇죠?

최태성 지존을 건드린 거잖아요.

그날 요만큼의 개연성도 없는데 이런 소문이 퍼질 수가 있는 건가요?

김문식 어차피 민간에서는 궁중의 일을 잘 알 수가 없잖아요. 영조가 사실은 이씨 성이 아니라는 유언비어가 괘서라는 형태로 만들어져 퍼지면서 소문의 강도가 세진 거죠.

최태성 호남 지역에서는 괘서를 목격하지 않은 자가 없었다고 할 정도로 괘서가 확산해 있었다고 합니다.† 그래서 괘서가 걸려 있어도 예삿일로 여길 정도로 소문이 대단히 무성했다고 하네요.

그날 괘서가 아니라 공공연하게 걸린 대자보 수준이었군요. 아마 그러면 백성들도 아주 믿지는 않았을 것 같아요. 괘서 같은 것들이 워낙에 일반화되었으니까요. 누군가 어떤 의도를 품고 괘서를 붙이고 퍼뜨렸을 텐데, 누가 그랬을까요?

김문식 이 괘서는 김일경으로 대표되는 급진 소론, 즉 '급소(急少)'라는 세력이 퍼뜨렸다고 봅니다. 경종에서 영조로 왕위가 교체되는 과정을 보면 경종을 지지하는 소론 세력과 당시 왕세제로 있었던 영조를 지지하는 노론 세력이 있었죠. 근데 영조가 즉위하면서 노론 세상이 되거든요. 그래서 소론이 타격을 받는데, 소론 중에서도 가장 급진적인 세력인 급소가 이제 이런 조처를 한 것으로 보입니다.

† 지경연사(知經筵事) 김동필이 말하기를, "금월 11일에 서부(西部)의 관원이 와서 말하기를, '서소문에 괘서의 변고가 있으니 어떻게 조처해야 하겠습니까?' 하므로, 신이 불사르도록 하였더니, 부관(部官)과 부리(部吏)를 보내어 수문(守門)하는 자의 입회하에 불살라 버렸습니다. 나중에 들으니, 흉서의 내용이 전주의 괘서와 일반이라고 하였습니다. 호남 사람으로서 목격하지 않은 자가 없어 전하는 말이 이와 같은데, 대저 전주에서 일이 생기더니 또 남원의 시장에 흉서가 걸렸고, 도성의 문에 또 이러한 변고가 있었습니다." 하였다.
— 『영조실록』 4년(1728) 1월 17일

반란의 원인은 무엇인가?

신병주 괘서 사건이 있고 난 뒤 반란이 일어나는데, 이건창이 쓴 『당의통략』의 기록을 보면 반란군이 군중에 경종의 위패를 설치해 놓고 아침저녁으로 곡했다고 나옵니다. "우리의 왕은 경종이지 지금의 왕 영조가 아니다."라는 식으로 영조 자체를 부정해 버리는 거예요. 그런데 그러한 주장이 그 당시에 상당한 정도로 호응을 받았다는 것은 그만큼 경종의 복수를 하자는 분위기가 아주 확산하였다는 것을 의미합니다.

그날 1724년에 경종이 생감과 게장을 먹고 갑자기 사망하는 바람에 그런 소문이 일파만파로 퍼지는 거 아닙니까? 그런데 단순히 의심과 불신만으로 역모나 반란을 일으킬 수는 없는 거잖아요. 그들이 반란을 결심한 어떤 결정적 이유 같은 게 있었던 겁니까?

김문식 영조가 왕세제였던 시절에 김일경과 목호룡 등이 고변해서 임인옥사가 일어나잖아요. 그래서 영조가 즉위하자마자, 4개월 만에 자신을 역적으로 몰았던 사람들을 처형합니다. 그리고 1725년, 즉 영조 1년에 왕세제인 자신을 지지했다가 사사된 노론사대신을 복권하는 조치를 합니다. 이 조치가 소론, 특히 급소에는 직격탄이 되는 거죠.

무신란의 정치적 배경

형님인 경종께서 재위하시던 시절,
나를 곤경에 빠뜨린 두 가지 사건이 있었다.

하나는 나를 지지하는 노론 대신들이
형님을 시해하고 나를 왕으로 만들려 했다는
소론 측의 고변이 터진 것.

나는 왕이 된 지 넉 달 만에
당시 나를 역적으로 내몬 고변자들을 불러 처형했다.

또 하나는 나를 지지했던 노론사대신이
나를 왕세제로 만들고
내게 정사까지 맡기라 형님께 요구한 것.

노론사대신의 요구는 받아들여졌으나,
소론 측의 상소로 결국 이들 역시 역모죄로 처형됐다.
나는 왕이 된 후 이들 전원을 복권했다.

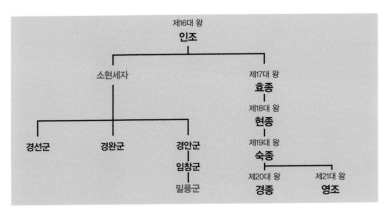

영조와 밀풍군 가계도

신병주 영조는 노론에 정치적으로 상당히 빚을 지고 있었습니다. 그래서 즉위한 직후에 바로 자신이 왕이 되는 걸 견제했던 소론 세력을 상대로 상당히 강경하게 공격에 나서죠. 그러다 보니까 소론은 '우리를 완전히 다 제거하려는 거 아냐?' 하는 분위기였고요.

최태성 위기의식이 있었던 거군요.

그날 그러면 소론으로서는 자기들끼리만 뭉칠 수는 없잖아요. 반란을 일으키려면 누군가를 왕으로 추대해야 할 텐데 말이죠.

신병주 소론이 가장 추대하려 했던 인물이 소현세자의 증손자였던 밀풍군 탄이라는 인물이에요. 이때 주장한 명분이 "소현세자는 장남이 아니냐?"라는 겁니다. 이제까지는 장남이 아닌 차남의 후손 또는 후궁의 아들이 왕이 되었던 것을 바로잡아서 장남의 후손인 밀풍군을 왕위에 올릴 가장 확실한 대안으로 내세웁니다.

그날 반란을 모의했던 주모자들은 어떤 사람이었나요?

김문식 충청도 쪽에선 이인좌가 반란을 일으킵니다. 경상도 지역에는 정희량이라는 사람이, 전라도 지역에는 태인 현감으로 있는 박

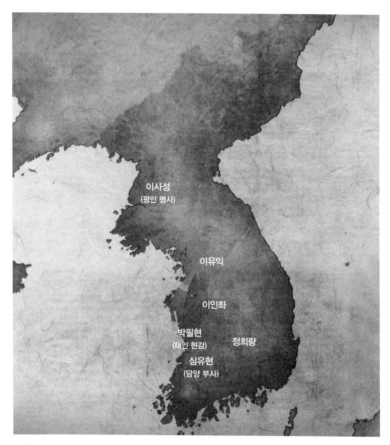

이사성
(평안 병사)

이유익

이인좌

박필현
(태인 현감)   정희량

심유현
(담양 부사)

무신란의 주모자들

필현과 담양 부사로 있는 심유현이 있고요. 그다음에 평안도 쪽
을 보면 이사성이라는 사람이 있는데, 이사성은 병사, 즉 병마절
도사¹로 있었습니다. 그래서 평안도 지역의 관군을 동원하려고
생각했고요. 그렇게 해서 각 지방에서 일어나 서울로 진격하면
이유익이라는 사람이 서울에서 내응해 동시에 난을 일으키려고
구상한 거죠.

그날   충청도 외에도 영남과 호남, 심지어 평안도까지, 이렇게 전국적

으로 반란이 일어났던 사례가 조선 역사상 또 있었나요? 대단히 거국적인 반란인데요.

신병주 그렇죠. 성공한 반란이라고도 할 수 있는 인조반정도 사실은 황해도와 경기도, 서울 지역의 병력을 동원해서 성공한 거고, 이괄의 난 때도 이괄의 주력은 평안도 쪽 병사들이었어요. 그런데 무신란이라는 이 사건은 전국적으로 조직책이 있는 반란으로 볼 수 있는 거죠. 그리고 이인좌 같은 사람은 얼마나 그 신념이 대단했는지, 『남정일록』²이라는 기록을 보면 "내가 원래 술을 좋아하는데, 이 거사를 일으키기 위해서 8년간 술을 끊었다."라고 이야기합니다.

그날 8년간이나요? 8년이나 술을 끊어야 한다면 술 좋아하는 사람은 반란 일으키기 쉽지 않겠어요.

이윤석 근데 지금 이인좌의 난이라는 얘기도 나오고 무신란이라는 얘기도 나오는데, 제가 배울 때는 무신란은 고려 시대에 있었던 사건이고, 지금 얘기하는 조선 시대의 난은 이인좌의 난으로 저는 알았거든요. 용어가 조금 헷갈리는 것 같아요.

최태성 그게 헷갈릴 만해요. 왜냐면 무신란이라고 하면 고려 시대 때 정중부³와 이의민⁴ 등 무신들이 일으켰던 정변으로 기억하는데, 요즘 교과서에서는 무신란(武臣亂)이라는 표현을 안 쓰고 무신정변이라는 표현을 써요. 오늘 우리가 배우고 이야기하는 것은 1728년 무신년에 일어난 무신란(戊申亂)이고요.

그날 처음 봉기했다는 대표성 때문에 이인좌의 난이 된 건가요?

신병주 이제까지 주로 이인좌의 난으로 불렀던 것은 가장 먼저 거병했고 초반에 청주성까지 함락하면서 관군에 큰 타격을 줬기 때문에 대표성이 있어서였죠.

그날 그러면 고려 시대에는 무신 정변, 조선 시대에는 무신란, 이렇게 알면 되는 건가요? 근데 보니까 태인 현감과 담양 부사 같은 사람들이 나온단 말이에요. 요즘으로 따지면 군수 정도 되는 건데, 저런 지방 공직자까지 반란에 가담했다는 게 오히려 더 나라를 위태롭게 했을 것 같아요.

김문식 무신년 새해에 담양부에서 화약고에 불이 나는 사건이 발생해요. 이때 담양 부사가 심유현인데, 화약 4000근과 각종 무기가 불탔다고 보고했거든요. 근데 실제로는 화약과 무기를 빼돌린 것이었습니다. 그중에서 화약은 나중에 서울로 갔을 때 도성문을 부수는 데 쓰려고 빼돌린 것이었죠.

최태성 영화 한 편이네요, 영화 한 편.

그날 충무로에 계신 분들도 아니고 말이죠. 불이 난 게 아니라 불을 낸 거고, 화약이 탄 게 아니라 화약을 타 낸 거였어요. 그래서 그 화약을 이용해서 한양까지 들어가려는, 계획이 정말 치밀한 작전이네요.

김문식 이 심유현이라는 사람이 누구냐면 경종의 첫 번째 왕비였던 단의왕후의 동생이에요. 독살설을 제기하고 퍼뜨린 주인공이죠.

그날 근데 호남에서는 화약이 빼돌려졌다면 필시 다른 지역에서도 뭔가 다른 준비가 있지 않았을까요?

김문식 청주 지역도 준비가 상당히 많이 되어 있었습니다. 이인좌 등이 주도해서 한 300~400냥 정도 돈을 내서 말을 미리 사거든요. 난이 일어났을 때 동원하기 위해서지요. 그리고 또 반란군이 입을 군복도 사전에 준비했다고 알려져 있습니다.

신병주 경상도에서 반란을 가장 주동한 인물은 정희량입니다. 자신이 가진 모든 돈과 곡식을 다 풀어 군사들을 모집해서 병력을 준비했고요. 특히 정희량이 아주 주도면밀했던 게 1년 전에는 아예 서울에 가서 비단 장수와 거래합니다. "내가 은이 든 궤짝을 주겠다."라고 해서 만나고는 비단의 품질을 봐야겠다면서 "일단은 내가 가지고 가서 보겠다."라고 말하고는 은 상자는 담보로 놓고 왔죠. 그런데 나중에 이 비단 장수가 은 상자를 열어 보니까 거기에는 전부 다 돌이 들어 있었다는 얘깁니다.

최태성 아, 은 대신 돌멩이가 들어 있었군요.

신병주 이때도 이런 방식으로 거사 물품을 확보한 거죠.

그날 만약에 난이 성공했으면 이런 이야기가 '정희량전' 하는 식으로 신화나 전설이 되는 거죠. "비단을 은과 바꾸었는데 다음 날 일어나 보니 돌이었다더라." 그나저나 어떻게 보면 비단 장수에게 사기를 친 거잖아요? 이거는 정말 명백한 사기인데요. 그 많은 비단을 왜 사기까지 쳐 가면서 구했을까요? 반란을 일으키는 데 비단이 왜 필요해요?

신병주 깃발을 만들려고 했죠.

그날 비단으로 깃발을요?

신병주 훨씬 더 품위가 있어 보이지 않아요?

그날 깃발이 걸레같이 휘날리면 백성들이 보기에도 그냥 그런데, 휘황찬란한 깃발이 휘날리면 '아, 저쪽이 대세구나!' 하고 생각하는 거군요.

최태성 분위기를 타는 거죠.

백성들은 반란에 왜 참여했나?

그날 이 반란에 가담한 계층이 아주 다양했잖아요.

최태성 네, 이게 원래 소론과 남인이 주도한 반란이라고만 생각하는데, 참여한 계층을 자세히 들여다보면 향리에서 관군과 노비까지 아주 다양하게 들어가 있거든요.

그날 근데 하층민들이 왜 가담했는지가 조금 의아하네요. 권력을 추구하는 것도 아닐 테고, 거사의 명분도 숙종의 친아들이 아니라는 등 경종을 시해했다는 등 약하거든요.

김문식 당시 시대 상황과 관련이 있는데, 영조 시대에도 기상이변이 계속되었습니다. 기근이 발생하고 전염병이 크게 유행합니다. 그래서 굶어 죽거나 병들어 죽는 사람이 많았고, 굶주림이 심한 나머지 심지어는 인육을 먹는 사람도 생겼다고 해요.

신병주 춘궁기 때 백성들은 먹을 것도 없는데 세금을 납부하라고 독촉받는 상황에서 갑자기 반란군이 관가의 창고를 접수해서 곡식을 나눠 주죠. 특히 이때 기록을 보면 "소를 잡고 술을 먹여서 배부르게 하였다."라고 되어 있어요. 이러니까 "백성들이 본심을 잃고 반란군에 들어가게 되었다."라는 내용이 나오거든요.

류근 제가 기억하는 유명한 영화 대사 중에 이런 게 있어요. 민심을 얻는 방법을 물어보니까 마을 촌장이 이렇게 대답하거든요. "뭘 많이 맥여야지." 제가 당시 백성이었더라도 반란에 참여했을 것 같아요. 아무튼 그 당시의 하층 백성들은 도대체 무슨 희망으로 살았을까 싶어요.

그날 그냥 백성들은 '못 살겠다, 갈아 보자.' 하는 마음으로 참여하지 않았나 싶어요.

예언서 『정감록』, 백성들의 마음을 사로잡다

최태성 그만큼 사회가 참 살기 어려우니까 이 무렵 민간에서는 새로운 세상을 갈구하는 비기와 도참 등 예언서 같은 것들이 대단히 유행합니다. 그런데 가장 인기 있었던 예언서가 뭐였냐 하면 『정감록』이에요. 무신란을 일으켰던 반란군도 이 『정감록』을 적극적으로 활용해서 민심을 선동하는 도구로 활용했다는 기록도 있더라고요.

신병주 조선 후기에 일어나는 모반 사건에 사상적 영향을 많이 주는 게
       『정감록』과 같은 예언서예요. 그러다 보니까 조정에서는 『정감
       록』과 같은 책은 철저히 금서로 지정해서 유통하지 못하게 합니
       다. 그런데 지금도 그렇지만 금서로 지정하면 더 읽고 싶거든요.
       그래서 한 19세기 후반 무렵에는 이런 이야기까지도 있었습니
       다. "웬만한 집에서는 『정감록』은 다 갖추고 있다." 조정에서는
       금서로 지정했는데 웬만한 집은 다 가지고 있는 일이 벌어지는
       거예요.

그날   『정감록』이 당시 백성들의 마음을 어떻게 사로잡았는지, 어떤
       내용인지 궁금하잖아요. 그래서 국사편찬위원회의 고성훈 편사
       연구관님을 모셔 봤습니다. 연구관님, 『정감록』은 도대체 어떤
       책인가요?

고성훈 『정감록』은 조선 후기에 유행한 풍수와 도참에 관한 하나의 예
       언서인데요. '이망정흥', 즉 이씨 왕조가 망하고 정씨 왕조가 들
       어선다는 내용이 핵심입니다. 이러한 『정감록』은 정본(定本)이
       라고 할 수 있는 『감결』이라든지 『삼한산림비기』 같은 단행본을
       지칭하기도 하지만, 조선 후기에 유행한 풍수 도참사상⁵을 다 아
       우르는 예언서를 총칭하기도 합니다.

그날   연구관님, 그러면 『정감록』은 언제부터 유행한 겁니까?

고성훈 『정감록』이 본격적으로 퍼진 계기는 영조 4년에 일어난 무신란
       이 계기가 되었다고 생각합니다. 『정감록』을 이용한 괘서 사건
       과 역모 사건이 잇따라 일어나거든요. 이러한 영향으로 『정감
       록』이 퍼졌고요. 무신란과 관련한 재판 기록을 보면 '변산적', 즉
       '변산의 도적'이라는 말이 자주 나옵니다. 아마 『정감록』 또는
       정 도령을 믿은 세력이 아닐까 생각됩니다.

김문식 흉년이 계속되고 기근이 계속되면 백성들이 유랑하게 돼요. 고

향을 떠나게 되죠. 변산적은 변산 지역에 생긴 일종의 도적 무리를 표현한 말입니다. 이 사람들과 무신란을 일으킨 주도 세력이 결합합니다. 변산적들이 바로 『정감록』에 나오는 정 도령의 출현을 믿었다는 거죠.

그날 옛날부터 『정감록』과 정 도령 얘기가 나오면 궁금했던 게, 조선에는 성씨가 정말 많은데 왜 하필이면 정씨인가? 그래서 몇백 년 동안은 물론이고 최근에도 선거가 있을 때마다 정씨들 마음이 괜히 뒤숭숭해요. 왜 정씨인 거죠?

고성훈 그것은 무엇보다도 고려 말기에 조선 왕조 개창에 반대해서 죽임을 당한 정몽주의 영향이 가장 컸다고 생각합니다. 그뿐만 아니라 조선을 건국한 주역 중의 주역인 정도전이 이방원에게 제거당했죠.

그날 그러고 보니 정도전도 정씨네요.

고성훈 또 선조 때 정여립이 역모 행위로 처형당했죠. 그래서 '이씨 왕조를 대신할 수 있는 것은 정씨일 것이다.'라는 믿음에 사람들이 자연스럽게 동의했다고 볼 수가 있죠.

최태성 연구관님, 예언서라고 하면 뭔가 암호를 풀어서 퍼즐을 맞추듯이 딱 맞아떨어져야 예언서라는 느낌이 나잖아요. 『정감록』에서는 어떻게 풀고 있죠?

고성훈 『정감록』에도 일종의 암호가 나오는데요, 파자(破字)라고 합니다. 글자를 풀어서 획으로 나눠 쓰거든요. 이를테면 '이망정흥(李亡鄭興)'으로 쓰지 않고 "목자(木子)가 망하고 전읍(奠邑)이 흥한다."로 씁니다. 임진왜란을 예로 들면 임진왜란의 키워드 중 하나가 '왜'이지 않습니까? 이것을 직접 '왜(倭)'로 쓰지 않고 "여인(女人)이 벼〔禾〕를 이고 있다."로 씁니다. 또한 병자호란이 한겨울인 12월에 일어났습니다. 그래서 눈 설(雪) 자가 곧 병자호란을 상징하는데, 눈 설 자를 쓰지 않고 비 우(雨) 자 아래에 산(山)이 옆으로 누웠다고 해서 '우하횡산(雨下橫山)' 같은 식으로 쓰는 게 일종의 파자법이거든요. 암호라고 할 수 있죠.

그날 뭔가 역사의 비밀을 깨닫는 것 같네요.

류근 들은 얘기인데, 제가 아는 분의 어머니께서 어릴 때 계룡산 신도원에서 사셨대요. 그래서 그때 『정감록』에 관한 이야기를 많이 듣고 자라셨답니다. 지금까지도 예언과 전설이 이어지고 있다는 뜻이에요.

그날 백성들의 삶에 『정감록』이 아주 깊숙이 파고들었네요.

신병주 사실 이 무신란을 보는 시각으로는 소론과 남인 세력이 기존의 정치 질서에 불만을 품고 일으킨 정치적인 변란이라고 보는 시각도 있고, 새롭게 의식이 성장한 농민들이 일으킨 저항운동의 흐름으로 보는 견해도 있습니다.

김문식 거시적 관점에서 말이지요.

신병주 그렇죠. 무신란이 19세기에 일어난 홍경래의 난이나 농민 운동에 깊은 영향을 주었다는 시각이 있는 것도 바로 이 『정감록』과 하층 농민들이 결합하면서 농민 운동이 좀 더 조직화했다는 주장에서 비롯됩니다.

그날 자, 그래서 지금까지 주도면밀하게 거사를 준비했고, 또 백성들의 호응까지 얻으면서 이제 뭔가 터지기만을 기다리고 있어요. 그런데 이 반란군을 당황하게 하는 일이 벌어집니다.

영조, 정국을 뒤집다

조정은 늘 시끄러웠다.
집권 세력인 노론과
가까스로 잡았던 정권을 되찾으려는 소론.

당파 간의 끝나지 않는 싸움을
더는 눈 뜨고 볼 수 없었던 영조.

영조는 노론을 몰아내고
소론을 불러들이는 조치를 단행한다.
이른바 정미환국이다.

노론의 영수 민진원을 비롯해
노론의 주요 인사 100여 명을 한꺼번에 파면했다.
그리고 영의정에 소론의 영수 이광좌를 임명한다.

하루아침에 뒤집힌 정국.
자신을 지지했던 노론을 버리고
소론의 손을 잡는 환국을 택한 영조의 의도는 무엇이었을까?

그날　자, 정권이 노론에서 소론으로 넘어갔어요. 그렇다면 반란군은 거사를 일으킬 명분이 없어지는 거잖아요.

최태성　갑자기 맥이 빠지겠어요.

그날　이러면 반란 못 하는 거잖아요.

최태성　지금 8년 동안 술까지도 끊은 상황인데 말이죠.

김문식　완전히 판을 다시 뒤집은 거예요. 노론이 집권했다가 소론이 집권하는 정국이 되면서 중앙의 노론 세력이 약화하니까 무신란을 준비했던 세력이 힘이 매우 빠지는 상황이 된 거죠. 실제로 나중에 반란이 일어났을 때 서울 지역에서 내응이 없었는데, 아마 영조가 둔 신의 한 수인 정미환국과 관계가 있는 건 아닌가 하는 생각이 듭니다.

이윤석　옛날에 콩트에 이런 게 있었어요. "부모님의 원수. 오늘을 위해서 20년간 칼을 갈았다!" 그런데 상대방이 "저 원수 아닌데요." 라고 답하니까 주인공이 "칼 더 갈아야겠네."라고 하는 게 있거든요. 이렇게 약간 허무한 상황이 된 것 같아요.

그날　영조는 왜 지금 환국을 결심하게 된 건가요?

김문식　1725년 을사년에 영조의 처분으로 집권한 노론이 자신들의 정치적 목적을 달성하려고 두 가지를 요구하지요. 먼저 신축년과 임인년의 옥사 때 제거되었던 노론 세력을 완전히 신원해 달라고 하고, 그다음에 그때 집권했던 소론을 제거해 복수해 달라고 아주 집요하게 요구합니다. 그렇게 되니까 영조로서는 노론 세력에 실망하기도 하고, 노론 쪽이 너무 독주하는 게 아닌가 하고 판단한 것 같아요. 그래서 노론 세력을 견제하고자 1727년에 정미환국을 한 거죠.

최태성　그런 거 보면 영조도 아버지 숙종의 피를 확실히 이어받은 것 같아요. 이건 정말 영조의 멀리 바라보는 한 수가 아닐까 싶어요.

신병주 이것만 봐도 숙종의 친아들이 아니라는 주장은 유언비어일 뿐이라는 판단이 서지요.

그날 굳이 또 그 DNA를 물려받았어요.

최태성 사실은 노론이 볼 때 영조는 자신들이 세운 임금이잖아요. 그런데 영조로서는 그렇지 않다는 거죠. 한 붕당의 영수가 아니라 붕당을 초월하는 국왕으로서 자리매김하겠다는 의지를 확실히 보여 주거든요.

신병주 맞는 지적이에요. 영조가 즉위한 후에 국정 방향으로 설정한 게 탕평이에요. 노론이 요구했던 사대신의 복권도 해 주면서 노론이 권력을 잡으면 좀 잠자코 있기를 바랐는데, 계속 소론을 상대로 강경하게 복수하는 정책을 쓰니까 확실하게 한번 버르장머리를 고쳐 주겠다는 의도도 있었던 것 같아요. 결국은 자신이 정치적으로 가장 실현하려 했던 탕평 정국에서 노론의 독주는 용납하지 못한다는 취지로 정미환국을 단행한 거죠.

그날 일단 영조가 노론의 독주를 막고자 환국이라는 수를 둔 거잖아요. 환국이라고 하면 숙종인데, 숙종의 환국과는 어떤 차이점이 있을까요?

신병주 숙종 시대의 환국은 예를 들면 경신환국⁶ 때는 서인, 기사환국⁷ 때는 남인, 갑술환국⁸ 때는 다시 서인, 이런 식으로 확실하게 한 당파가 권력을 잡고 반대 당파는 전혀 힘을 쓰지 못했습니다. 그런데 영조 때의 환국은 밀려난 당파에서도 온건파들은 계속 쓰이고, 또 집권 세력이라 할지라도 소론 내의 완론처럼 온건 세력을 중심으로 정국을 운영하는 모습을 보입니다.

그날 그러다 보면 결국 온건파들만 남지 않나요? 극단에 있는 사람들은 계속 제거되고 하다 보면요.

신병주 그렇죠. 그러다 보니까 영조 시대에는 아예 국왕 측근에 이른바 탕평파라고 하는 세력이 생깁니다. 어쨌든 이제까지 반란을 정말 열심히 준비했던 세력들로서는 정미환국이 매우 당혹스럽죠. "어, 이게 뭐야? 우리가 칼을 빼 들려는데 우리 당파가 세력을 잡았네?"와 같은 국면이 되는 겁니다.

그날 그런데 반란 세력으로서는 이미 칼을 빼 든 꼴이잖아요. 뭐라도 베어 봐야 하는 상황 아닌가요? 이미 연루된 사람이 너무 많아졌어요.

반란은 마침내 일어나고

김문식 예, 그래서인지 결국 1728년 3월 15일에 이인좌가 청주성을 공격하면서 반란이 시작됩니다. 근데 이때도 좀 영화 같은 장면이 있어요. 장례식을 가장해서 상여에 무기를 싣고 청주성 가까이 가져가서 숲속에 숨겨 놓습니다. 그리고 밤이 되어 무기를 들고 성으로 들어가는데 성안에서 성문을 열어 줘요. 내응하는 세력이 있었던 거죠. 그렇게 해서 순식간에 청주성을 점령합니다.

그날 작전이 기가 막힌 게 장례 행렬을 이용한 거예요. 의심하기도 그렇고 의심스러워도 뒤져 보기도 그렇잖아요. 머리를 참 잘 쓴 것 같긴 합니다. 혹시 청주에서 가장 먼저 거병한 이유가 있을까요?

김문식 복합적 이유가 있는 것 같습니다. 경상도와 충청도, 그다음에 전라도에서 올라오는 세력들이 모이기에는 청주가 제일 좋아요. 청주가 영남 대로와 호남 대로가 겹쳐지는 지역이거든요. 그러니까 청주에서 합류해 서울로 올라가려고 생각한 거죠.

신병주 또한 이때 청주는 노론 세력에서 이탈된 사족층이 많아서 이인좌로서는 '내가 한번 깃발을 들면 따라올 세력이 많을 것이다.'라고 판단했고, 실제로도 많은 세력이 동조했죠.

청주 표충사 이인좌에 맞서 싸우다 순절한 이봉상, 남연년, 홍림의 위패를 모신 사당이다. 충청북도 시도기념물 제17호.

최태성　실제로 청주성을 점령한 후에 반란군의 수가 많이 증가하거든
　　　　요. 처음 거병할 때는 경기도와 충청도에서 모인 반란군이 한
　　　　300여 명 정도였는데, 청주성을 함락하고 나니까 자발적으로 가
　　　　담하는 양반이 한 200여 명 되었습니다. 그래서 안성 지역으로
　　　　진출할 때는 400명에서 540명 정도, 다시 말해 한 500여 명 정도
　　　　되는 인원으로 불어나는 모습을 보였어요.

그날　　양반만 센 거죠?

신병주　양반도 가담했다고 하면 보통은 양반 밑에 딸린 노비라던가 집
　　　　에서 부리던 남자 일꾼 같은 사람들이 따라가니까 일단은 더 늘
　　　　어났을 가능성이 큽니다.

그날　　반란군의 세력이 커지는 속도가 무섭네요. 반란이 계속 확산하
　　　　고 반란군이 파죽지세로 한양을 향해서 오는 상황인데, 그렇다
　　　　면 조정은 어떤 대책을 세웠을까요?

오명항과 토벌군 출정

반란군이 청주성을 점령했다는 소식을 접한 조정은
병조판서 오명항을 필두로 토벌군을 조직해 출정시킨다.

오명항이 거느린 조정의 토벌군은
파죽지세로 한양으로 진격해 오는 이인좌와 반란군을
경기도 안성에서 기다렸다.

1728년(영조 4) 3월 22일 밤.
토벌군의 사정거리 안으로
이인좌가 이끄는 반란군이 들어왔다.

토벌군의 기습적인 총공세가 시작됐다.
포와 신기전이 일제히 불을 뿜으며 공격하자
반란군은 곧 수적 열세에 밀리며 무너진다.

결국 치열한 전투 끝에 수많은 반란군이 전사하며
오명항이 이끄는 토벌군의 승리로 반란은 진압됐다.

그날　그야말로 한양을 코앞에 두고 반란군이 관군에게 무너지네요. 안성이면 서울까지 지금도 가깝잖아요. 그때도 하루면 당도할 거리였는데, 이 정도로 급한 상황이면 영조도 몸을 피해야 하지 않나요? 선조 같으면 벌써 임진강 건넜거든요. 인조도 이괄의 난 때 몽진[9]했잖아요.

신병주　확실히 영조는 강단이 있는 왕이었던 것 같아요. 안성까지 적들이 들어오니까 "피난을 가야 합니다.", "도성을 사수하기는 어렵습니다.", "강화도나 남한산성으로 들어가야 합니다."라고 신하들이 건의했지만, 영조는 도성을 끝까지 사수하려는 강한 모습을 보입니다.

그날　백성들이 좀 감동했을 것 같아요. 왕이 있다는 것은 군사가 있다는 거고, 군사가 있다는 것은 백성을 지킬 수 있다는 뜻이니까요. 근데 어찌 보면 당연한 얘기인데, 어쩌면 우리가 그동안 왕들의 습관성 몽진에 너무 익숙했던 거죠.

최태성　이때 재밌는 게 뭐냐면 소론과 남인이 주도해서 일으킨 반란이잖아요. 그런데 소론 대신들을 중심으로 해서 반란을 진압하도록 놔둔다는 거죠.

그날　근데 그게 상당히 위험할 수도 있는 게, 같은 소론이기 때문에 토벌하러 갔다가도 "아, 이거 같은 편인데." 하면서 한편이 되어서 거꾸로 몰려올 수 있다는 거예요.

최태성　그러면 큰일 나는 거죠.

그날　왜 영조가 이런 모험을 했을까요?

김문식　정미환국을 신의 한 수로 생각하는 이유는 영조의 이 조치로 소론이 나뉘어서입니다. 제일 강경파이자 급진파 세력이었던 급소는 반란을 일으키는 주도 세력이 되었고, 온건파였던 완소(緩少)

에 속한 사람들은 영조에게 등용된 거잖아요. 그러니까 세력이 갈라졌지요.

그날   같은 소론이 아니라는 거네요. 그때도 '완소남'이 잘 나갔고요. 집권 소론이 같은 소론을 역적으로 다스리는 기묘한 현상이 벌어진 건데, 노론은 소론에게 토벌을 맡기는 것이 불안하지 않았을까요? 진압군과 반란군 모두 소론이니까 누가 이겨도 소론의 성공이니 노론은 불안하고 불리한 거잖아요.

김문식   그래서 실제로 노론은 소론에게 반란을 진압하게 하는 것에 반대하는 견해가 강했어요. 그러나 영조는 그렇게 해야지만 반란군 쪽 소론의 명분이 약해지니까 무신란을 진압할 수 있다고 생각했고요. 또한 영조의 즉위를 반대했던 소론 세력이 이 과정을 통해서 영조를 받듭니다. 그러니까 영조도 자신의 정통성을 강화할 수 있다고 판단한 거죠.

그날   이 반란이 영조의 재위 기간으로 보면 비교적 초창기에 벌어지는 일이잖아요. 영조가 조선에서 가장 오래 재위한 왕 아닙니까? 아무나 최장기로 집권한 왕이 되는 게 아니에요. 그야말로 신하들이 따라갈 수가 없어요. 그러면 반란군 진압에 나섰던 오명항이 영조를 큰 위기에서 벗어나게 해 준 일등 공신이라고 볼 수 있겠네요.

무신란의 스타, 오명항

신병주   원래 영조는 훈련대장에게 반란군 진압에 빨리 나서라고 합니다. 그런데 훈련대장이 갖가지 이유를 대면서 우물쭈물해요. 이때 무신란의 스타가 탄생합니다. 오명항이 "제가 직접 나가겠습니다." 하고 자신을 수행하는 박문수, 조현명[10]과 함께 전장으로 직접 뛰어든 거죠. 이때 오명항이 남긴 말이 상당히 멋있는데,

오명항 초상 보물 제1177호. 경기도박물관 소장.

조현명 영정 영조가 왕세제이던 시절부터 보좌한 조현명은 좌의정과 영의정을 역임하며 균역법 제정에도 힘썼다. 국립중앙박물관 소장.

"왕이 욕을 당하면 신하는 죽어야 합니다."라고 하면서 "제가 몸소 막겠습니다."라고 해요.

그날 그림이 참 보기 좋은 게 영조는 피난 가지 않기를 자청하고, 신하는 진압을 자청하면서 서로가 감동을 주고받는 모습이에요.

김문식 오명항이 나서서 자진해 반란군을 진압하겠다고 나서니까 영조는 크게 기뻐하죠. 그래서 사로도순무사라는 중책을 맡기고 상방검을 하사합니다.† 상방검을 준다는 것은 현장에서 즉결 처분할 수 있는 권한을 주는 거예요. 왕의 명을 대행하는 사람이라고 인정하는 거죠.

최태성 근데 자청하고 나선 만큼 반란 진압에 자신이 있었던 것 같습니다. 청주성을 점령했던 이인좌의 지략도 대단했지만, 오명항은 한 수 위였던 것 같아요. 이인좌가 보낸 첩자를 잡아서 오히려 반란군의 동선과 계획을 알아내고 역으로 이용해 작전을 짜는 모습도 나오거든요.

그날　정말 한 편의 영화 같네요.

신병주　오명항은 유인 전술을 폅니다. 병사들에게도 반란군이 달려들어도 쉽게 공격하지 말고 사정거리 안에 들어올 때까지 기다리라고 하면서, 기록을 보면 코를 골며 잤다고 합니다.

그날　이 와중에요?

신병주　병사들에게 기다리라는 메시지를 보여 준 거죠.

그날　이러한 시기에 장수가 천하태평으로 코를 골아 주면 나머지 부하들이 얼마나 안심되겠어요? '아, 믿는 구석이 있구나.' 하는 믿음을 주는 거죠. 부하들을 안심시키려는 고도의 전략이에요. 그만큼 담대하기도 하고요.

김문식　반란군이 사정거리까지 도달하자 그때 포와 신기전을 쏘아서 기습전을 감행하는 거죠. 그래서 반란군이 많은 사상자를 내고 무기도 놓고 도망칩니다. 또한 안성 전투 이후에 죽산에서 전투가 벌어졌는데 이인좌는 여기서도 패전해요. 연속으로 오명항에게 패전하고 사찰로 들어갔는데 촌민들에게 붙잡혀서 결국은 서울로 압송됩니다. 그래서 영조의 친국을 받고 참수되지요.

신병주　이때 이인좌가 "이제 내가 어차피 죽게 됐으니까 마지막 소원이 있는데, 술 한 잔 마시고 싶다."라고 말합니다. 그러면서 "내가 술 한 잔 마시면 내가 아는 모든 것을 불겠다."라고 해서 술을 받아 마시고 그다음에는 끝까지 침묵을 지켰다고 합니다.

최태성　반란을 수습하는 단계에 들어가니까 오명항이 반란군을 사로잡아 오는 사람들에게만 상을 주겠다는 명을 내리거든요. 인명 피해를 최소화하겠다는 의지를 보인 거죠. 오명항이라는 이름을 기억해야 하지 않을까 하고 생각해 봅니다.

신병주 또 볼수록 매력 있다는 '볼매'인가요?

그날 근데 정말 진짜로 대단한 사람이네요. 어떤 상황에서도 사람의 목숨을 무겁게 여길 줄 아는 사람이 진정한 위인 아닙니까? 용장이나 지장보다도 더 훌륭하네요.

이윤석 백성들은 사실 술 먹여 주고 밥 먹여 주니까 가담한 것이니 죽이지는 말라는 것 같아요. 제네바 조약[1]보다 앞선 인도주의 전쟁의 선구네요.

그날 정말 세상 공부를 많이 했나 봐요. 이윤석 씨를 보면 공부를 대단히, 다양하게 많이 해요.

최태성 제네바 조약상이라는 게 있다면 후보로 오명항을 추천하면 되겠네요.

† 병조판서 오명항을 사로도순무사(四路都巡撫使)로 삼아 군사를 거느리고 적을 토멸하게 하였다. 임금이 오명항에게 상방검(尙方劍)을 하사하고 유시하기를, "중군과 감병사(監兵使) 이하 여러 장령 중 명령을 따르지 않는 자는 이로써 종사(從事)하라." 하였다.
— 『영조실록』 4년(1728) 3월 17일

영조, 사태를 현명하게 수습하다

그날 지금 하나 걱정되는 게, 원래 청주 쪽에서 성공하면 영남과 호남에서도 거병해 연합하기로 했잖아요. 그런데 지금 양 날개는 그대로 있는데 몸통이 사라져 버렸다는 말이죠. 이거 어떻게 진행해야 하는 거죠?

신병주 안성과 죽산에서 전투가 있을 무렵에 경상도 쪽에서도 거병해요. 그래서 전라도 쪽과 연합하려고 팔량치 고개를 넘으려다가 관군의 저항에 부딪혀서 실패하면서 결국은 그 세가 꺾입니다.

김문식 그 외에 다른 지휘부들도 대부분 체포되거나 처형되는 순서로 갑니다.

신병주 그리고 무신란 때 거병했던 많은 고을이 강등당해요. 특히 안음은 정희량이 거병했던 곳이라고 해서 고을 자체가 혁파되었고, 반란군의 또 다른 거점 지역이었던 용인이나 이천은 고을 명칭이 강등됩니다. 전라도도 나주가 반란군의 거점이었다는 이유로 나주 대신 광주를 넣어서 '전광도(全光道)'라는 이름으로 호칭이 바뀌어요. 그런데 마찬가지로 반란이 일어났던 전라도 태인 지역은 폐현되지 않아요. 왜 그랬을까요?

그날 멀어서 그랬을까요? 아니면 가만있어서 그랬을까요?

신병주 영조의 생모가 누구죠?

그날 숙빈 최씨이지 않아요?

신병주 숙빈 최씨의 고향이라서, 어머니의 후광 때문에 폐현되지 않은 겁니다.

그날 동네에 누가 태어났는지가 중요하군요. 재밌네요. 고을 이름들이 여러 번 바뀌었다는 사실을 알았습니다. 이제 반란은 진압됐습니다. 조정은 사태 수습에 나섰겠네요.

신병주 영조가 직접 나서서 사태를 수습하려고 상당히 노력합니다. 영조도 이 반란이 큰 파문을 일으킬 것으로 판단했어요. 아무래도 관련자도 많은데 강경하게 처벌하면 민심도 동요되고 혼란할 것 같다고 판단해서 영조가 아예 전교를 내립니다. 사태 수습을 최소화해서 핵심 관련자만 처벌하고 부화뇌동해서 따라갔던 사람들은 처벌하지 말라고 지시하죠.[†]

최태성 매우 현명하게 대처하네요.

김문식 반란 주모자들이 거짓된 흉언으로 사람들을 선동해서 자신의 정통성에 타격을 가했기 때문에 본인의 정통성을 확보할 필요가

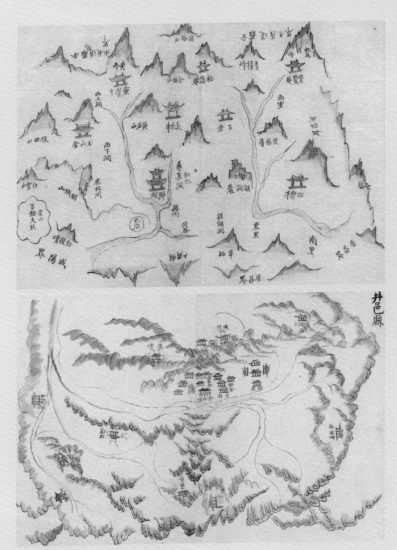

안의현(위)과 정읍현(아래)의 옛 지도 안음현은 오늘날의 경상남도 함양 지역으로, 무신란 직후 폐현되었다가 안의현으로 이름을 고쳐 복구되었다. 태인현은 오늘날의 전라북도 정읍 지역이다.

있겠죠. 그래서 책을 하나 편찬하는데 『감란록』이라는 책입니다. 난을 평정한 기록이라는 뜻인데, 경종 독살설을 퍼뜨린 심유현이 말한 흉언은 모함이고 사실이 아니라고 얘기합니다. 그리고 무신란이 시작은 소론의 극소 세력이 일으켰지만, 올라가서 근원을 보면 결국 당쟁과 붕당에서 비롯된 것이니 탕평이 필요하다는 얘기를 책에 싣습니다.

> † "기타 잔약하고 어리석은 백성들이 부득이해서 적을 따른 경우는 그 정상이 애처로우니, 죄를 용서할 만하다."
> ― 『영조실록』 4년(1728) 3월 25일

영조의 아킬레스건, 정통성

그날 그렇게 해서 영조의 발목을 잡았던 정통성 문제는 이제 좀 잠잠해지나요?

최태성 그게 아니더라고요. 무신란 이후에도 잊을 만하면 또 괘서가 걸리면서 계속 반복되는 거예요. 그래서 영조가 재위한 기간에 괘서 사건이 열다섯 번 일어나는데, 그중에 여덟 번이 무신란과 직간접으로 관련이 있었습니다.

신병주 영조의 인내심이 한계에 다다른 사건이 1755년에 발생합니다. 특히 이때 반역에 가담했던 사람 중 일부는 "저는 1724년에 경종께서 돌아가신 후부터 게장과 생감을 절대 먹지 않습니다."라는 식으로 얘기하고요. 영조로서는 재위 52년간 정통성 문제에서 쉽게 해방될 날이 없었던 거죠.

최태성 영조도 게장과 생감은 절대 안 먹었을 것 같아요.

그날 그만큼 영조에게는 무신란이 큰 충격으로 다가왔던 것은 분명한데, 영조는 어떤 생각을 하고 있었을까요?

영조, 탕평으로 맞서다

나는 역모의 혐의를 받고도 살아남았다.
종묘와 사직을 먼저 생각한 형님은
이복동생인 나에게 보위를 물려주고 눈을 감으셨다.

그러나 형님이 남긴 그림자는 컸다.
나를 왕으로 인정하지 않은 소론 대신들.
나를 위한다고 죽어 갔지만,
실상은 자신들의 욕심을 채우려 한 노론 대신들.

노론은 내가 자신들의 임금이 될 것으로 생각한 모양이다.
하지만 나는 노론이 세운 임금이 아니라
모든 신하와 백성의 임금이다.

권력에서 밀려난 자들은 내가 형님을 죽였다거나
선왕인 숙종의 친자가 아니라는 괴담을 퍼뜨리고
결국 반란까지 일으키지 않았던가?

오랜 기근으로 백성들은 굶어 죽는 마당에
오로지 당쟁만 일삼다니…….
역적의 혐의까지 받았던 나.
당쟁의 폐해가 무엇인지 실감하지 않았던가?

정치 보복의 악순환을 끊고 바로잡는 방법,
나라와 백성을 보존하는 길은 오로지 탕평뿐이다.

그날 　반란의 충격이 탕평책의 강력한 추진으로 이어집니다. 숙청의 피바람이 불 줄 알았는데, 그게 아니라 탕평을 먼저 생각했어요. 그릇이 큰 임금이에요. 그릇이 작으면 반찬을 계속 갈아 치울 텐데 그릇이 크니까 다 담을 수가 있죠. 여러 번의 환국이나 숙청을 통해 많이 죽었잖아요. 근데 그렇게 해도 권력 양상이 변하질 않아요. 이쯤 되면 구조적으로, 본질적으로 변할 방법을 찾는 것이 맞지 않나 싶어요. 탕평 정국을 어떻게 이끌고 가나요?

신병주 　무신란 이후에 영조가 직접 전교를 내립니다. 반란의 원인은 결국 조정에서 당쟁만을 일삼아서 재능 있는 인재들을 등용하지 않았다는 점, 그리고 계속 기근이 일어나 백성이 죽을 지경에 이르렀는데도 구제하려고 생각하지 않고 당쟁만을 일삼는다는 점에 있다고 지적합니다. 그리고 나라에서 해 주는 게 없으니까 백성들이 조정이 있는 것을 모르는 상황 속에서 어쩔 수 없이 반란군에 편입된 것이라고 하고요. 그러니 결국 반란을 일으켰던 주모자와 반란에 가담했던 백성들의 죄가 아니라 조정이 잘못한 거라고 합니다.[†]

김문식 　결국 붕당에 의해서 무신란도 일어난 거니까 정치적 갈등을 중화하려는 탕평책을 쓰죠. 또한 반란군이 일어날 때 백성들이 너무 쉽게 동조하는 걸 보고 민생을 안정시키기 위한 정책이 필요하다고 생각해서 백성들에 대한 직접적인 접촉을 많이 늘립니다. 그래서 영조가 실제로 백성들을 직접 만나서 민원을 청취하는 모습이 나타나죠.

그날 　소통하는 왕이 된 거군요. 위기를 극복하며 얻은 기회를 모든 백성과 신하의 왕으로 자리매김하는 실마리로 만든 것 같습니다.

신병주 　이때 영조가 구체적으로 탕평책을 추진하려고 시행한 방식이 쌍

「**무신친정계첩**」 1728년(영조 4)에 창덕궁 어수당에서 관원들의 인사 평가를 하는 모습. 국립중앙박물관 소장.

거호대(雙擧互對)입니다. 쉽게 설명해서 영의정에 노론이 임명
되면 좌의정은 소론을 임명하고, 판서가 노론이라면 참판은 소
론을 임명해서 서로 견제하고 균형을 맞출 수 있게 하는, 양쪽
당파로선 크게 불만이 없는 방식을 취했습니다.

최태성 그런데 이렇게 영조가 노력하면서 탕평을 부르짖었는데도 노론
은 소론을 맹렬히 탄압합니다. 특히 소론의 영수인 이광좌[12]를
탄핵할 것을 계속 주장해요. 보다 못한 영조가 안 되겠다 싶어서
노론의 영수인 민진원[13]과 소론의 영수인 이광좌를 함께 불러들
입니다.

그날 실제로 영조가 이렇게 말했다고 해요. "경종께 후사가 있었다면
나는 내 분수대로 산과 들에 묻혀서 살았을 것이오. 허나 후사가
없던 경종께서 시종 나를 보호하셨소. 그러니 경들은 부디 옛날

여러 당파의 화합을 상징하는 음식인 탕평채

의 버릇은 버리시고 부디 한마음으로 합쳐 주시기 바라겠소."+
그런데 지금 뭔가가 들어오는데요? 아, 이게 바로 그 유명한 탕
평채 아닙니까? 탕평을 논하면서 먹었다는 음식이잖아요.

신병주 좌청룡, 우백호, 남주작, 북현무라고 들어 보셨죠? 푸른색이 상
징하는 것은 동쪽으로, 동인을 상징하는 게 미나리입니다. 우백
호라는 건 서쪽을 말하는데 백호니까 흰색인 청포묵이 서인을
뜻하죠. 그다음에 남쪽은 붉은 봉황을 뜻하니까 붉은색 소고기
가 남인을 가리키고요. 또한 북쪽은 검은 거북이어서 검은색인
김이 북인입니다. 이런 식으로 동인, 서인, 남인, 북인으로 인식
되는 붕당에 상징색을 부여하고 이 음식들을 고루 섞어 먹으면
붕당 간의 화합이 이루어진다는 뜻을 담은 거죠.

그날 그런 의미가 있었군요.

이윤석 오래간만에 해 보겠습니다. "아니, 그렇게 깊은 뜻이!"

그날 이 음식에 지금 탕평채라는 대단한 이름이 있지만, 그 유래에 관
해서는 의견이 분분하더라고요. 역사서에는 어떻게 기술되어 있

나요?

김문식 『실록』이나 『승정원일기』 같은 공식 기록에는 나와 있지 않아요. 대체로 19세기 전반 기록에 나타나는데, 조재삼이 쓴 『송남잡지』라는 책에 탕평채라는 이름이 있습니다.

신병주 영조 이후로는 상당히 일반화됐던 것 같아요. 후대에는 이런 음식을 보면 당연히 이건 영조가 탕평책을 논하는 자리에 있던 신하들이 먹은 음식에서 유래한다는 인식이 이어진 것 같아요.

그날 자, 저 탕평채를 드시고 우리 한마음으로 뭉쳐 보죠.

최태성 이거 진짜 맛있어요. 맛이 장난이 아닌데요?

그날 이윤석 씨, 탕평채를 드신 소감 한 말씀 부탁드리겠습니다.

이윤석 음, 이 음식들이 색깔은 각각 다르지만, 입안에 들어가니까 하나가 되네요.

---

† "그 연유한 바를 추구하건대, 바로 두 가지가 있으니, 그 하나는 조정에서 오직 붕비(朋比)만을 일삼아 오직 재능 있는 자의 등용을 생각하지 않고 도리어 색목(色目)만을 추중(推重) 권장하는 데 있다. 또 하나는 해마다 연달아 기근이 들어 백성들은 죽을 지경에 처해 있는데도 구제해 살릴 생각을 하지 않고 오직 당벌(黨伐)만을 일삼는 것으로, 불쌍한 우리 백성들이 조정이 있음을 모른 지 오래되었다. 그들이 와해되어 적도에게 투입한 것은 그들의 죄가 아니요, 실로 조정의 허물이니, 이 역시 당의 소치다. 이로써 보건대, 적에게 붙은 백성들은 다른 까닭이 있는 것이 아니라 굶주림에 지쳐서 순역(順逆)의 이치를 구분하지 못한 소치이니, 이는 너희들이 나라를 등진 것이 아니라 실로 내가 너희들을 등진 것이다."
— 『영조실록』 4년(1728) 3월 25일

‡ "황형(皇兄)께 만약 후사가 있었다면, 나는 본래의 뜻을 굳게 지키면서 스스로 분수대로 산야에서 살았으리라. 그런데 경종께서는 시종 나를 보호하셨으니, 이는 지나간 역사에도 드물게 있던 일이다. 원컨대 경 등은 모름지기 옛 버릇을 잊어버리고 한마음을 아주 결백하게 가지도록 하라." 하고서 임금이 오른손으로는 이광좌의 손을 잡고 왼손으로는 민진원의 손을 잡고서 이대로 머무르고 가지 말라고 권하였다.
— 『영조실록』 9년(1733) 1월 19일

그날   자신의 정통성마저 흔드는 세력에게 정치적으로 보복하지 않고 그들을 탕평으로 끌어안았다는 게 바로 영조의 위대함이 아니었나 싶어요. 영조에게 무신란이란 어떤 의미였을지 한마디씩 정리해 볼까요?

최태성   무신란이라고 하니까 저는 갑자기 달걀이 떠오르더라고요. "영조에게 무신란은 콜럼버스의 달걀이었다." 이제까지 기존의 정치 행적을 보면 무신란 같은 사건 다음은 환국이었거든요. 그런데 발상의 전환이라는 거죠. 영조가 환국보다는 화합의 정치, 즉 탕평의 시대를 준비했다는 생각이 듭니다.

류근   "그냥 알이 아니라 탕평이라는 병아리를 부화하게 한 유정란이었다."

이윤석   "영조에게 무신란이란 2인자의 난이다." 1등만 기억하는 사회가 건강하지 않듯이 노론이 독주하는 조정도 바람직하지 않잖아요. 그래서 소론, 즉 2인자가 난을 일으킨 것이고 그런 2인자들의 요구에 탕평채라는 공존의 요리를 만들어 낸 영조는 시대의 요리사였다고 생각합니다.

류근   이윤석 씨에게는 훌륭한 작가가 있는 것 같아요.

그날   이윤석 씨 실력이라곤 안 믿으세요? 탕평채까지 드셨는데 말이죠. 다음에는 암행어사가 출두합니다. 박문수가 영조 때 맹활약한다고 하네요.

최태성   아까 오명항과 함께 나왔었잖아요.

그날   네, 어떻게 활약하는지 확인해 주시길 바랍니다.

2

백성들의
슈퍼 히어로,
어사 박문수

'암행어사'라고 하면 우리가 가장 먼저 떠올리는 인물은 박문수다. 박문수가 어사로 활약했을 때 남겼다는 많은 일화가 지금까지도 전해지는데, 그 내용을 살펴보면 하나같이 백성들 편에 서서 어려운 문제를 해결해 준 이야기들이다. 그런데 암행어사의 이미지가 너무 강하다 보니 박문수가 영조 시대를 대표하는 정치인이자 경제 관료라는 점을 아는 사람은 드물다. 박문수가 실제 역사에서도 높은 평가를 받는 것은 영조 시대의 경제개혁을 추진하는 데 핵심 역할을 했기 때문이다.

박문수의 본관은 고령으로, 당색으로는 소론에 속한다. 1723년 문과에 급제해 검열과 설서, 병조 정랑에 올랐다가 1724년에 영조가 즉위하고 노론이 집권하면서 삭직되었다. 1727년의 정미환국으로 소론이 기용되자 다시 등용되었으며, 1727년 9월에는 영남 지역의 어사로 파견되어 다음 해 3월까지 안동과 예천, 상주 등지를 순행하였다. 1728년에 무신란이 일어나자 오명항의 종사관으로 출전하여 전공을 세워 경상도 관찰사가 되었고, 이어 분무공신(奮武功臣) 2등에 책록되었으니 무신란 진압은 박문수의 관직 경력에 큰 훈장이 되었다. 이후 관료로도 승승장구하면서 1730년에 대사성과 대사간, 도승지를 역임했으며, 호조 참판과 병조 참판을 거쳤다. 1734년에는 예조 참판으로 재직하던 중에 진주사(陳奏使)의 부사(副使)로 청나라에 다녀오기도 했다. 박문수는 특히 경제 분야에서 능력을 발휘했다. 함경도에 큰 흉년이 들자, 경상도의 곡식 1만 섬을 실어다가 백성을 구제해 송덕비가 세워질 정도였다. 호조판서로 재직하던 1749년에는 혼인에서 일어나는 사치를 방지하는 내용을 기록한 『국혼정례』를 비롯해 국가 재정의 절감을 꾀한 『탁지정례』의 편찬을 주도하였다.

1750년에 영조가 균역법을 시행할 때도 박문수는 핵심 인물이었다. 영조는 균역법을 시행하기에 앞서 창경궁의 홍화문에 자주 나아가 유생과 평민들을 모아 놓고 군역에 관한 의견을 물었다. 이때 호포론(戶布論)과 결포론(結布論)이 제시되었다. 호포론은 가호(家戶)를 단위로 포를 징수하자는 것이고, 결포론은 토지를 단위로 포를 징수하는 논의였는데, 박문수는 결포론보다 훨씬 개혁적인 호포론을 주장하였다. 이 밖에도 박문수는 소금을 구워 국가 재정에 활용하자고 주장하고, 화폐 문제를 해결하고자 청나라 화폐를 수입하자고 하거나 은으로 화폐를 주조하자는 등 각종 경제 정책을 입안하고 추진하는 데 책임을 다하였다.

훗날 박문수가 죽자 영조는 애도의 뜻을 표하면서, "아! 영성이 춘방에 있을 때부터 나를 섬긴 것이 이제 이미 33년이다. 예로부터 군신 중에 비록 뜻이 잘 맞는 경우가 있기는 하지만, 어찌 나의 영성과 같음이 있으랴? 나의 마음을 아는 사람은 영성이며, 영성의 마음을 아는 사람은 나였다. 그리고 그가 언제나 나라를 위하는 충성이 깊었음을 나는 알고 있다."라고 하여 자신과 뜻이 가장 맞는 신하가 박문수임을 언급하였다.

영조는 52년간 재위하면서 사치를 방지하고 국가 재정을 절감하려는 제도를 수립하고자 다양한 경제 정책을 시행하였는데, 이러한 정책을 추진할 수 있었던 배경에는 백성과 국가를 위한 사명감으로 뭉친 박문수와 같은 합리적이고 실용적인 경제 관료가 있었다는 사실을 잊지 말아야 할 것이다.

백성들의 슈퍼 히어로, 어사 박문수

불의가 있는 곳에 번개처럼 나타나는
조선 시대 정의의 상징 암행어사.

소설 「춘향전」에서 이몽룡은
암행어사가 되어 탐관오리 변 사또를 벌하고
억울하게 죽을 뻔한 춘향이를 구해 내며 정의를 실현한다.

이몽룡처럼 백성들 사이에 유명한 암행어사가
현실 속에서도 있었으니, 바로 박문수다.

조선 시대에 활동한 암행어사 수만 600여 명 이상.
그중에서도 박문수는 암행어사의 전설이 됐는데,
박문수, 그는 어떻게 백성들의 영웅이 된 것일까?

최원정 우리에게 암행어사로 잘 알려진 박문수에 관한 이야기를 나눠 보겠습니다. 여러분은 "암행어사 출두요."라고 하면 가슴이 설 레지 않나요?

최태성 사람들이 막 밀려들어 오는 느낌이 들어요.

그날 그런 극적인 장면도 연상되죠. 박문수에 관해서 오늘 자세한 도 움의 말씀 주실 분으로 심재우 교수님 모셨습니다. 먼저 한 가지 여쭤 볼게요. 암행어사 출두와 출또, 뭐가 맞는지요?

심재우 기록에 의하면 출또가 많이 나옵니다. 한자로는 출도(出道), 길 에서 나왔다는 뜻인데 출두라는 말도 간혹 씁니다. 그래서 출두 와 출또 다 쓸 수 있죠.

그날 근데 "출또야."보다는 "출두야."라고 해야지 모음조화¹로 말하 기가 편하잖아요.

류근 근데 출두는 안 좋은 이미지가 더 많아요. 법원 같은 데서 출두 명령서 보내잖아요. 제가 어렸을 때 어린이 잡지에 박문수가 소 년 어사로 나왔거든요. 왕의 특명을 받고 어른들의 허구를 통렬 히 꾸짖는 내용인데 정말 선풍적 인기였죠. 그래서 제게 박문수 는 영원히 늙지 않는 소년의 이미지로 남아 있습니다.

이윤석 저는 내용은 하나도 기억이 안 나는데, 인형극을 본 적이 있어 요. 빠지지 않고 봤기 때문에 지금도 노래 가사가 기억나요. "나 는 새도 떨어지네. 산천초목도 벌벌 떠네. 탐관오리 쥐구멍 찾고 떨어진 백성 춤을 추네."

최태성 박문수는 전해져 내려오는 이야기가 정말 많아요. 박문수가 과 거를 보러 가는데 어머니가 이번엔 꼭 붙으라면서 두 가지를 당 부했대요. 첫 번째는 아주 용한 절이 있으니까 거기 가서 기도를 꼭 할 것, 두 번째는 찹쌀 유과를 싸 주면서 갈 때 꼭 먹을 것이었

박문수 초상 보물 제1189-1호. 천안박물관 소장.

칠장사 경기도 문화재자료 제24호.

	답니다. 요즘도 수능 같은 시험 볼 때 찹쌀떡 선물하잖아요.
그날	예, 합격을 기원하는 찹쌀떡을 선물하죠.
최태성	그렇죠. 찹쌀떡이 박문수의 일화에서 유래되었다는 이야기가 있더라고요.
신병주	용하다는 절이 안성에 있는 칠장사라는 절입니다. 박문수가 과거를 치르러 가는 길에 칠장사에 들러서 합격을 기원하는 절을 올린 이후로 이곳이 명소가 되어서 수능 시험을 치거나 할 때면 난리가 나는 절이 되었습니다. 그래서 칠장사 옆에 있는 길도 아예 박문수길이라는 이름으로 명명되어 있습니다.
그날	박문수라고 하면 바람처럼 나타났다가 사람들을 돕고 사라지는 신화 같은 존재로 이야기가 전해지죠. 근데 이런 이야기가 전설로만 남아 있나요? 아니면 기록으로 남겨진 사실인가요?
심재우	박문수가 자연재해와 기근에 시달리던 백성을 구제했다는 기록

이항복 초상 전라남도 시도유형문화재 제189호.

은 『실록』에도 나옵니다. 다만 박문수와 관련된 이야기는 대부분 구전 설화입니다. 『한국구비문학대계』에서 박문수에 관해 찾아보면 관련 설화가 제일 많습니다. 오성과 한음 잘 아시죠? 거기에 나오는 이항복[2]과 이덕형[3]보다도 압도적으로 많아요. 역시 박문수가 백성들에게 가장 인기가 높지 않았는가 생각되는 대목이죠.

최태성 근데 암행어사 박문수라고 하면 잘 알지만, 거기까지인 것 같아요. 제가 학생들에게도 물어봤는데 잘 알기는 하지만, 구체적으로 어떤 사람이고 어떻게 활동했는지는 모르더라고요. 오히려 "실존 인물이에요?" 하고 질문하기도 하고요.

그날 소설 속의 인물 같은 거죠. 지금 보니까 역사책에선 안 나오는데

드라마나 만화에서는 맹활약하거든요. 그러니까 가상의 인물이
라고 생각할 법한 거예요.

이윤석　맞아요. 저도 인형극에서만 봤거든요.

마패, 암행어사의 상징?

그날　박문수에 관해서 모르는 게 참 많은 것 같은데요. 그래서 저희가
　　　자세히 알아보기 위해서 박문수와 관련된 키워드를 뽑아 봤습니
　　　다. 첫 번째 키워드를 볼까요? 자, "마패"입니다. 암행어사의 상
　　　징인 마패가 나왔습니다. 마패가 어떻게 생겼는지 한번 보시겠
　　　어요? 잡고 있으면 느낌이 어떠세요? 느낌이 와요?

이윤석　비밀스러운 왕의 명을 받은 느낌입니다. "암행어사 출또야."라
　　　고 해야 할 것 같고요.

최태성　각자 들고 계신 마패를 보시면 말이 새겨져 있잖아요. 몇 마리가
　　　있어요?

신병주　다섯 마리가 있네요.

심재우　제 것은 세 마리입니다.

최태성　말의 수가 다르잖아요. 왜 다른지 아세요?

그날　글쎄요. 무거운 사람은 말을 여러 마리 타야 하고, 가벼운 사람
　　　은 한두 마리만 타도 되는 건가요? 마패가 여러 가지가 있네요.
　　　한 마리만 있는 것은 뭔가요?

최태성　마패에 있는 이 말은 역마인데, 역참에서 말을 몇 마리 이용할
　　　수 있는지에 관한 권한을 나타내기도 하고 직급을 나타내기도
　　　하거든요. 그러니까 마패에는 말이 한 마리에서 열 마리까지 있
　　　을 수가 있어요.

그날　그럼 마패가 암행어사들만 쓰는 게 아니에요?

신병주　마패는 조선 시대 관리들이 출장을 나갈 때 말을 이용할 수 있는

암행어사의 상징이 된 마패

증명이죠. 그런데 소설 「춘향전」이 유명하다 보니까 마패는 암
행어사만 찬다고 착각하는 사례가 많죠.

류근　「TV쇼 진품명품」이라는 프로그램이 있잖아요. 거기서 봤는데
가격을 알아봐 달라고 가장 많이 들어오는 의뢰품이 마패래요.
그런데 문제는 열 개가 들어오면 그중 한 아홉 개쯤은 다 가짜랍
니다. 그만큼 가짜가 많이 유통되었다는 뜻일 텐데, 그러면 가짜
마패를 가지고 행세하는 사람들은 걸리면 어떻게 되는 거예요?

신병주　당연히 처벌받죠. 영조 때 만들어진 법전에는 마패를 잃어버리
거나 남용하는 것에 관한 규정이 나오는데, 마패를 잃어버리거
나 파손하면 장 80대에 도 2년입니다. 도(徒)는 일종의 징역형을
말하거든요. 그러니까 상당히 엄격한 처벌을 받은 거죠.

최태성　실제로 어사를 사칭한 사건이 꽤 있었던 것 같아요. 선조 때를
보면 한 도적이 자신의 동료를 구하기 위해서 어사를 사칭해서
일으킨 사건도 있었고, 고종 때를 보면 함경도에서 가짜 암행어

사가 등장해서 수령의 잘잘못을 따지고 수령을 파직해요.†

그날   거의 뭐 할리우드 영화감이네요.

† 의정부(議政府)에서 아뢰기를, "가짜 암행어사가 수령의 죄를 논하여 파출(罷黜)한 일에 대하여 묘당(廟堂)에서 품처(稟處)하게 하셨습니다. 요즘 북도(北道)의 백성과 고을의 일이 심히 염려되기는 하나 이제 이렇게 함부로 암행어사라고 칭하면서 감히 방자하게 고약한 짓을 하여 속였으니 너무나 놀라운 일입니다. 더구나 수령을 직접 파출하는 행동까지 하였으니 인심과 세태의 변화가 어찌 이 지경까지 이르렀단 말입니까?" 하였다.
— 『고종실록』 21년(1884) 7월 10일

암행어사의 필수품, 유척

심재우   방금 얘기했지만, 마패가 암행어사들만의 전유물은 아니고 일반 관리들도 쓸 수 있다고 하지 않았습니까? 마패 외에 암행어사들이 갖고 다니는 필수품들이 있습니다. 일단 어사 임명장이 있습니다. 봉서라고 하고요. 또 필수적으로 갖고 다니는 휴대품이 하나 있습니다. 화면에 보이는 게 뭐에 쓰는 물건 같습니까?

이윤석   회초리 같은 거 아닌가요?

그날   탐관오리를 매질하는 용도로 말이죠? 그건 아닌 것 같은데요.

류근   옆에 눈금이 있는데요.

그날   오, 관찰력이 좋으신데요. 정말 자인가요?

심재우   예, 맞습니다. 자입니다.

그날   암행어사가 자를 왜 들고 다니나요?

심재우   저걸 유척(鍮尺)이라고 하는데 놋쇠로 만든 자입니다. 암행어사들이 지방에 파견을 나갔을 때 고을에 있는 형구나 도량형 같은 것이 규격에 맞는지 검토하기 위해서 자를 갖고 다니는 겁니다. 지방 관리들이 도량형을 속여 부정 축재를 하진 않는지, 백성들에게 과한 세금을 징수하진 않는지, 규격을 무시한 형구로 지나

유척 암행어사에게는 유척 두 개가 주어졌다고 한다.

친 형벌을 가하진 않는지 확인하는 거죠.

그날 매의 크기까지 자로 다 쟀던 거예요? 하긴 같은 다섯 대라도 커다란 매로 맞는 것과 조그만 매로 맞는 것은 다르니까요. 가렴주구[4]와 부정부패를 막고자 했던 의지의 상징이네요. 그러면 박문수는 암행어사 활동을 언제부터 한 거죠?

박문수는 암행어사가 아니었다?

신병주 『실록』 기록에 보면 공식적으로는 암행어사라고 되어 있지 않아요. 그냥 어사라고 나옵니다. 1727년 9월에 경상도 지역에 흉년이 크게 들었을 때 민심을 수습하기 위해서 박문수를 어사로 영남 지역에 파견했다는 기록이 있고,[†] 그 이후에도 몇 차례 어사로 활동했다는 기록이 나옵니다.

그날 암행어사와 어사는 어떤 차이가 있는 건가요?

신병주 어사는 공식적으로는 왕의 가까운 신하로서 왕명을 받아서 중요한 문제를 해결하러 파견을 나가는 사신에 해당하는 사람이에요. 그래서 우리가 임무에 따라서 진휼을 감독하는 어사는 감진어사[5]라고 했고, 별도로 파견하는 어사는 별견 어사라고 했습니다. 그 외에 관리들의 부정이나 비리를 색출해야 할 때는 비밀리에 작업을 수행해야 해하니까 암행이라는 말을 썼죠. 「춘향전」에 나오는 이몽룡도 암행어사였기 때문에 신분을 위장해야 해서 거지꼴로 나타나는 바람에 장모를 깜짝 놀라게 해 주는 대목이 나오죠.

그날 공식 기록이 없다는 건 좀 신기한 일이네요. 근데 왜 박문수는 암행어사로 각인되어 있을까요?

심재우 일본 덴리 대학교 도서관에 소장된 옛 문서 중에 박문수를 경상도 암행어사로 임명하는 봉서가 있다고 합니다. 진위를 따져 봐야 하는데, 어쨌든 『실록』의 공식 기록과 옛 문서 간에 차이가 있는 거죠. 그래서 이 부분은 학자들이 좀 더 연구할 필요가 있고요. 또한 영조 때는 일반 어사들이 파견되면 암행 활동도 겸합니다. 이런 것을 일반 어사의 암행어사화라고 하는데, 그러므로 어사와 암행어사라는 용어를 딱 둘로 나눌 필요는 없고 같이 섞어서 써도 큰 문제가 없다고 보면 될 것 같습니다.

신병주 그 당시에 이런 인식은 있었던 것 같아요. 어사보다는 암행어사가 더 해결 능력이 있다는 인식이요.

그날 암행어사가 뭔가 더 극적으로 보이잖아요.

신병주 박문수가 암행어사의 대명사가 된 이유 중에 하나도 결과적으로 어사로 파견되었을 때 정말 혁혁한 성과를 낸 데 있습니다. 실제 기록을 보면 탐관오리의 색출을 아주 잘하다 보니까 '저 사람은 당연히 암행어사일 것이다.'라는 인식이 있었던 것 같습니다.

> † 좌의정 조태억이 아뢰기를, "영남의 흉년도 호남과 다름이 없으니 특별히 어사를 보내어 흩어져 떠도는 백성들을 안집(安集)하게 하고, 이어 내년 봄의 진구(賑救)를 감독하게 하소서. 그리고 다시 측량한 전지(田地)도 상세히 살피게 하소서." 하고, 이어 박문수를 어사로 천거하니, 임금이 박문수는 나이가 젊어서 일을 경험하지 않았다는 것으로 어렵게 여겼다. 조태억과 김동필이 모두 박문수가 두루 통달하고 사무에 연달(鍊達)한 것을 아뢰니, 임금이 드디어 박문수를 어사로 삼았다.
> ― 『영조실록』 3년(1727) 9월 25일

그날   그러면 박문수와 관련된 두 번째 키워드를 보겠습니다. "초고속 승진"은 뭐죠?

신병주   박문수는 1691년생이고 1723년에 과거 급제를 했으니까 아주 이른 나이에 급제한 것은 아니에요. 우리 나이로 치면 서른세 살에 과거 급제를 했는데, 그다음부터는 승진이 상당히 빠릅니다. 그 첫 번째 계기를 보면 영조가 왕세제로 있을 때 박문수가 정7품 직책으로 세제시강원에 근무했어요. 그러면서 영조와 인연을 맺었죠. 나중에 박문수는 어사로 영남 지역에 파견되기도 하고, 무신란 진압에 공을 세운 다음에는 종2품 경상도 관찰사가 됩니다. 그러니까 1723년에 과거 급제를 해서 5년 만인 1728년에 종2품 당상관까지 오르는 겁니다. 요즘으로 치면 7급 공무원에서 장차관까지 오른 셈이죠. 그 이후에는 계속 호조판서와 병조판서, 즉 지금의 기획재정부 장관과 국방부 장관까지 지내고요.

그날   초고속 승진이라고 할 만하네요. 요즘도 시험 봐서 장차관 되기까지 20년 넘게 걸린다는 말이 있잖아요. 게다가 애초에 장차관이 되지 못할 확률이 훨씬 높죠. 그러면 박문수는 장원으로 급제한 건가요?

심재우   성적이 아주 우수했다고 보기도 어렵습니다. 박문수가 소론 집안 출신인데 정기 시험이 아니라 특별 시험인 증광시[6]에 합격합니다. 이 시험은 경종이 신임옥사[7]로 노론을 대거 숙청한 다음에 신진기예들을 뽑기 위해서 별도로 마련한 시험이거든요. 그러니까 당연히 소론만 응시한 상황인데, 전체 합격자 마흔한 명 중에 박문수가 26등을 했다고 합니다. 이런 여러 가지 여건을 봤을 때 정상적으로 치러진 과거였다면 떨어졌을 수도 있겠다는 생각이 듭니다.

그날 　아슬아슬했을 수도 있었겠네요. 정말 공부 잘한다고 다 해결되는 건 아니에요.

심재우 　그래도 과거에 합격한 거 보면 대단한 거죠.

신병주 　박문수의 초고속 승진에 가장 큰 방점을 찍게 된 계기가 뭐냐면 1728년 무신란 때 진압군의 사령관 역할을 맡았던 오명항을 수행하는 종사관이 되어서 반란군 진압에 직접 참여했던 것입니다. 무신란이 평정된 이후에도 영남 지역에 계속 남아서 반란의 후유증을 수습했고요. 영조로서는 자신이 가장 힘들었던 시절에 박문수가 반란 진압의 주역으로 활약하니까 '아, 이 사람은 내 사람이다.'라고 여긴 거죠.

그날 　역시 출세하려면 정치적 시류를 잘 타야 한다는 생각이 들어요. 박문수가 영조에게 확실하게 '내 사람이다.'라는 인식을 심어준 거 아닙니까?

심재우 　박문수가 무신란 진압에 앞장선 것은 시류에 편승했다기보다는 정치적 소신으로 봐야 할 것 같습니다. 대개 박문수의 당색이 소론이라고도 얘기하지만, 노론도 아니고 소론도 아닌 탕평파에 오히려 더 가깝다고 봐야 하겠죠. 나중에 왕위에 오른 영조는 세제시강원 시절에 자신을 보필했던 젊은 관료 전부를 자신의 개혁 정치를 하는 데 적극적으로 활용합니다. 그중 한 사람이 박문수였던 거고요.

그날 　무신란 때 기회가 와서 진압에 참여함으로써 영조의 신임을 받았다고는 하지만, 그 전에 어사로 활동할 때 제대로 못 했으면 과연 영조처럼 깐깐한 왕이 신임했을까 하는 생각이 드네요.

박문수, 백성들을 위해 나서다

수십 년째 거듭된 가뭄과 흉년은
영조 시대에도 계속됐다.

거리는 굶어 죽는 이로 넘쳐 나고
심지어 시체를 먹는 일까지 나타났다.

이런 상황에서 어사로 지방에 파견된 박문수는
자기 잇속만 채우는 수령들을 가차 없이 처벌하고
자신의 곡식마저 굶주린 백성들에게 나눠 준다.

공무를 수행하던 관료가 사재를 내놓는 건
당시로써는 흔치 않은 일이었다.
백성을 향한 박문수의 남다른 열정이 빚어낸 결과였다.

최태성 박문수가 처음 어사로 활동한 게 6개월입니다. 짧아요. 근데 그 짧은 기간에도 탐관오리들을 엄격하게 처벌하고 또 심지어는 사재를 털어서 백성들을 진휼하는 모습도 보였으니 어느 왕이라고 해서 이런 관리를 안 예뻐하겠습니까?

그날 노블레스 오블리주를 실천하는 사람이었군요.

최태성 대단한 사람이었어요.

그날 박문수가 백성들을 구휼하기 위해서 다양한 주장을 했다는데, 어떤 것들이 있었는지 한번 보겠습니다. 먼저 곡식 판매를 통한 전국 규모의 세금 탕감이 있네요.

신병주 누군가는 아주 싫어할 수 있는 주장이죠.

최태성 정말 민생에 연결된 것들만 주장한 것 같지 않습니까?

그날 노총각과 노처녀의 혼인 문제 해결, 저거 정말 중대한 문제잖아요. 지금도 대단히 중요한데 그때도 중요했나요?

신병주 실제로 박문수가 영조에게 혼인 대책을 세우자고 청하고, 이를 영조가 수용하는 장면이 『실록』에도 나옵니다.[†]

최태성 자신의 사재를 털어서 백성을 구휼한다는 게 참 와 닿는데, 또 이런 이야기가 있어요. 박문수가 경상도 관찰사를 지냈다고 했었잖아요. 그때 영일만 앞바다에 관과 가재도구가 떠내려오는 거예요. 이윤석 씨가 박문수라고 생각해 보세요. 그걸 보고 뭐라고 하시겠어요?

이윤석 "건져라! 아니, 일단은 대기해라. 돼지가 떠내려올 수도 있다." 라고 말하지 않을까요?

최태성 근데 그때 박문수가 뭐라고 했느냐면 "이건 저 위쪽 함경도에 홍수가 나서 그 지역에서 다 떠내려온 것이다. 지금 우리 경상도가 가진 쌀 3000석을 당장 배에 실어서 함경도로 보내라."라고 합니다. 그리고 알아보니까 함경도에 진짜로 홍수가 났어요. 긴급 재난 상황이잖아요. 이렇게 함경도에 사는 많은 백성에게 박문수가 큰 도움을 줬다는 기록이 있습니다.

그날 　이게 전설이에요? 아니면 실제예요?

류근 　정말 이거 대단한 직관인데, 영일만이면 동해 쪽이잖아요. 동해 앞바다에 무언가 둥둥 떠오면 우리는 '일본 배가 뒤집혔나?'라고 생각할 텐데 말이죠. 어떻게 함경도를 떠올렸을까요?

그날 　해류, 즉 바다의 흐름을 알았던 거예요. 떠내려오는 물건을 보면 주우려고만 생각하지 그 물건을 잃어버린 사람들을 떠올리지는 못하거든요. 그런데 박문수는 잃어버린 사람들을 먼저 생각한 거예요. 바다의 흐름도 알고 백성들의 마음도 헤아릴 줄 알고, 진짜 대단해요.

신병주 　근데 조정의 허락 없이 임의적으로 곡식을 보내는 건 문책을 받을 사항이거든요. 실제로도 문제가 제기되었고요. 그때 박문수가 한 말이 대단히 멋있습니다. "내가 문책을 당하는 것은 작은 문제이지만, 굶주린 백성들을 구하는 것은 큰 문제다."

최태성 　어록이네요. 이건 어록에 넣어야 해요.

그날 　무엇이 먼저인지를 알아야 한다는 거죠.

신병주 　그래서 지금도 함경도에는 그 당시 박문수의 공을 기리는 비석이 세워져 있습니다.

그날 　경상도에 있을 때인데 함경도를 도운 거잖아요. 자기 관할이 아닌데도 말이죠. 요즘도 어딜 가서 물어보면 "저희 소관이 아닙니다." 하는 이야기를 많이 듣는데, 먼저 나서서 도운 박문수는 진정한 공무원이 아니었나 생각합니다. 그리고 다음으로 문무백관의 녹봉을 감할 것을 주장했다고 나와 있네요. 저 시대에 저렇게 발상했다는 게 신기하거든요. 실제로 감봉했나요?

박문수의 공덕을 기리는 비석의 탁본 '영남 관찰사 박문수 북민 감은비'라고 적혀 있다.

심재우 처음에 박문수는 자신을 포함한 관료들이 가진 곡식들을 백성들에게 나누어 주자는 파격적인 제안을 합니다. 그런데 신하들이 반대해서 받아들여지지 않으니까 차선책으로 녹봉이라도 깎자고 주장하죠. 지금으로 치면 관리들 월급이라도 깎자고 주장한 겁니다.

그날 쉽지 않을 텐데요.

심재우 당시 백성들의 비참한 상황을 지켜볼 수만은 없었던 것 같습니다. 결국 영조는 박문수의 뜻에 따라 문무백관의 녹봉을 삭감하는 조치를 단행합니다.†

그날 박문수의 추진력이 대단하네요. 왕실과 사대부들은 박문수가 진짜 미웠겠어요. 기록을 보면 신하들이 박문수의 주장을 가리켜 "광란한 잠꼬대다.", "놀랍고 도리에 어긋난 말이다."라고 하면서 박문수를 한마디로 정신 나간 사람으로 취급해요.

최태성 그러니까 박문수는 "지금 교화가 행해지지 못하고 법도도 세워지지 못했는데 사대부가 염치조차 없다."라고 대응합니다. 염치가 없는 사대부들 때문에 백성들의 생명이 곤궁하고 나라의 재원이 고갈됐다면서 신랄하게 비판하죠.

그날 리더십의 중요한 덕목을 얘기할 때 보면 용장이나 지장, 덕장보다 앞서는 게 현장이라고 하더라고요. 역사 속 인물을 보면 현장 경험이 있는 사람들과 그렇지 않은 사람들의 차이가 항상 드러나는 것 같습니다. 암행어사 박문수에 관한 구전 설화가 독보적으로 많다고 했잖아요. 그럴 수밖에 없는 게 백성들에게 박문수는 정말로 정의의 사도, 즉 나쁜 사람을 벌하고 좋은 사람을 도와주는 우상이자 영웅이었다는 거죠. 백성들이 볼 때 의적 같은 게 아니라 높은 관직에 있으면서 우리 편이 된 사람은 드물다 보니까 정말 영웅처럼 여긴 것 같습니다.

---

† 참찬관(參贊官) 박문수가 말하기를, "혼가(婚嫁)를 제때에 하게 함은 왕정(王政)의 선무(先務)입니다. 지금 경외(京外)의 처녀로 나이가 스물, 서른이 넘도록 시집 못 간 자가 매우 많아 원망이 가슴에 맺혀 화기(和氣)를 손상할 것입니다." 하니, 임금이 말하기를, "진달한 것이 옳다. 안으로는 경조(京兆)의 부관(部官)이 찾아 물어서 호조와 선혜청에 보고하여 각별히 돌봐주게 하고 밖으로는 감사와 수령이 역시 혼수를 갖춰 주어 시기를 넘김이 없도록 하라는 뜻으로 신칙하는 것이 좋겠다." 하였다.
— 『영조실록』 6년(1730) 12월 24일

‡ 백관의 녹봉을 감하게 하였다. 이때 경비를 크게 줄였는데 연신(筵臣)이 을사년과 병오년의 전례를 인용하여 감할 것을 청했기 때문에 따른 것이다. 1품은 감할 것이 쌀 3두에 콩 2두, 종2품 이상은 쌀 2두에 콩 2두, 정3품은 쌀 2두에 콩 1두, 6품 이상은 쌀 1두에 콩 1두였다. 참하(參下)와 잡직(雜職)은 감하지 않았다. 이어 내궁방(內弓房)과 상방(尙方)의 별조(別造)를 일체 아울러 정지하게 하였다.
— 『영조실록』 8년(1732) 12월 10일

소금 장수 박문수

그날　그러면 세 번째 키워드를 살펴보겠습니다. "소금 장수"라고 나와 있네요. 박문수와 소금 장수는 무슨 관련이 있는 거예요? 소금 장수는 전국을 떠돌았다는데, 박문수도 전국을 떠돌았으니 비슷한 처지여서 그런 건가요? 아니면 소금 장수로 변장해서 전국을 떠돌았다는 것일 수도 있겠네요.

심재우　소금 장수는 박문수의 별명입니다. 박문수가 반대를 무릅쓰고 소금을 구워 진휼에 쓸 재원을 마련하자고 주장하고,† 소금을 굽는 일을 직접 주관하기까지 했는데, 이 일을 가리켜서 다른 신하들이 소금 장수라고 놀리고 빗댄 거죠.

> † "지금 전국에 흉년이 거듭 들어 많은 백성이 거의 죽게 되었는데, 저축은 이미 바닥나 구제하여 살릴 대책이 없습니다. 올해는 사람이 서로 잡아먹는 지경인데, 다시 한 해 거듭 흉년이 든다면 백성이 하난들 남아나겠습니까? 온 나라 안에 많은 사람이 다 굶주리고 있으니, 부황이 들어 다 죽게 되면 하수(河水)가 터진 다음에 물고기가 썩는 것과 같을 것이니, 어떻게 수습할 수가 있겠습니까? 그것은 통곡해도 시원치가 않을 것입니다. 소금을 굽는 계책은 사실상 천만번 부득이한 형편에서 나온 것인데, 사람들은 대부분 이해관계는 자세히 연구해 보지도 않고 경솔하게 이론(異論)만을 제시하여 소금을 굽지도 않고 폐단만을 닳도록 다툽니다. 소금 굽는 일을 버려두고서 또다시 장차 무슨 계책이 있는지 모르겠습니다."
> — 『영조실록』 9년(1733) 1월 27일

소금장수라는 별명을 얻다

심각한 기근으로 국가적 위기 상황에 부닥친 조선.
하지만 조정에서는 백성을 구하려 해도
재원이 없어 쩔쩔매고 있었다.

이에 박문수는 위기를 타개할 새로운 방법을 제시한다.

"전국에 흉년이 들어 사람이 서로 잡아먹는 지경인데,
소금을 구워 이를 구제하시옵소서."

당시 왕실의 일원인 궁방이 독점하던 소금의 이익을
나라가 직접 관리해 진휼 재원으로 쓰자고 주장한 박문수.

가마솥에서 열 시간 가까이 끓이는 고된 작업을 거쳐야
겨우 얻을 수 있는 귀중한 물건인 소금.
하지만 박문수는 특유의 열정으로 소금 굽기에 매진한다.

동료 대신들은 그런 박문수를 두고
소금 장수라 놀리며 비아냥거렸다.

그러나 겨우 6개월 만에 보란 듯이
3만 석이 넘는 소금을 만들어 낸 박문수.

이는 곧 쌀 7만 석과 바꿀 수 있는 엄청난 양으로,
굶주린 백성들에게는 단비와 같은 희소식이었다.

그날　결국은 백성을 구하기 위해서였군요. 놀림당할 일이 아닌데요.

심재우　그렇죠. 저렇게 생산한 소금의 절반 정도는 해당 지역민에게 나눠 줬고, 1만 석은 경기도에 보내서 진휼 재원으로 썼습니다.[†]

신병주　그 당시에는 소금을 생산해 얻는 이익을 왕실에 소속된 궁방[8]에서 독점했어요. 그런데 박문수는 왕자나 공주, 왕실 친인척에게 가던 이익이 백성들에게 돌아가도록 획기적으로 조치한 거죠.

그날　왕실의 이익에 직결되는 문제죠. 직접 타격을 주는 문제입니다. 이전엔 아무도 선뜻 제안하지 못했던 건데, 박문수는 아이디어까지 내고 스스로 실천해 냈단 말이죠. 관료라면, 공직자라면 이래야 한다고 보여 주는 것 같아요. 그런데 공주들이 얼마나 섭섭했을까요? 속으로 '아이고, 내 소금!' 하고 생각했을 거예요.

심재우　박문수의 소금 생산이 성공할 수 있었던 것은 사업 목표가 진휼이었기 때문이 아닌가 생각해 봅니다. 소금을 생산한 이유가 국가에서 소금을 전매해 이익을 독점하려고 한 것이 아니라 백성의 이익을 위해서였으니 당연히 백성들이 열심히 일했겠죠?

최태성　숙종 때를 보면 왕실의 위상을 고려해서 궁방을 축소하지 못하거든요. 영조로서는 정말 엄청난 결단을 한 거예요.

그날　결국은 기득권을 내려놓자는 제의를 왕이 받아들인 겁니다. 제안하고 실행한 박문수도 대단하고, 허락한 영조도 멋지네요. 아주 멋진 콤비라는 생각이 듭니다. 책에서 본 건데, 박문수가 어렸을 때 매우 가난해서 어렵게 살았다고 합니다. 아버지를 비롯한 집안의 가장들을 일찍 여의었다고 해요. 그러다 보니까 가난과 고통을 겪어 보았고, 그래서 백성을 더 위할 수 있었던 게 아닌가 합니다. 영조는 어머니인 숙빈 최씨가 후궁이라는 점 때문에 상당한 콤플렉스에 시달렸잖아요. 그리고 사가에서 10년을

금암기적비 영조가 연잉군이던 시절, 소를 훔친 도둑을 잡았으나 사정을 딱하게 여겨 선처한 일을 기념하여 정조가 세운 비다. 서울특별시 시도유형문화재 제38호.

살았더라고요. 그러면 상대적으로 백성의 삶을 경험할 날이 많았을 것 같아요. 말하면서 계속 느끼는 건데, 성장 환경이 정말 비슷한 것 같아요. 고난을 겪으며 어렵게 살아야 훌륭한 목민관이 될 수 있나 봐요. 결핍을 경험한 사람들은 좀 다른 것 같아요.

† 좌참찬 송인명이 아뢰기를, "박문수가 영남에서 구운 소금이 1만 8000여 석이라고 합니다. 청컨대 1만 석을 수송하여 경기의 백성을 진구하게 하소서." 하니, 임금이 그대로 따랐다.
— 『영조실록』 8년(1732) 6월 22일

균역법과 박문수

대한민국 국민의 4대 의무 중 하나인 국방의 의무.
조선 시대에는 국방의 의무가 바로 군역이었다.

그런데 영조 시대에는 군역을 직접 지지 않고
장정 한 명당 1년에 두 필씩 군포를 내야 했다.

하지만 양반들은 군역의 의무에서 제외되고
모든 군역은 고스란히 힘없는 백성들에게 돌아갔다.
군포는 기근과 더불어 백성들을 괴롭히는 커다란 원인이었다.

급기야 죽은 사람에게까지 군포가 매겨지고
어린아이마저 군포를 내야 하는 현실이 되자,
영조는 균역법을 시행하기에 이른다.

대대적인 경제개혁인 균역법의 시행은
박문수의 주장이 결정적인 계기가 됐다는데,
과연 그 주장은 무엇이었을까?

그날 균역법이 나왔습니다. 학교 다닐 때 참 열심히 외웠던 기억이 있는데, 정확하게 균역법이 뭔가요?

신병주 한자 그대로 해석하면 역을 고르게 하는 법, 그러니까 국가에 지는 역을 고르게 하자, 즉 될 수 있으면 모든 사람이 역을 공평하게 지자는 취지의 법이라 해서 균역법이라고 합니다.

심재우 군포는 백성들에게 가장 고통스러운 세금이었습니다. 전란과 대기근으로 군역 대상자 수는 급격하게 줄어들었는데도 국방 강화라는 명분 속에서 할당된 군포 총액은 거꾸로 증가했어요. 설상가상으로 양반들이 군역에서 이탈하면서 그 부담이 고스란히 백성들에게 떨어진 거죠.

그날 군역에 양반은 제외라니요. 단순히 흉년이어서가 아니라, 탐관오리의 만행이나 부정 때문이 아니라 구조적인 모순이 있었던 거예요. 게다가 죽은 사람과 어린아이에게까지 군포를 거두었군요. 도대체 군포가 뭐였기에 이렇게 백성들을 힘들게 한 걸까요? 군포가 무엇인지, 그리고 군포의 폐단이 어느 정도였는지 알아보겠습니다. 박금수 박사님, 그 당시 백성들이 내야 했던 군포는 정확히 어떤 건가요?

박금수 군포라는 것은 군대에 가는 대신에 내는 포목을 가리키는 말입니다. 조선 시대에는 신체가 건강한, 16세에서 60세에 해당하는 모든 남성이 군역의 부담을 졌습니다. 조선 후기에는 1년에 두 필씩 냈는데, 군포의 폭은 8촌이고 길이는 16미터에 달합니다. 대단히 길죠. 베틀 앞에 앉아서 계속 북[9]을 쳐 주면서 짜야 군포가 나옵니다.

그날 가난한 백성들로서는 저렇게 긴 군포를 두 필이나 내려면 힘들었겠어요. 저거 짤 시간에 농사지어야 하는데 말이죠.

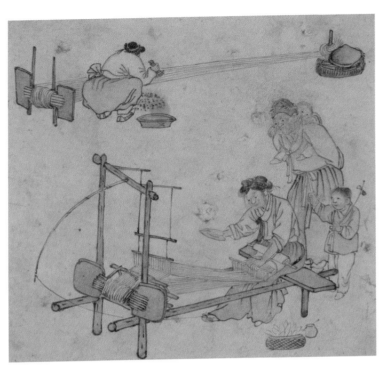

길쌈하는 모습 김홍도의 작품. 보물 제527호. 국립중앙박물관 소장.

박금수 조선 시대에 군역 때문에 한 집안 망하는 것은 어려운 일이 아닙
니다. 류근 시인님은 아드님이 두 분 계시죠? 그리고 혹시 아버
님께서 돌아가셨다고 하더라도 아버님 대신 군역을 이행할 사람
을 세우지 못했으면 계속해서 군포를 내야 해요. 여기에 본인을
더하면 네 명이죠. 게다가 옆집에 사는 친구가 도망가면 향촌 사
회 내에서 해결해야 하므로 류근 시인님이 내셔야 해요. 그럼 이
제 총 다섯 명분의 군포를 내야 하는데, 1년에 한 명당 두 필이
니까 열 필을 내야 해요. 근데 아까 설명해 드렸듯이 군포가 대
단히 길죠. 순전히 일만 해도 한 필을 짜는 데 열흘이 걸린다고
합니다. 그러니까 100일 치 노동을 쏟아부어야만 군역을 해결할

수 있는 거죠. 해결하지 않으면 벌을 받으니까요.

류근   저 백성 안 할래요.

박금수 그럼 화적이 되든가 하는 수밖에 없겠네요. 당시 농민층의 저항
      도 만만치 않았습니다. 총 365일 중에 3분의 1에 해당하는 기간
      의 월급을 못 받는다고 생각하시면 돼요. 대단히 큰 부담이었죠.

군역의 의무를 회피하는 양반들

그날   계속해서 이해가 안 가는 건데, 양반은 군포를 왜 안 내는 거예
      요? 처음에는 양반도 군역을 졌다면서요.

박금수 네, 원래는 양반도 군역을 졌습니다. 그런데 양반이 관직을 받으
      면 업무를 수행한다고 해서 군역에서 빠졌고, 그 외의 양반들도
      군역에서 서서히 빠지면서 결국 평민들에게만 군역의 부담이 점
      점 가중되었던 것입니다.

그날   군포가 백성들의 삶을 짓눌렀군요. 정말 저 같아도 백성 안 하겠
      습니다. 진짜 너무 억울하죠. 방납에도 시달려야 하고, 군포 내
      느라 시달려야 하고, 어떻게 살아요? 중요한 것은 처음에는 양반
      들도 군역의 의무를 졌다는 거잖아요.

심재우 그렇죠. 우리가 잘 아는 이순신도 무과 합격증을 보면 보인[10]이
      었다고 나옵니다. 보인이란 군대에 직접 가는 대신 군포를 내는
      사람을 말하거든요. 그러니까 이순신도 무과에 합격하기 전에는
      군포를 냈다는 걸 알 수 있죠.

그날   이순신도 군역의 의무를 졌다는 얘기로 봐서는 양반들이 군포를
      안 낸 게 불과 몇백 년밖에 안 된 거잖아요.

신병주 조선 전기까지는 양반들도 군역을 수행하는 것이 일반화되어 있
      었는데, 조선 후기가 되어서 신분 사회가 완전히 고착화하면서
      양반 계층이 군역에 엄청나게 저항하죠. 군역의 부담을 지지 않

는 것을 양반의 자존심 또는 양반을 상징하는 권리로 본 겁니다.

그날 낼 만한 사람은 빠져나가고 만만한 사람만 내게 하는 상황이죠.

신병주 영조 때는 군역을 부담하는 호수가 대략 50만 호로 되어 있었지만, 실제로는 10만 호 정도였다고 합니다. 즉 이 10만 호에 해당하는 집에서는 평균 다섯 배 정도의 군역을 지는 일이 되풀이되었죠.

최태성 가장 큰 문제는 양반들이 군포를 내지 않는 걸 특권으로 생각했다는 겁니다. 군포를 안 내는 게 양반과 평민의 신분을 구분해 주는 것이니 내서는 안 되는 거라고 당연하게 생각했죠.

그날 이쯤 되면 단순히 백성들만 힘들어지는 것이 아니라 국가도 어려워집니다. 세금이 있어야 나라를 운영할 텐데 이런 식이면 만성 적자가 당연해지는 거 아니에요? 백성들을 쥐어짜는 것도 한계가 있는 건데 말이죠.

심재우 그래서 군포를 양반들도 내자는 게 박문수의 주장이었죠. 당시에 박문수가 호조판서가 되어서 호포법을 주장합니다. 양반과 백성을 구분할 것 없이 가호 단위로 똑같이 세금을 매기자는 주장이죠. 상당히 파격적인 주장인데, 영조도 박문수의 주장을 지지하고 창경궁의 홍화문까지 직접 나가서 여러 가지 여론을 수렴해 봅니다. 그렇지만 워낙 파격적인 주장이다 보니까 양반들의 반대에 부딪혀서 호포법은 수면 아래로 내려가고 더는 추진되지 못하죠.

최태성 강력한 반발이 있었던 거죠?

그날 양반들의 조세 저항이 일어나기 시작한 거죠. 백성들에게는 사대부들이, 유생들이 장해물이에요. 기득권 앞에서는 체면과 부끄러움을 모르는 거 아닙니까? 그런데 여러분이 조선 시대 양반인데 안 내던 군포를 갑자기 내라고 한다면 어떠실 것 같으세요?

창경궁 홍화문 보물 제384호.

어마어마하게 긴 군포를 말이죠.

이윤석 　양반 처지에서 생각하니까 갑자기 당황스럽네요. 제가 양반이라
면 "내 체면이 있지, 평민들이 내는 건데 나 보고 내라니. 최 대
감이 먼저 내면 내가 내겠네."라는 식으로 나올 것 같아요.

그날 　그럼 최 대감께서는 낼 의향이 있습니까?

최태성 　"거 무슨 소리요. 동방예의지국에 군자와 소인의 구별이 있는데
그 구별을 어찌 깬단 말이오?"

이윤석 　"옳소이다. 자고로 양반은 다스리고 백성이 지키는 것입니다."

류근 　저 사람들은 파렴치하기 짝이 없어요.

이윤석 　"우리끼리 잘 먹고 잘살아 봅시다. 이것이 인정 아니겠소."

그날 　인정까지 나왔네요.

류근 　제가 박문수 처지에서 한번 얘기해 보겠습니다. 백성은 수탈과

핍박의 대상이 아니라 모시고 섬겨야 할 대상이에요. 사회적 특권을 가졌으면 그에 상응하는 마땅한 의무와 책임을 져야죠. 그런데 괴상한 특권 의식에 젖어서 오히려 의무를 회피하고 있다는 게 말이 됩니까? 부끄러운 줄 알아야죠.

그날   일침을 가하시는데요.

신병주   양반들이 강력히 반대하니까 영조가 이런 발언을 합니다. "백성은 나의 동포이니 너희 양반들 처지에서 백성을 볼 때는 너와 나의 구별이 있을지 모르나, 내가 볼 때는 모두가 나의 적자(赤子)이니 나는 똑같이 생각한다." 이때 적자라는 말은 사랑하고 아끼는 백성이라는 뜻이죠. 이렇게 영조가 균역법을 추진할 의지를 분명히 밝혔는데 결과적으로는 절충안이 나옵니다. 1년에 두 필을 내던 군포를 한 필로 줄여서 반값 군포를 실현하죠. 그리고 부족한 국가 재정을 다른 방법으로 채웁니다.

반값 군포를 실현하다

그날   두 필에서 한 필로 준 것은 대단히 큰 감세인데요.

심재우   그렇죠. 균역법으로 백성들이 내야 할 군포 부담이 반으로 줄었다는 건 국가 재정 수입이 절반으로 줄었다는 것으로 상당히 큰 타격입니다. 그래서 불가피하게 부족한 재원을 보충하기 위한 여러 가지 대책을 강구합니다.

신병주   박문수는 여러 가지 아이디어를 제시했어요. 박문수 본인이 소금 생산을 지휘한 경험도 있어서인지 배에서 내는 선박세, 그다음에 물고기를 잡고 미역 등을 생산할 때 내는 어세 같은 세금들을 확실하게 국가 재정으로 끌어옵니다. 결과적으로 백성들에게 도움이 되게 하는 체제를 확립하는 데도 박문수가 상당히 기여합니다. 그리고 또 하나 주목되는 게 선무군관포[11]입니다. 그 당시에 부유한 양인 중에는 양반으로 사칭해서 군역을 피해 갔던 사람들이 있었어요. 이런 사람들을 잡아내서 선무군관포를 부과했죠. 이 같은 방법으로 전체적인 국가 재정에는 큰 부담이 없게 하면서 크게 보면 백성들의 부담은 반으로 줄인 세제 개혁이 균역법이었습니다.

심재우 그래서 저는 전체적으로 균역법이 영조나 박문수가 당초에 계획한 대개혁은 아니지만, 그래도 백성들의 부담을 절대적으로 줄여 줬다는 측면에서는 상당히 의미가 있는 세제 개혁이었다고 평가하고 싶습니다.

신병주 대학가에서 반값 등록금 이야기가 나오잖아요. 그 당시에 전 백성을 대상으로 반값 군포를 실현했다는 것은 상당히 의미가 큽니다.

그날 근데 균역법이 영조의 개혁 정책 중에서도 손꼽히는 대표적 정책인데, 결국 여기서도 결론적으로 양반은 빠졌다는 게 핵심이죠. 알고 봤더니 한참 후인 흥선대원군 때에 가서야 호포제가 시행되면서 그 문제가 개혁되더라고요.

신병주 흥선대원군이 호포제를 시행했을 때가 1860년대이니까 100여 년이 시간이 흐른 거죠. 그런데 흥선대원군 당시에도 시행하는 과정에서 엄청난 저항이 있었거든요. 개혁에 많은 시간이 걸린다는 것을 보여 주죠.

그날 이렇게 균역법이 어렵게 탄생했어요. 근데 이때 박문수는 사직서를 내면서 뭔가 못마땅함을 드러낸다면서요.

신병주 한마디로 미진하다는 거죠. 제대로 된 개혁이 아니라면서 이것으로는 만족하지 못한다고 말이죠. 박문수의 성격이 대단히 화끈합니다. 스스로 그만두겠다고 사직서를 올립니다. 영조가 자신도 할 만큼 했다면서 기다리라고 만류하는데도 과감하게 자리를 던져 버리고 충주 목사로 나가죠. 대단한 겁니다.

불같은 성격의 소유자, 박문수와 영조

그날 　영조와 박문수가 외모도 닮았고 성격도 매우 비슷했다면서요.

신병주 　『실록』의 기록을 보면 두 사람의 성격이 대단히 닮았어요. 영조가 박문수를 지적하면서 "나도 고집이 세지만 넌 진짜 고집이 세다."라고 이야기하고 "너는 성격이 진짜 불같다."라는 이야기도 합니다. 영조 본인도 약간 그런 기질이 있다 보니까 서로 통하지 않았을까 싶어요. 박문수가 왕 앞에서 싸우니까 다른 신하들이 박문수를 무식하다고 나무라는데 영조가 "다 나라를 위하는 말이다. 무식하면 공부 좀 하면 되지."라는 식으로 박문수를 옹호해 주는 말까지 합니다.

최태성 　두 사람은 특별한 관계네요. 근데 말씀하신 대로 영조도 한 성격 하잖아요. 범과 범이 부딪치면 어떤 일이 벌어질까요?

심재우 　둘 다 직설적인 성격이라서 많이 부딪혔죠. 한 번은 박문수가 병조판서일 때 훈련대장 구성임과 어전에서 크게 싸웁니다. 삿대질까지 했다는 말까지 나오는데, 있을 수 없는 일이죠. 영조가 몇 번을 만류해도 그치질 않으니까 화가 머리끝까지 납니다. 그래서 영조가 "이것도 하나의 당쟁이다. 당파 싸움이다."라면서 두 사람을 죽여서 효시하라는 명령까지 내립니다. 나중에 신하들이 겨우 만류해서 파직하는 선에서 마무리됐습니다.†

그날 　영조 성격도 대단하지 않아요? 그만 하라고 말리다가 욱하니까 죽이려고 하네요.

신병주 　그때는 많은 신하가 있으니까 말릴 걸 예상하고 그렇게 발언한 거죠. 그만큼 박문수를 믿었고요.

† 병조판서 박문수가 훈련대장 구성임과 서로 자기의 견해를 내세우다가 임금 앞에서 노여움을 드러내어 너니 나니 하며 소리치고 꾸짖어 말씨가 도리에 어긋나게 되었다. 임금이 두 사람을 화해시키려고 하교하기를, "'두 마리 범이 싸운다.'는 말이 옛말에도 있다. 혈기가 많은 박문수와 거칠고 호기 있는 구성임이 서로 다투어 이기고자 하는데, 전(殿)에 올라서는 비록 무례하지만 전 아래로 내려가서는 능히 서로 잊을 수 있지 않겠는가?" 하고, 누누이 타이르고 개석(開釋)하였다. 두 신하가 그래도 시끄럽게 다투기를 그치지 아니하자, 임금이 말하기를, "이 또한 당심(黨心)이다. 그 폐단은 장차 장신(將臣)이 분당하는 데 이르게 될 것이다. 내가 두 신하를 모두 균율로 효시(梟示)하여 당습(黨習)을 징계하고자 한다." 하니, 대신이 모두 말하기를, "두 신하가 조정의 대체(大體)를 무너뜨리고 훼손한 죄는 진실로 엄하게 처분해야 마땅하지만, 균율은 서로 들어맞지 아니합니다." 하니, 임금이 모두 삭직하라고 명하였다.

— 『영조실록』 18년(1742) 8월 23일

백성을 사랑한 박문수와 영조

그날   두 사람의 가장 큰 공통점이라면 백성을 사랑하는 애민 정신을 지녔다는 것 아니겠습니까?

류근   글쎄요. 친서민 정책이라는 말이 있긴 한데, 재래시장에 가서 장 보고 국밥 먹으면 친서민인 줄 아는 분들이 있어요. 근데 영조도 서민 군주라고 하지 않습니까? 혹시 무늬만 그랬던 거 아닐까요? 어쨌든 왕인데 말이죠.

신병주   영조는 직접 실천한 왕이죠. 영조가 가장 주안점으로 삼았던 게 절용애민(節用愛民)입니다. 국가의 비용을 절약해서 백성을 사랑한다는 뜻이죠. 일단 밥상의 음식부터 아주 소박합니다. 그리고 스스로 "내가 이렇게 장수한 것은 평생토록 초식(草食)하고 거친 옷을 입어서다."라고 말하죠. 초식은 요즘 말로 하면 채식입니다. 실제로 영조는 가짓수가 적은 반찬을 먹고 무명옷이나 모시옷을 입었다는 기록도 나옵니다. 그런데 이러다 보니까 부작용도 생겨요. 왕이 워낙 사치를 싫어하고 절약을 강조하다 보니까 신하들도 회의에 일부러 더러운 옷을 입거나 떨어진 신발을 신고 나타납니다. 심한 사람은 속에는 비단옷을 입고 겉에는 목면으로 만든 옷으로 위장하는 사례까지 있었고요. 그러나 그런 식으로 분위기라도 만드는 게 중요했습니다.

그날   그때도 서민 '코스프레'[12]가 있었군요. 근데 백성들은 굶어서 죽어 가는데 사대부들이 너무 사치하니까 아예 사치를 금지하고 방지하는 법을 만들었단 얘기까지 들었어요.

심재우   그렇죠. 영조가 박문수를 중심으로 해서 『탁지정례』,[13] 『상방정례』, 『국혼정례』 등 여러 가지 재정 관련 책을 편찬하게 합니다. 이로써 박문수는 탁월한 재정 전문가로서 그동안의 방만하고 비효율적인 국가 재정을 체계적으로 정리합니다. 그러면서 사치 규제도 강화하는 거죠.

최태성   결국 영조가 궁방의 소금 독점을 없애면서 자기부터 본을 보이고 제 살 깎는 법도 먼저 보여 주니까 대신들을 비롯한 양반들도 어느 정도 설득된 것 같아요. 게다가 박문수 같은 신하가 옆에 버티고 있으니까 당시 백성들에게는 정말 실낱같은 희망 하나를 잡을 수 있는 여지가 있지 않았을까 하는 생각이 듭니다.

그날   맞아요. 500년을 간 조선의 저력이 저런 위기의 순간에 나타나네요. 김육이 가고 나니까 박문수가 오지 않았습니까? 그리고 본인이 먼저 본을 보이고 인재도 알아봤다는 것, 대단히 중요한 군주의 덕목 같아요. 백성을 사랑했다는 것도 그렇고요.

박문수, 눈을 감다

박문수가 세상을 떠났다.
누구보다도 특별했던 사이, 영조와 박문수.
영조는 아끼던 신하의 죽음에 깊이 슬퍼했다.

백성들은 박문수를 마을의 수호신,
즉 문수신으로 모시며 그 은혜를 기리고자 했다.
그리고 마침내 박문수는 영의정에 추존된다.

임금과 신하의 콤비 플레이

신병주 영조가 이런 말을 하면서 박문수에 대한 신뢰가 컸음을 보여 주죠. "나의 마음을 아는 사람은 영성이었다. 이제 영성이 없으니 누가 나의 마음을 알아주는가?" 이때 영성은 박문수를 지칭합니다. 이인좌의 난을 평정한 직후 영성군에 봉해졌죠.

심재우 높은 관직에 오르는 것이 대단하긴 하지만 더 중요한 것은 정쟁에 연루되지 않았다는 것입니다. 큰 화를 입지 않고 제 명대로 살았다는 것만 해도 저는 다행이라고 생각합니다. 소론인 박문수는 여러 차례 노론의 공격을 받고도 살아남았거든요. 영조의 치세 후반기에는 나주 괘서 사건이 일어나면서 소론이 완전히 숙청당합니다. 그때도 유일하게 박문수만은 살아납니다. 박문수를 향한 영조의 무한한 신뢰가 반영된 거죠.

그날 영조와 박문수의 콤비 플레이가 대단히 돋보이는 것 같아요. 소금을 구울 때도, 녹봉을 깎을 때도, 균역법을 시행할 때도 뜻을 같이했잖아요. 세종이 이런 얘기를 했어요. "4군과 6진을 개척할 때 내가 없었다면 김종서가 이 일을 주장하지 못했을 것이고, 김종서가 없었다면 내가 이 일을 실행하지 못했을 것이다." 근데 소금 굽기, 녹봉 깎기, 균역법 시행 역시 영조가 없었다면 박문수가 주장하지 못했을 것이고, 박문수가 없었다면 영조가 실행하지 못했을 것 같거든요. 임금과 신하의 콤비 플레이가 참 좋아요. 그리고 이번 기회를 통해서 주로 신비로운 설화로만 알려졌던 박문수가 얼마나 훌륭한 인물이었는지 알게 되었습니다. 박문수의 이름 앞에는 항상 암행어사라는 수식어가 따라붙잖아요. 이번에 좀 다른 수식어를 붙여 주는 게 어떨까 싶어요.

최태성 저는 직업병인지는 모르겠지만, 개념을 자꾸 정리하려는 습관이 있어요. 저는 어사 박문수 대신 호포 박문수로 불러야겠단 생각이 들었어요. 대동법과 호포는 조선 후기의 아주 중요한 키워드 거든요. 그런 중요한 개혁에 선구적 역할을 했던 인물 중 한 명이 박문수였기 때문에 어사 박문수로는 약하다고 보입니다. 당시 개혁의 키워드라고 할 수 있는 호포를 붙여서 호포 박문수라고 불러 보면 어떨까 해요.

이윤석   외국에 히어로가 있다면, 우리에겐 우리의 호프(hope) 박문수가 있네요.

심재우   저는 이웃집 아저씨 박문수가 어떨까 합니다. 지금도 우리 서민들 생활이 팍팍해지면서 제대로 된 서민 정책을 기대하지 않습니까? 그 당시 박문수가 재정과 경제 분야의 전문가로서 많은 백성을 위한 정책을 입안했고, 평생 민생을 걱정하면서 살았던 것 같아요. 바로 그런 점들이 백성들로서는 박문수를 자신의 처지를 잘 이해해 주는 친근한 이웃집 아저씨같이 느끼게 하지 않았을까 합니다.

신병주   그런 친근함 때문에 박문수의 이야기가 암행어사의 전설과 설화로도 백성들에게 퍼진 거죠.

그날   영조 시대에 맹활약한 박문수에 관한 얘기를 들어 봤습니다. 다음에는 영조와 사도세자에 관한 얘기를 나눠 보겠습니다.

† "아! 영성(靈城)이 춘방(春坊)에 있을 때부터 나를 섬긴 것이 이제 이미 33년이다. 자고로 군신 중에 비록 제우(際遇)한 경우가 있기는 하지만, 어찌 나의 영성과 같음이 있으랴? 나의 마음을 아는 사람은 영성이며, 영성의 마음을 아는 사람은 나였다. 그리고 그가 언제나 나라를 위하는 충성이 깊었음을 나는 알고 있다. 아! 영성이 이미 갔으니, 그 누가 나의 마음을 알 것인가? 아! 무신년에 충성을 다한 것이 어찌 삼재(三宰)에 그치고 말 것인가? 이미 옛 전장(典章)이 있으니, 어찌 품하기를 기다릴 것인가? 해조(該曹)로 하여금 특별히 의정(議政)에 추증하여 나의 옛날의 공을 생각하는 뜻을 보이도록 하라."
—『영조실록』 32년(1756) 4월 24일

3

아바마마,
소자의
죽을죄가
무엇이옵니까

영조가 사도세자를 뒤주에 가두어 죽인 사건은 임오년이 일어났다고 하여 '임오화변(壬午禍變)'으로 지칭하기도 하는데, 조선 왕실 역사상 최대의 비극적인 사건으로 기억된다. 영조는 즉위 후 탕평을 추진하면서 정국을 주도해 나갔지만, 첫아들 효장세자를 잃으면서 뒤를 이을 아들이 없어 크게 걱정하였다. 이러한 상황에서 1735년에 42세라는 늦은 나이에 얻은 사도세자는 더없이 귀한 아들이었다. 사도세자에게 큰 기대를 걸었던 영조는 직접 지은 책을 읽게 하는 등 조기교육에 최선을 다하였지만, 사도세자는 영조의 마음에 차지 못하였다. 사도세자는 말이 없고 행동이 날래지 못하여 세심하고 민첩했던 영조를 늘 답답하고 화나게 했다. 게다가 성장하면서 공부에 별다른 관심을 보이지 않고 무예에 집중하는 것 역시 영조를 실망하게 했다. 영조는 사도세자를 따뜻하게 타이르기보다는 여러 사람이 보는 앞에서 꾸중하거나 흉을 보면서 미워하기 시작했다.

결정적으로 1749년, 15세이던 사도세자가 대리청정하면서 부자 사이는 회복할 수 없는 지경까지 갔다. 경험이 부족한 사도세자가 국정 운영에 미숙한 모습을 보이자 영조는 사사건건 사도세자를 질책했다. 1752년에는 멋대로 일을 처리하였다고 영조가 진노하자 사도세자는 홍역에 걸린 몸으로 사흘 동안이나 눈 속에 꿇어앉아 죄를 빌어야 했고, 영조가 왕위를 넘기겠다며 창의궁으로 거처를 옮기자 이마에 피가 나도록 사죄해야 했다. 사도세자를 향한 영조의 미움은 극에 달해 날이 가물거나 천재지변이 있는 것도 사도세자가 부덕한 소치라며 나무랐다.

영조의 질책이 심해지면서 사도세자는 부왕에게 큰 공포심을 품었고, 주색에 탐닉하는 등 노골적으로 반발하기도 하였다. 영조의 금주령을 비웃기라도 하듯이 술을 마셨으며, 여자를 데려다 살림을 차린 일도 있었다. 영조의 질책과 사도세자의 기행이 반복되는 가운데 정신이상 증세도 나타나기 시작하였다. 가학증은 사도세자 스스로 "심화가 나면 견디지 못하여 사람을 죽이거나 닭과 같은 짐승을 죽이거나 하여야 마음이 풀린다."라고 영조에게 고백할 정도로 심각한 수준이었다. 제대로 옷을 입지 못하는 의대증(衣襨證)도 나타났는데, 옷 수발을 잘 못 한다는 이유로 자기 아들을 둘이나 낳은 후궁 빙애를 쳐서 죽이기까지 하였다.

이렇게 사도세자에 대한 신뢰가 완전히 무너진 상황에서 고변 사건이 터졌다. 나경언이 사도세자가 역모를 꾸민다는 내용을 투서하고 사도세자의 비행을 나열한 것이다. 영조에게 보고도 하지 않고 20여 일간 평양에 몰래 다녀온 것이 발각된 지 얼마 되지 않은 시점이어서 영조의 분노는 더욱 컸다. 1762년 윤5월 12일, 영조는 사도세자를 창경궁 휘령전으로 나오게 하고, 사도세자에게 칼을 휘두르며 자결할 것을 명했다. 사도세자는 옷소매를 찢어 목을 묶는 동작을 취했지만, 시강원의 관원을 비롯한 신하들이 저지하였다. 사도세자는 세손과 이별하게 해 달라고 애원했지만, 영조는 이 요구도 들어주지 않았다. 영조의 처분은 가혹하였다. 3~4시 무렵 밭소주방의 뒤주가 들어왔는데 크기가 작아서 쓸 수가 없자, 다시 어영청에서 쓰는 큰 뒤주를 들여왔고 영조가 뚜껑을 직접 닫고 자물쇠를 채웠다. 사도세자는 뒤주 속에서 8일 만에 28세라는 젊은 나이로 생을 마감했다. 훗날 영조는 사도세자의 죽음을 안타까이 여긴다는 뜻에서 시호와 묘지문을 친히 지어 주었지만, 사도세자의 죽음에 관한 일을 절대 거론하지 말라고 엄명했다. 수명이 왕위를 결정하는 중요한 변수라는 점을 생각해 볼 때, 어쩌면 영조의 이례적인 장수가 사도세자에게 왕이 될 기회를 빼앗아 버린 것은 아니었을까 하는 짐작도 해 본다.

아바마마, 소자의 죽을죄가 무엇이옵니까

1762년(영조 38), 조선 왕실 최대의 비극이 있었다.

"살려 주시옵소서. 이제 잘하겠습니다. 제발!"

영조는 사도세자에게 자결을 요구했다.
아비가 원한 아들의 죽음.
세손조차 명을 거두게 할 수는 없었다.

마침내 사도세자는 스스로 뒤주에 들어가 갇혔다.
무더운 여름이었다.

8일 후, 폭우가 내리고 천둥이 쳤다.
세자가 평소 천둥을 두려워하더니,
결국 이 무렵 죽음을 맞이했다.

"아바마마, 소자의 죽을죄가 무엇이옵니까?"

창경궁 문정전 이 건물의 앞뜰에서 사도세자가 뒤주에 갇히는 비극이 일어났다. 당시에는 휘령전이라는 이름이었다.

뒤주에 갇힌 사도세자

최원정 사도세자가 뒤주에 갇혀 죽은 사건은 워낙 유명해서 드라마와
영화 등 많은 매체를 통해서 접하셨을 텐데요.

이윤석 저는 제목이 정확히 생각은 안 나는데, 초등학교 때 부모님과 같
이 본 드라마가 기억이 나요. 그때 사도세자가 유인촌 씨였어요.
그런데 아버지로 나오는 영조가 너무 무서운 거예요. 아들이 하
는 얘기를 들으면 귀를 씻고, 아들을 뒤주에 넣어 죽이고…….
그래서 이 드라마를 본 다음부터 아버지가 무서워졌어요.

그날 그럴 수 있을 것 같아요.

신병주 저는 「한중록」이라는 드라마를 본 기억이 있어요. 그때 혜경궁
홍씨 역을 지금은 돌아가신 김자옥 씨가 맡았었고요. 저도 이 드
라마를 보고 난 뒤에는 영조 역을 맡은 배우가 다른 드라마에 다
른 역할로 나와도 항상 무섭더라고요. 이치우 씨라는 분이었는
데, 그분만 보면 무서운 거죠.

류근 근데 죽음 자체도 충격적이지만, 가장 충격적인 것은 사도세자

의 죽음에 뒤주라는 물건이 등장한다는 거잖아요. 제가 생각할 때는 다른 어떤 죽음보다도 훨씬 더 고통스럽지 않았을까 하는 생각이 듭니다.

그날 　저희가 뒤주를 한번 마련해 봤습니다. 당시 뒤주의 크기가 어느 정도였나요?

김문식 　그때가 임오년인데, 『임오일기』라는 기록이 있습니다. 그 일기를 보면 뒤주의 가로 길이와 높이가 석 자 반인데, 오늘날로 치면 한 160센티미터 정도 돼요.

그날 　이 뒤주에 갇힌다고 생각해 보세요. 어떤 느낌일 것 같아요?

이윤석 　그냥 쳐다만 봐도 갑갑하고 무서운데 사도세자는 어떤 심정이었을지, 제가 한번 체험해 봐도 될까요? 역사를 글로만 배우면 안 됩니다.

그날 　그래 주실 수 있으세요?

이윤석 　그럼 들어가 보겠습니다. 어, 마음이 좀 이상해요. 가슴이 갑갑해요. 저는 원래 공포증도 없는데 말이죠. 문도 한번 닫아 볼게요. 기왕 하는 김에 어떤 심정이었는지 제대로 알아봐야죠. 숨 한 번 쉬고, 자, 닫습니다.

그날 　얼른 열어 드리세요. 제가 다 답답해요. 어떠세요? 짧은 시간이긴 했는데요.

이윤석 　일단은 제 키가 커서 그런지는 모르겠는데, 자세가 안 나와요. 그리고 딱딱하니까 몸이 좀 배기고요. 길어야 한 5분 정도 있을 수 있을 것 같아요. 근데 며칠 있었다고 했죠?

그날 　사도세자는 여드레를 갇혀 있었죠.

이윤석 　지금은 제가 나올 수가 있다는 걸 알고 들어갔잖아요. 그런데 언제 열릴지 알 수 없다면, 영원히 안 열릴 수도 있다고 생각했다면 광증이 올 수도 있을 것 같아요.

뒤주에 실제로 들어가 본다면?

최태성 뒤주의 문을 닫고 못질하는 소리가 들리면 어땠을까요?

이윤석 저 같으면 그 순간 아마 기절하지 않았을까요?

그날 어쩌다가 이렇게 끔찍한 형벌을 주게 된 건가요? 그래도 일국의
세자인데 말이죠.

김문식 이날 영조가 사도세자에게 칼을 내주면서 자결하라고 합니다.
근데 사도세자가 칼을 쓰는 대신 목을 매서 자결하려고 하니까
수하들이 와서 말립니다. 사도세자는 땅에 머리를 부딪혀서 피
를 흘리기도 하고요.

최태성 그래서 인제 뒤주가 나오거든요. 누군가가 사도세자를 죽일 수
도 없고, 또 자결도 잘 안 되는 상황이니까 영조가 궁궐의 음식
을 만드는 밭소주방²에서 뒤주를 가져오라고 합니다. 근데 가져
와 보니 뒤주가 작아요. 그래서 더 큰 뒤주를 가져오라고 하죠.
그런 걸 보면 뒤주에 가두어 죽이는 건 처음부터 영조가 치밀하
게 생각하면서 계획한 형벌은 아니죠.

그날 아마 사도세자도 뒤주 안에 들어갈 때는 '이러다가 마시겠지?

그래도 내가 나올 순 있겠지?'라고 생각하지 않았을까 싶어요. 뒤주에 갇힌 사도세자가 발로 뒤주를 차고 탈출을 시도했다는 기록이 있습니다. 몇몇 신하가 뒤주로 먹을 것을 가져다주었다는 이야기도 있고요. 이러니까 영조가 안 되겠다 싶었는지 뒤주를 더 튼튼하게 하라고 명을 내려서 아예 대못을 박고 새끼줄로 묶어서 도저히 뒤주에서 빠져나올 수 없게 했다는 내용이 나와요. 그런데 영조가 못을 직접 박았단 얘기도 있다면서요?

신병주　기록에는 그렇게 나옵니다.

그날　또 한편으로는 뒤주를 지키던 포도대장이 일부러 사도세자가 갇힌 뒤주 옆에서 음식과 술을 갖다 놓고 조롱했다는 이야기까지 있어요.

김문식　공식 기록에는 "뒤주에 가뒀다."라는 내용과 "8일 후에 사망했다."라는 내용이 있습니다. 그 사이에는 매우 많은 야사가 있습니다. 나중에 부채가 발견되었는데, 그 부채에 오줌을 받아서 물 대신 먹었다는 이야기도 있지요.

영특했던 사도세자의 유년기

그날　영조가 친아들인 사도세자를 이렇게 잔인한 방법으로 죽음에 이르게까지 한 것에 관해서 많은 이유가 지금까지 전해져 오는데, 그 죽을죄는 무엇이었는지 차근차근 짚어 보겠습니다.

최태성　먼저 가계도부터 확인해 보시죠. 보시면 알겠지만, 사도세자에게는 효장세자라는 형이 있어요. 그런데 이 효장세자가 영조의 나이 35세 때 죽습니다. 그리고 7년이 흘러 영조가 42세가 되었을 때 늦둥이를 얻는데 바로 사도세자예요. 그러니 얼마나 귀하고 예쁜 아들이겠어요? 그래서 태어나자마자 원자 칭호를 주고 두 살이 되니까 세자로 책봉합니다. 조선 최연소 기록이에요.

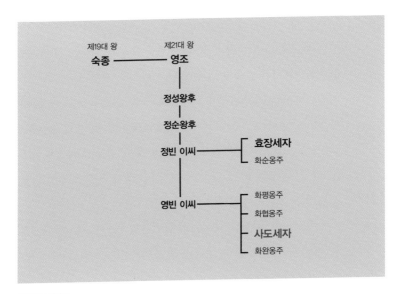

사도세자 가계도

신병주   말이 두 살이지 실제로는 돌이 지나자마자 세자가 된 겁니다. 그
         리고 이때의 기록을 보면 "태어난 지 넉 달 만에 기어 다니기 시
         작했다." 또는 "6개월 때는 영조의 부름에 답했다."라는 내용까
         지 나와요.

그날   어떻게 답하죠? 옹알이로 답했을까요?

신병주   이런 것까지도 기록에 남겼다는 것은 영조의 기대가 정말 컸다
         는 것을 보여 주죠.

김문식   어릴 때는 성품도 좋았던 것 같아요. 돌 무렵의 이야기인데, 비
         단을 가리켜서 "이것은 사치다."라고 말하고, 무명옷을 가리키
         면서 "이것을 입겠다."라고 말해서 검소한 왕인 영조를 매우 흐
         뭇하게 하죠. 그래서 영조가 신하들 앞에 세자를 불러서 많이 자
         랑합니다.

그날   돌쟁이가 비단과 무명을 구분하는 일 자체가 있을 수 없을 것 같

은데요. 게다가 "이것은 사치다."라는 말까지 했다는 건 말이 안 돼요. 주입식 교육을 받은 거예요. 애는 아무것도 모르는데 아버지가 좋아하니까 흉내만 내는 거죠.

신병주 어쨌든 영조도 제대로 교육해야겠다는 생각에 사도세자가 돌이 될 무렵부터 당시의 저명한 학자들을 불러서 선생으로 삼고 공부를 가르쳐요. 그런데 아시겠지만, 두 살짜리에게 무엇을 가르치겠습니까? 선생들이 최고의 학자라고 해도 가르칠 것이 별로 없겠죠?

최태성 근데 사도세자가 영조의 기대에 부응해요. 『효경』³을 읽기도 하고, 글도 쓰는데 매우 잘 썼다고 해요. 그래서 신하들이 그 글을 서로 갖겠다고 다투는 모습도 나옵니다.

그날 조짐이 안 좋은데요.

이윤석 제가 어린 시절에 아버지의 뜻을 따라 태권도를 배웠는데, 지금까지 스트레스로 남아 있어요. 아버지께서 명예 관장까지 하시면서 제 띠를 급하게 바꿔 주시기도 했는데, 결국에는 시합에 나갔다가 한 방에 코피를 터뜨리고 녹아웃을 당하면서 태권도 학원을 관뒀거든요. 아버지를 실망하게 하고 싶지 않았던 마음에 최선을 다했는데 안 되는 건 안 되더라고요.

아버지의 과도한 기대, 어긋나는 아들

그날 분명한 건 사도세자가 공부를 좋아하진 않았다고 하잖아요.

김문식 어릴 때는 대단히 천재적인 소양을 보인 것으로 나타나는데, 대략 열 살 무렵부터는 공부하기를 싫어하는 모습이 보이죠. 영조가 그걸 눈치채고 아들에게 물어봤어요. "너 공부하는 게 좋으냐?" 그러니까 사도세자가 솔직하게 이야기해요. "별로 좋지 않습니다." 그러니까 영조가 솔직하고 정직하다고 칭찬하는데, 아마 마음에는 들지 않았을 것 같다는 생각이 듭니다.

그날 　네, 아버지 마음은 속으로는 부글부글 끓었을 거예요.

신병주 　영조가 사도세자를 직접 가르치기도 했는데, 사도세자가 공부하는 자리에도 잘 나오지도 않으니까 "왜 안 나오느냐?" 하고 물으면 "저는 어지럼증이 있습니다."라고 답하고 드러누워 있을 때도 있었습니다. 우리도 보면 공부하기 제일 싫을 때 쓰는 수법 중 하나가 꾀병이잖아요. 영조도 "저놈은 꾀병이다."라고 해서 아예 의관도 보내지 않습니다. 이렇게 10대 이후부터는 뭔가 신뢰가 없어지는 상황을 맞이합니다.

그날 　공부하기 싫은데 자꾸 공부하라고 하면 정말로 두통과 복통이 옵니다. 치료받아야 해요.

최태성 　실제로 수능이 다가오면 고3 수험생 중에도 대단히 무기력해지는 친구들이 있어요. 학교에 그냥 안 와요. 학교에 오기가 싫은 거예요.

그날 　공포를 느끼는 거죠.

최태성 　그런 친구들이 실제로 있긴 있어요.

그날 　꾀병이 아니군요. 저는 공부하기가 싫었을 때 식욕을 잃고 원형탈모증에 걸렸었어요. 부모의 과도한 기대와 자녀의 심약한 천성이 맞아떨어지면 처음에는 꾀병이지만 나중에는 정말로 병이 오는 것 같습니다. 이렇게 공부를 싫어하면 부모로서는 방향을 좀 틀어 줘야 하잖아요. 그런데 영조는 본인의 의지를 굽히지 않았죠?

김문식 　그렇죠. 영조는 사도세자가 공부를 게을리하는 걸 보고 사도세자를 점점 비난하기 시작하죠.

최태성 　사도세자의 풍채가 저보다 더 좋았던 것 같은데, 영조는 싫은 거예요. "그만 좀 먹여라. 세자가 비대하니까 가마가 좁다."라는 식으로 표현하면서 비난합니다. 자식이 맛있게 뭘 먹는데 부모가 그걸 미워하면 대단히 심각해지거든요.

그날 아무튼 아버지로서는 아들의 일거수일투족이 그냥 꼴도 보기 싫은 거예요.

신병주 결국은 성격 차이도 있었던 것 같아요. 영조는 상당히 치밀하고 꼼꼼한 성격입니다. 본래는 왕이 될 위치에 있지 않은 상태였고, 후궁인 어머니의 신분도 무수리 출신이라는 말까지 있을 정도였기 때문에 콤플렉스가 있어서 왕이 되기 전부터 매사를 철저하게 준비하고 조심스러워했던 인물이었거든요. 그런데 아들은 보니까 자기 같지 않다는 거죠. 너무 방탕하기도 하니까 마음에 안 든다는 겁니다.

그날 항상 보면 자수성가한 아버지들이 자식들에게 불만이 있는 것 같아요. '나는 이렇게 고생했는데 너는 참 편하게 산다.'라고 생각하는 것 같습니다.

최태성 제가 고3 학생들의 원서 접수 때문에 상담할 때 "아버님, 한 번 오셔서 상담 좀 하셔야겠습니다."라고 말씀드리면 정말 차갑게 "전 희망 없습니다. 알아서 상담하십시오."라고 답하는 분들이 있거든요.

김문식 기대하지 않는 거죠.

최태성 그렇죠. "알아서 하세요."라는 답을 들으면 제가 당황스러워요. 자식을 향한 기대가 너무 컸는데 부응하지 못하니까 화가 나신 거예요.

그날 왜 이렇게 아버지들은 극단적이지요?

최태성 그런 분도 계세요. 한편으로 사도세자는 공부와는 관련이 없는 잡서를 좋아했다고 합니다. 그래서 사도세자가 홍역을 앓으며 병석에 누워 있을 때도 『삼국지연의』[4]를 계속 들여다보면서 재미를 느꼈다고 해요.

김문식 『삼국지연의』에 나오는 무인들의 호방한 이야기를 통해서 대리
　　　만족을 한 게 아닌가 하는 생각이 듭니다. 풍채가 좋았다고 하잖
　　　아요. 무인 기질이 상당히 있었다고 합니다.

사도세자, 무예서를 편찬하다

그날　사도세자의 무인 기질에 관해서 실감 나게 설명해 주실 박금수
　　　박사님을 모셨습니다.

박금수 이 칼은 청룡언월도[5]입니다. 사도세자가 한 15세였을 때부터 자
　　　유자재로 쓴 칼이라고 합니다. 이런 월도들은 중국의 모원의[6] 같
　　　은 사람들이 실전에서는 쓸 수 없다고 평가했을 정도로 대단히
　　　무겁고 웅장한 무기입니다. 따라서 그만큼 빠르게 휘두를 수만
　　　있다면 파괴력이 훨씬 더 대단합니다.

그날　그러면 사도세자는 그냥 비대한 게 아니라 기골이 장대했다고
　　　봐야겠네요. 근육질이고 힘이 좋은 사람이었던 거죠. 월도라는
　　　게 헬스클럽에서 드는 역기 정도 되겠는데요. 무기를 유독 많이
　　　가져오셨는데, 혹시 사도세자와 관련된 무기들인가요?

박금수 예, 그렇습니다. 이 무기들은 사도세자가 지은 『무예신보』[7]라는
　　　무예서에 나온 무기들입니다.

그날　사도세자가 무예에 관심이 있다는 것도 금시초문이었는데, 어떤
　　　책을 쓴 건가요?

박금수 임진왜란 당시에 조선군은 왜군에 대항하고자 필수적인 여섯 가
　　　지 무예를 담은 무예집을 편찬했습니다. 그런데 병자호란이 일
　　　어나면서 남방의 왜군만이 아니라 북방의 기병까지 막을 수 있
　　　는 무예들이 필요하게 되었죠. 먼저 보여 드릴 무기들은 임진왜
　　　란 때 편찬된 『무예제보』에 나오는 무기들입니다. 창은 고대부

오관을 돌파하는 관우 『삼국지연의』에서 관우는 청룡언월도를 쓰는 것으로 묘사된다.

터 사용된 무기로 찌르기 위주의 강력한 공격을 하는데, 빗나갔을 때는 방어가 전혀 안 된다는 단점이 있어요. 그래서 창의 단점을 보완하고자 낭선 같은 무기가 임진왜란 때 등장합니다.

그날   그게 무기였어요?

박금수   예, 크리스마스트리가 아니라 낭선이라는 무기거든요. 임진왜란 당시 왜군의 특기 중 하나가 창을 자르고 들어오는 것이었습니다. 그런데 낭선은 잘 잘리지도 않는 데다 가지에 걸려서 제대로 공격할 수가 없었죠. 즉 낭선이라는 무기는 아군을 보호하는 울타리 같은 역할을 했습니다.

그날   요즘으로 치면 첨단 무기네요.

박금수   그리고 이 무기는 들고 있으면 되게 없어 보이죠?

그날   당파군요. 왠지 저팔계 느낌이 나는데요. 포졸 같기도 하고요.

박금수   사극에서 포졸들이 이 무기를 들고 있다가 주인공이 나타나면 바로 죽잖아요. 여러분은 스파게티를 드실 때 무엇으로 드십니까? 포크로 말아서 드시죠? 마찬가지로 당파도 적의 병장기를 걸어서 잡은 다음 젖히거나 눌러서 공격할 수 있는 무기입니다.

무예서 속 무기들 죽장창(위), 낭선(가운데), 당파(왼쪽 아래), 곤봉(오른쪽 아래).

사실 당파를 다루는 무예는 대단한 고급 무예에 속합니다. 임진
왜란 때는 바다를 건너온 왜군을 상대했으므로『무예제보』에 나
오는 무기들도 다소 방어적인 무기들입니다. 근데 청나라의 기
병들은 이런 무기로 제압이 안 되었죠. 그래서『무예신보』에 추
가된 무기들은 좀 더 공격적입니다. 이 죽장창은 매우 길고 일반
나무보다도 탄력이 좋아서 찌르거나 옆으로 후리기에 좋습니다.

편곤 해군사관학교 박물관 소장.

그리고 편곤은 적이 갑옷을 입든 방패로 막든 간에 말을 타고 가서 한 번에 부숴 버릴 수 있는 무기입니다. 이처럼 『무예신보』에는 기존의 『무예제보』에 있었던 여섯 가지 무예 외에 편곤과 죽장창 등을 활용한 여러 가지 무예가 등장해요. 총 열여덟 가지 무예가 들어 있거든요. 그래서 조선 시대의 군영 무예였던 십팔기라는 무예가 『무예신보』 단계에서 처음으로 그 이름이 정해졌습니다.

그날   사도세자가 무예서를 편찬했다는 게 오늘의 요점이에요.

박금수   그리고 이런 다양한 무기를 익히기 전에 기초로 익히는 것으로 곤봉을 쓰는 법과 권법이 있습니다.

그날   사도세자의 『무예신보』가 조선의 군사력에 실제로 영향을 미쳤습니까?

박금수   훈련도감, 어영청, 금위영, 총융청, 수어청 등의 군영은 국왕의 일원적인 지휘를 받지 않습니다. 각 군영 대장의 독립적인 지휘를 받고, 그 결과 각 당파와 연결되어서 국왕의 물리적 기반이 취약했죠. 또한 각 군영이 다르게 활동하다 보니 무예조차도 서로 다르게 익혔습니다. 그래서 사도세자는 모든 무인이 함께 익힐 수 있는 무예의 표준안을 제시한 것이고요. 진급과 직결되는 무예 평가 기준을 주도적으로 제시함으로써 군영들을 장악할 수 있는 리더십을 발휘했다고 볼 수가 있겠습니다.

그날 사도세자가 단순히 무인 기질이 있었던 것에 그친 게 아니라 무예를 표준화하고 체계화한 업적이 분명히 있네요.

신병주 사도세자가 효종을 닮으려고 했던 것 같아요. 효종이 북벌을 강하게 추진했던 왕이고 실제로 효종도 청룡언월도를 소지하고 있었다고 해요. 사도세자의 청룡언월도도 효종이 쓰던 것을 그대로 물려받았다는 말이 있고요. 그래서 사도세자가 무를 증강한 것이 북벌과 어느 정도 연결된다는 견해도 있습니다.

그날 지금 생각해 보면 정말 멋지긴 한데, 영조가 좋아했을까요? 영조의 성향으로 봤을 땐 속된 말로 오히려 찍히지 않았을까 하는 생각이 들어요.

김문식 조선 시대에 왕실에서는 문무를 겸비하는 것을 이상적으로 생각하기는 했습니다. 그런데 사도세자는 무 쪽으로만 강했던 거죠. 그런 점이 영조로서는 만족스럽지 않았던 것 같습니다. 점점 미움이 쌓여 가는 거죠. 그리고 영조의 특징 중 하나가 좋아하는 사람과 미워하는 사람을 너무 확실하게 구분하고 드러낸다는 점입니다.

영조의 미움을 받다

평생 왕권을 지키는 데 집착했던 영조.
영조에게는 일종의 편집증이 있었다.

불길한 글자를 극도로 꺼려 쓰지 않았음은 물론,
자신이 사랑하는 사람과 그렇지 않은 사람이
한 장소에 있는 것조차 싫어했다.

어느 날, 화완옹주의 처소를 갑자기 방문한 영조.
마침 화완옹주와 함께 있던 사도세자는
아버지와 마주치지 않기 위해 담을 넘어 도망가야 했다.

또한 영조는 불길한 말을 들으면 바로 귀를 씻곤 했는데,
사도세자를 만난 후엔 늘 귀 씻을 물을 준비했다.

"아바마마에게 난 귀 씻는 물받이일세."

그날   사도세자가 아버지 앞에만 서면 작아지네요. 그럴 만하지 않아요? "귀 씻는 물받이"라고 말했을 정도면 얼마나 모멸감을 느꼈을까요?

최태성   이 "귀 씻는 물받이"라는 표현은 사도세자만 가리키는 게 아니라 화협옹주도 함께 의미한다고 합니다. 화협옹주는 사도세자의 손위 누이에요. 그런데 영조가 화협옹주를 왜 미워하냐면 잘못한 게 있어서 미워하는 게 아니에요. 효장세자가 죽고 나서 아들을 기다렸는데, 아들이 나오질 않고 딸인 화협옹주가 나온 거예요. 그래서 미워했죠.

신병주   아버지들이 어딘가를 갈 때 경험도 쌓으라면서 자식을 데려가잖아요. 조선 왕들은 능행길에 자식을 데려가는 일이 많았습니다. 선왕의 묘를 참배하러 갈 때 자식을 데리고 가서 앞으로 어떻게 해야 하는지 보여 주는 건데, 어떻게 된 이유인지 영조는 사도세자를 거의 데려가지 않아요. 어쩌다 한 번 데리고 갔는데 비가 왔습니다. 그러니까 네가 와서 비가 내렸다는 식으로 이야기하는 거예요. 사도세자가 엄청나게 스트레스를 받죠. 그래도 사도세자가 아버지의 신임을 얼마나 받고 싶었던지, 한 번은 숙종의 무덤인 명릉에 영조가 행차할 때 화완옹주에게 잘 이야기해서 따라간 적도 있어요. 사도세자의 누이인 화완옹주는 영조의 총애를 받았거든요. 그때 『한중록』의 기록을 보면 사도세자가 그 한 번을 다녀와서는 마음의 병이 완전히 없어졌다고 합니다. 그렇게 사도세자가 능행에 따라가고 싶어 했는데도 영조는 같이 안 가려고 갖은 이유를 댑니다. 날이 더우니 건강에 안 좋다는 핑계로 안 데리고 가려 하는데 사도세자는 건강하거든요. 사실은 보기 싫다는 뜻이죠.

김문식 영조가 의지하는 사람으로 두 사람을 들 수 있는데, 첫째 며느리 인 효장세자빈, 그리고 화평옹주입니다. 화평옹주는 사도세자와 어머니가 같았고요. 제일 큰누나인데, 부자간에 갈등이 있으면 이 누나가 중간에서 아버지의 화를 풀어 드리는 일이 많았었거 든요. 근데 사도세자가 열네 살 때 화평옹주가 사망합니다.

그날 중재자 역할을 해 줄 사람이 사라졌네요.

신병주 이름 자체가 평화를 좋아할 것 같잖아요.

그날 아, 그러네요. 화평하게 말이죠.

최태성 불행은 연속으로 이어집니다. 9년 후에는 생모는 아니었지만, 사 도세자를 지지해 주고 사랑해 주면서 후견인 역할을 해 줬던 영 조의 첫 번째 왕비 정성왕후가 사망합니다. 그리고 영조의 은인 이라고 할 수 있는 대왕대비 인원왕후도 사망해요. 같은 해에 영 조와 사도세자 모두 어머니를 잃은 겁니다. 그러니 두 사람 다 얼마나 슬퍼했겠어요? 그 과정에서 소통은 더욱더 안 되는 거죠. 슬픔은 너무 큰데 중재해 줄 사람은 없게 되면서 부자간의 틈은 계속 벌어집니다.

신병주 이어서 사도세자는 더욱 안 좋은 상황으로 몰립니다. 2년 후인 1759년에 영조가 재혼해요. 66세의 나이에 15세의 신부인 정순 왕후를 왕비로 맞이하죠. 사도세자로서는 나이가 열 살이나 어 린 새어머니가 생긴 겁니다.

김문식 정순왕후가 들어왔다는 것은 사도세자로서는 많이 불리한 일이 에요. 정순왕후는 경주 김씨로 노론계 핵심 집안 출신이죠. 상대 적으로 소론계와 가까이했던 사도세자와는 정치적 입지가 상당 히 다른 사람이 들어온 거죠.

그날 그래서인지 당쟁 때문에 사도세자가 희생당했다는 시각도 적지 않은 것 같습니다.

사도세자는 당쟁의 희생양인가

1755년(영조 31), 전라도 나주에
영조의 집권을 비난하는 괘서가 나붙는다.

영조가 왕위에 오르고자 이복형인 경종을 독살했다는 것.
소론을 지지했던 경종을 제거하기 위해
영조와 노론이 함께 음모를 꾸몄다는 내용이었다.

경종을 지지했던 소론과
영조를 지지하는 노론의 첨예한 대립 속에 발생한 사건.
영조는 크게 분노했다.

그런데 당시는 사도세자가 대리청정하던 시기였다.
이 일에 관한 사도세자의 처분은 노론의 바람과는 달랐다.

소론의 우두머리인 이종성의 사직을 만류하고
소론을 처벌하라는 노론의 요구마저 거부한 것이다.

소론을 옹호하는 듯한 사도세자의 태도에
노론은 술렁이기 시작한다.

점차 사도세자를 경계하는 노론.
소론을 가까이하지만, 노론과는 거리를 두는 사도세자.
그는 당쟁의 희생양이었던 것일까?

나주 금성관 나주에서 영조를 비난하는 괘서가 붙은 곳은 객사였다. 금성관은 전남 지방의 객사 중 하나로 성종 때 세워진 것을 1976년에 복원한 것이다. 전라남도 시도유형문화재 제2호.

갈등의 원인은 무엇인가?

그날 　사도세자가 소론을 옹호했다, 안 했다는 식으로 의견이 분분하잖아요. 진실은 뭔가요?

신병주 　사도세자가 대리청정할 때 소론의 영수였던 이광좌 같은 인물을 보호하려고 했습니다. 소론에 기우는 측면이 분명히 있었어요. 또 소론을 편들었다는 근거로 무엇을 드느냐면, 사도세자가 어릴 때 창경궁의 저승전이라는 곳에서 거처했는데, 그곳에서 사도세자를 모시던 사람들이 주로 경종을 모시던 궁인들이라는 거죠. 그래서 그 궁인들에게 상당히 영향을 받았다는 식으로 접근하기도 해요. 그러니까 이런저런 자료를 보면 노론과 대립하는 소론과 사도세자라는 구도가 나오기는 하는데, 극적 요소로는 좋을지 몰라도 사실은 결정적 근거가 있지는 않아요.

김문식　노론으로서는 사도세자의 정치적 태도가 본인들과는 다르다고 생각할 수 있죠. 그래서 부자간의 사이를 벌리려고 노력한 측면도 있습니다. 그런데 문제는 사도세자의 처분을 결정한 사람이 영조라는 점입니다. 그러한 점을 봤을 때 붕당이라는 요소, 특히 소론과 가까웠다는 것이 사도세자를 죽음에 이르게 한 결정적 요인이라고 보기는 어렵다고 봅니다.

신병주　오히려 영조와 사도세자 사이에 일어난 갈등의 원인은 대리청정 기간에서 찾아야 합니다. 영조로서는 사도세자의 대리청정이 영 못마땅했던 거죠. 후계자 수업을 받게 했는데 자신의 기대에 못 미치니까 갈등이 심해졌다고 보는 게 더 정확할 것 같습니다.

사도세자, 영조의 시험대에 오르다

그날　그런데 도대체 사도세자가 대리청정을 왜 하는 겁니까? 영조는 대단히 건강한 사람이었잖아요.

김문식　영조가 52년간 재위하면서 양위 선언을 여덟 번 정도 합니다. 그 이유가 결국은 세자나 신하들을 길들이는 것에 있는데, 첫 번째 양위 선언을 한 게 세자가 다섯 살 때예요. 다섯 살이면 세자가 대리청정할 수도 없고 양위를 받을 수도 없는 나이잖아요. 그러니까 신하들을 길들이기 위한 전략이었던 겁니다.

최태성　영조의 네 번째 선위 파동에서 사도세자와 신하들이 극구 말리니까 영조가 대리청정을 선언해요. 근데 대리청정을 선언하는 다섯 가지 이유 중 하나가 뭐냐면 "내가 살아 있을 때 세자가 어떻게 하는지 지켜보겠다."라는 겁니다. 사도세자로서는 양위는 막아야 하니까 받아들일 수밖에 없죠. 그래서 사도세자의 나이 15세 때부터 시작해 13년 5개월 동안 대리청정이 이어집니다.

대리청정 기간으로는 조선에서 가장 길죠.

그날   조선 역사상 최장 기간을 대리청정했는데 왕은 결국 못 되었네요. 아이러니한데요. 대리청정이라는 게 기회이면서도 위기인 것 같아요. 대리청정을 너무 잘하면 '어? 왕 자리를 넘보나?' 하고 오해할 수 있고, 잘못하면 '왕의 자격이 없구먼.' 하고 나오니까요. 어려운 일 같아요.

신병주   『실록』 기록 등을 보면 이런 내용이 나옵니다. 대신들의 청을 듣고 사도세자가 "그럼 그대로 시행하시오."라고 하면 영조가 불러서 "야, 너 무조건 들어주면 돼?" 하는 식으로 질책합니다. 그래서 사도세자가 '아, 이렇게 하면 안 되겠구나.' 하는 마음에 신하들이 청을 올리면 "그건 아니 되오. 이렇게 하시오."라고 했더니 그다음에는 영조가 사도세자를 불러서 "왜 대신들 얘기 안 들어?" 하고 나와요. 미칠 노릇인 거죠. 이렇게 해도 문제가 되고, 저렇게 해도 문제가 되니까 나중에는 사도세자가 거의 말이 없어져요.

그날   그 정도면 그냥 정말 아무런 이유 없이 트집을 잡는 거잖아요.

김문식   영조로선 목표가 탕평이잖아요. 노론과 소론의 서로 다른 주장을 대리청정을 통해 잘 조절해서 상황을 주도해 가기를 기대했겠죠. 근데 그게 제대로 안 된다는 생각이 계속 들었던 것 같아요. 세자가 하는 것을 보고 세자가 하는 일마다 역정을 내니까 오히려 당시 영의정으로 있던 김재로[8]가 "세자는 대리를 잘하는데 왕이 지나치게 책망한다."[†]라는 이야기를 하기도 했어요. 결국 영조는 세자의 일 처리가 미덥지 않으니까 거의 모든 일에 관해 자신에게 의사를 직접 묻고 처리하게 하고요. 그다음에 또 그날 무슨 공부를 어떻게 했고 무슨 일을 처리했는지 일일이 일기를 써서 자신에게 알리라고까지 하죠.

김재로 묘 인천광역시 기념물 제3호.

신병주　이건 대리청정이 아니죠. 그냥 세워만 놓고 실제 업무는 자신이 다 하는 거죠.

최태성　아버지가 벌주는 거예요. "너 오늘 뭐 했는지 다 적어."라고 하면서요.

그날　사도세자가 광증, 즉 정신 질환이 있었다는데 상황을 보니까 그럴 법도 합니다.

> † 영의정 김재로가 말하기를, "동궁 저하께서 어린 나이에 대리하여 수응(酬應)이 다 합당하고 정령(政令)의 사이에 또한 일찍이 성상의 뜻을 우러러 몸 받지 않음이 없으니 신은 일찍이 찬탄하였는데, 전하께서는 매양 지나치게 책망을 하십니다." 하였다.
> ─ 『영조실록』 27년(1751) 6월 12일

사도세자의 광증은 진실일까

남편의 비극적인 죽음을 지켜봐야 했던 혜경궁 홍씨.
『한중록』은 혜경궁 홍씨가 일흔이 넘는 나이에
통한으로 써 내려 간 기록이다.

혜경궁 홍씨는 『한중록』에서
사도세자가 심각한 광증을 앓았다고 썼다.

사람을 보면 이유 없이 불안하고 가슴이 두근대는 경패증.
천둥소리를 몹시 두려워하는 뇌벽증.
옷을 제대로 입을 수 없는 의대증을 앓고 있었다는 것.

세자는 발작이 시작되면
옷시중을 들던 궁녀와 내관을
함부로 구타하고 죽이는 일도 서슴지 않았다.

사도세자는 자살을 시도했으며
심지어는 우물에 몸을 던지기까지 했다고 한다.

혜경궁 홍씨는 사도세자의 이 광증에 관해
궁궐 어른들은 잘 알지 못했다고 말한다.

또한 사도세자의 죽음은 광증으로 말미암은
어쩔 수 없는 것이었다고 기록했다.

그날   제가 『한중록』을 좀 읽었거든요. 근데 읽어 보니 동궁전이 그야
            말로 생지옥으로 표현되어 있더라고요. 사람들이 계속 죽어 나
            가고 사도세자가 가족에게 폭행을 계속 가하니까요.

신병주   우리가 흔히 『한중록』이라고 하면 혜경궁 홍씨가 남편을 잃은
            한 많은 여인의 처지를 기록했을 것으로 생각해서 『한중록』의
            한 자를 당연히 한스럽다는 뜻의 한(恨) 자로 짐작하는데, 실제
            로는 아니에요. 한가할 한(閑) 자입니다. 궁궐에서 예순이 넘어
            자신의 인생을 편안하게 회고해 본다는 의미거든요. 그래서 처
            음에는 내용이 잔잔해요. 근데 뒤로 가면 동궁전이 지옥과 같다
            고 할 정도로 갈등 국면이 아주 생생하게 드러나죠.

그날   가장 가까운 사람인 부인의 기록이기 때문에 아주 세세할 순 있
            지만, 또 개인의 기록이기 때문에 다 믿을 수는 없죠.

김문식   사도세자가 병이 있다는 건 『실록』의 기록에도 나타납니다. 사
            도세자가 21세 때 가까이에 있던 의관이 기록한 내용을 보면 사
            도세자가 영조를 두려워해서 영조의 발걸음 소리만 들어도 숨을
            제대로 쉬지 못했다는 표현이 나오죠.[†]

신병주   최근에 사도세자가 장인인 홍봉한[●]에게 직접 쓴 편지가 발견됐
            어요. 이 편지에는 사도세자가 자신에게 광증이 있음을 인정하는
            내용이 나오거든요. "열은 높고 울화는 극도에 달해 마치 미칠 듯
            합니다. 이런 증세는 의관과 더불어 상의할 수가 없습니다."

그날   좀 특이했던 게 옷을 갖춰 입지 못하는 의대증을 앓았어요. 이런
            병도 일종의 강박증 같은 거겠죠?

신병주   사도세자가 영조를 만나러 갈 땐 항상 옷차림을 갖춰야 해요. 그
            러니까 사도세자로서는 옷을 입는 순간 '나는 이제 꾸중을 들으
            러 가는구나.' 하고 머리에 입력되는 겁니다. 그러니 옷을 입기

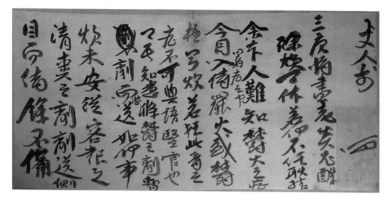

사도세자가 홍봉한에게 보낸 편지

싫죠.

김문식 그런 병이 도질 때는 자포자기하는 심정으로 이성을 잃었던 것 같아요. 기록에 보면 사도세자에게 아들과 딸을 낳아 준 빙애(경빈 박씨)라는 귀인이 있거든요. 그런데 이 사람이 옷시중을 잘못 들었다고 해서 맞아 죽어요.

그날 자기 자식을 낳은 부인을 죽인 거군요.

김문식 게다가 주변 사람뿐만 아니라 자기 자신에게도 위해를 가했어요. 우물에 빠져 죽겠다고 하거나 몇 번이고 자살을 시도하는 사례들이 나타났죠.

최태성 좀 놓아주지, 참. 마음이 아프네요.

그날 지금 신경증이 정말 심한 거죠.

신병주 문제는 사도세자가 스트레스를 자기 혼자 삭인 게 아니라 다른 데 풀었다는 거죠.

† 도제조 이천보가 말하기를, "삼가 의관의 말을 듣건대, 동궁이 근래에 가슴이 막히고 뛰는 증후가 있어 발걸음 소리만 들어도 이런 증세가 일어난다고 합니다." 하였다.
— 『영조실록』 31년(1755) 4월 28일

금주령을 어긴 사도세자

그날   보니까 영조 때는 금주령도 자주 내려요. 근데 밀주 만들다가 잡
      히면 심지어는 사형까지 당했다고 하더라고요.

김문식 실제로 사형된 예가 있습니다.

신병주 아까도 말씀을 드렸지만, 영조의 재위 기간이 52년이거든요. 조
      선 왕 중에서 가장 긴 재위 기간이에요. 그러니 술 좋아하는 백
      성에게 영조 시대는 정말 살기 어려웠겠죠.

그날   그러면 사도세자는 혹시 술을 마셨나요?

김문식 네, 많이 마셨죠.

그날   아버지를 향한 반감으로 마신 거군요.

김문식 금주령에 관한 일화가 하나 있습니다. 금주령을 어기면 사형을
      당한다지만, 외국에 사신으로 나갔는데 상대편 최고 지도자가
      술을 하사하면 받아서 마셔야 하잖아요.

그날   그렇죠. 그건 예의죠.

김문식 근데 영조 때 통신사가 일본에 가서 쇼군이 주는 술을 받는 자세
      만 취하고 마시지는 않았다고 합니다. 나라 바깥으로 가서도 철
      저하게 지켰던 거죠.

사도세자, 궁 밖으로 나가다

그날   밖에는 사도세자가 스트레스를 풀 만한 게 없었나요? 심리적으
      로 보았을 때 밖에서 다른 즐거운 걸 찾으면 해소될 수 있는 문
      제 같은데요.

김문식 사도세자도 자꾸 밖으로 나가고 싶어 합니다. 그래서 몇 번 나가
      기도 하고요. 한 번은 허락을 받고 온양 행궁에 간 적도 있습니
      다. 아버지가 총애했던 화완옹주를 통해서 밖에 나갈 수 있게 해
      달라고 부탁해서 질병을 치료한다는 명목으로 온양으로 가는 여

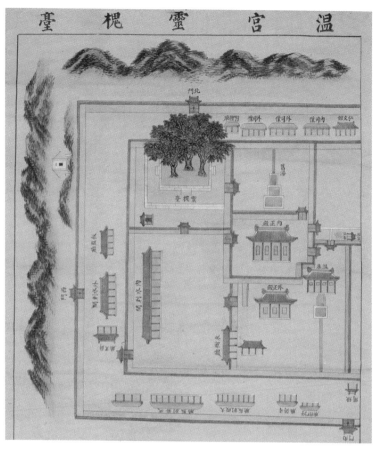

온양 행궁의 영괴대 영조를 따라 온양 행궁에 간 사도세자가 자신이 무예를 연마하던 곳에 느티나무 세 그루를 심게 했는데, 이를 기념하여 훗날 정조가 대를 세웠다. 국립중앙박물관 소장.

행을 허락받죠. 한 16일간 여행하는데 이때가 아마 제일 좋았던 시절이 아닐까 싶어요. 궁 밖으로 나와서 자유로웠던 거죠. 그래서 혜경궁의 기록을 보면 "이때는 마음이 시원해서 병이 다 물러났고 본연의 천성이 나타난 것이 아닌가?"라고 나옵니다.

최태성 아버지를 안 만난다고 해도 된다는 게 좋았던 것 같아요.

그날 그게 답일 수도 있거든요. 양쪽이 뭘 하든 부딪히면 한쪽이 자리를 피하는 것도 한 가지 방법이 될 수 있잖아요.

최태성 이 기간에 대단히 훌륭한 모습이 나와요. 신하들에게는 민가에 피해를 주지 않도록 지시하고, 어려운 백성들이 있으면 어떤 어려움이 있는지 들어주기도 합니다. 그런데 다시 궁궐로 돌아오니까 아버지와 만나는 걸 피할 수 없죠. 결국은 무단 탈출을 단행합니다.

그날 명색이 세자 저하인데 무단으로 탈출할 수 있나요?

신병주 할 수 있었던 게 이때는 영조와 사도세자의 갈등이 워낙 심해서 영조가 문안 인사조차도 받지 않아요. 영조가 "너 별로 보고 싶지 않으니까 오지 마라."라고 하니까 사도세자가 기회라고 생각했는지 내관들에게 "혹시라도 뭔가 일이 있으면 내가 있는 것처럼 해라."라고 지시해 놓고 한 20일 동안 평안도를 몰래 다녀옵니다.

그날 그게 안 들켰나요?

신병주 그 당시에는 안 들켰죠. 그 정도로 비정상적인 상황이었고요.

그날 근데 나중엔 결국 알게 되잖아요.

나경언 고변 사건

김문식 결정적 한 방이 1762년에 일어난 나경언 고변 사건이라는 겁니다. 나경언이라는 사람이 역모 논의가 있다며 왕을 만나려고 합니다. 역모 논의를 고한다고 하니까 바로 보고가 올라가서 왕을 만나고요. 그런데 영조를 만난 나경언이 역모 사건을 고하는 대신 사도세자를 고발하는 문서를 꺼내서 여러 가지 비행을 조목조목 얘기하죠. 그래서 사도세자가 평양에 몰래 다녀온 것도 그때 알려집니다. 영조가 사도세자를 불러 왜 그랬느냐고 크게 나무라니까 사도세자가 화증이 생겨서 그랬다고 하면서 잘못을 빕니다. 여기서 화증의 화 자는 불 화(火) 자죠. 그러니까 영조가 차라리 발광하지 그랬느냐면서 매우 크게 나무랍니다.

그날 　나경언의 고변에 영조가 이전에는 몰랐던 충격적인 사건이 들어 있었나요? 그래서 그렇게 영조가 화를 낸 건가요?

신병주 　대표적으로 빙애라는 후궁을 죽인 일을 들 수 있죠. "네가 어떻게 왕손의 어미를 죽일 수 있느냐." 그리고 여승을 궁에 들인 일 같은 사건이 다 나경언의 고변 내용 속에 들어 있었던 것으로 추정되죠.† 그리고 이때부터 영조는 뭔가 모종의 결단을 내려야겠다고 생각하고요.

> † 임금이 크게 책망하기를, "네가 왕손의 어미를 때려죽이고, 여승을 궁으로 들였으며, 서로(西路)에 행역(行役)하고, 북성(北城)으로 나가 유람했는데, 이것이 어찌 세자로서 행할 일이냐? 사모를 쓴 자들은 모두 나를 속였으니 나경언이 없었더라면 내가 어찌 알았겠는가? 왕손의 어미를 네가 처음에 매우 사랑하여 우물에 빠진 듯한 지경에 이르렀는데, 어찌하여 마침내는 죽였느냐? 그 사람이 아주 강직하였으니, 반드시 네 행실과 일을 간하다가 이로 말미암아서 죽임당했을 것이다. 또한 장래에 여승의 아들을 반드시 왕손이라고 일컬어 데리고 들어와 문안할 것이다. 이렇게 하고도 나라가 망하지 않겠는가?" 하니, 세자가 울면서 대답하기를, "이는 과연 신의 본래 있었던 화증입니다." 하매, 임금이 말하기를, "차라리 발광하는 것이 어찌 낫지 않겠는가?" 하고, 물러가기를 명하니, 세자가 밖으로 나와 금천교 위에서 대죄하였다.
> —『영조실록』 38년(1762) 5월 22일

내 아들을 죽여 주오

최태성 　영조의 결단에 아주 중요한 계기가 된 사건이 있어요. 사도세자의 생모인 영빈 이씨(선희궁)가 혜경궁 홍씨에게 보낸 편지가 있는데 그 대목을 읽어 드릴게요. "일이 이왕 이렇게 된 바에는 내가 죽으면 모르겠지만, 산다면 종사를 붙들어야 옳다."

그날 　"종사를 붙들어야 옳다." 이게 정말 생모인 영빈 이씨가 한 말입니까? 영빈 이씨가 영조에게 사도세자를 죽여 달라고 청했다는 이야기가 있는데, 그 내용인가요? 이런 일이 어떻게 일어날 수 있죠?

신병주   사도세자의 죽음을 묘사한 드라마 등을 보면 항상 아버지인 영조와 며느리인 혜경궁 홍씨가 등장하고 아들인 세손 정조가 "우리 아버지 살려 주세요." 하고 나와요. 그런데 정작 어머니는 빠져 있어요. 사도세자의 죽음에서 가장 중요한 사람인데 말이죠. 영빈 이씨가 어떤 식으로 나오냐면, 영조를 직접 찾아가서 "이제 모든 것이 돌이킬 수 없다. 사도세자를 처벌하시는 게 맞다."라는 식으로 이야기합니다. 즉, 생모가 이례적으로 사도세자를 직접 죽여 달라고 간청한 것으로 기록에 나오죠.

그날   어머니가 자기 자식을 죽여 달라고 할 정도라는 건 지극히 비정상적인데요. 자기가 낳은 자식이 아무리 광증을 부린다 하더라도 어떻게든 덮어 주려고 애쓰는 게 어머니의 마음 아닌가요? 정말 충격적인데요.

최태성   영조가 남긴, 세자를 폐위하는 교서를 보면 영빈 이씨가 영조에게 이렇게 말했다고 적혀 있습니다. "세자가 사람을 죽인 것이 거의 100여 명에 이르며, 불로 지지는 형벌을 가하는 등 말로 다 할 수 없습니다. 지난번 창덕궁에 갔을 때는 몇 번이나 저를 죽이려고 했습니다. 비록 제 몸은 돌보지 않더라도 우러러 임금의 몸을 생각하면 어찌 감히 이 사실을 아뢰지 않겠습니까?"

김문식   영조와 사도세자의 갈등이 점점 커지는 상황에서 결정타를 가한 것이 전에는 나경언의 고변 사건이었다고 봤었는데, 제가 보기에는 그게 아니라 영빈 이씨의 고변이 결정타였어요. 어머니이니 당연히 아들을 살리고 싶겠죠. 그런데 아들의 광증이 도가 지나쳐서 자신도 죽을 뻔한 고비를 넘기거든요. 그 광증이 도지면 영조에게까지도 위험이 미칠 수 있겠다는 위협을 느끼고요. 그러니까 더는 두고 볼 것이 없다고 생각하고 그동안 있었던 이야기를 영조에게 고합니다.[†] 그것이 영조가 결심하게 하는 결정타가 된 거고요.

신병주   이제까지 상대적으로 덜 알려졌던, 사도세자의 생모인 영빈 이씨라는 인물이 사도세자의 죽음에 아주 중요한 열쇠를 쥔 인물이었던 거죠. 여러 자료를 보면 영빈 이씨는 상당히 원칙이 분명하고 경우가 바르던, 아주 이성적인 인물이었던 것 같습니다. 그래서 이때 파국을 막을 방법은 사도세자를 제거하는 수밖에 없다고 판단한 것 같아요. 영조도 후에 "종사를 위해서 그렇게 할 수밖에 없었다."라고 평가하잖아요. 영빈 이씨 본인도 엄청나게 괴로웠겠죠. 그래서인지 기록을 보면 영빈 이씨가 사도세자의 삼년상이 끝난 그날 제사를 지내고 돌아오다가 사망했다는 기록이 있어요.

> † 임금의 전교는 더욱 엄해지고 영빈이 고한 바를 대략 진술하였는데, 영빈은 바로 세자의 탄생모(誕生母) 이씨로서 임금에게 밀고한 자였다.
> ― 『영조실록』 38년(1762) 윤5월 13일

사도세자, 죽을 수밖에 없었나?

그날   마음고생이 이만저만이 아니었겠네요. 달리 보면 태종도 양녕대군을 폐위했잖아요. 군주로서 지녀야 할 자질을 문제 삼으면서 말이죠. 영조도 그냥 사도세자를 폐위했으면 어땠을까요? 문제가 있었던 건가요?

김문식   그 질문을 많이 받아 봤습니다. "사도세자가 시원찮으면 쫓아내고 정조에게 왕위를 물려주면 되지 않느냐?" 하는 말씀을 많이 하시는데, 처지를 바꿔 생각했을 때 정조가 즉위했는데 사도세자가 살아 있다면 정조로서는 대단히 부담스럽죠.

지덕사 양녕대군을 모신 사당으로, 동생에게 왕위를 양보한 중국 주나라 태백의 고사에서 이름을 따 왔다. 서울특별시 유형문화재 제11호.

신병주   세종은 양녕대군이 형이니까 덜하죠. 살아 있는 형은 살아 있는 아버지만큼 위협적이지는 않습니다. 왕이 되지 못한 아버지가 살아 있다면 어떨까요?

최태성   시끄러운 일들이 연속될 것 같아요.

신병주   영조로서는 정조가 받을 정치적 부담을 확실하게 없애준 거죠.

그날   근데 영조가 사도세자를 처분하는 결단을 내린 데는 여러 가지 이유가 있겠지만, 그래도 믿는 구석, 즉 정조가 있었기 때문이 아닐까 하는 생각이 조심스럽게 들어요.

신병주   영조가 사도세자에게 극한 처분을 내릴 수 있었던 것은 대안이 있었기 때문이죠. 영조는 정조를 정말 끔찍이 사랑했습니다.

최태성   아까 사도세자가 20일 동안 궁궐에 없어도 영조가 몰랐다고 했잖아요. 영조가 사도세자는 몇 달간 못 봐도 부르지도 않아요. 근데 정조는 며칠만 못 봐도 빨리 불러오라고 명을 내리기도 하거든요.

신병주 또 이 무렵에 정조가 혼례식을 올립니다. 영조는 무럭무럭 성장하는 이 믿음직스러운 세손이 자신의 과업을 계승하는 것이 왕조의 안정과 발전을 위해서라면 확실히 바람직하다고 판단했던 것 같아요. 그리고 실제로도 정조가 그 기대대로 우리가 흔히 말하는, 영조에서 정조로 이어지는 시대를 연출한 것을 보면 오히려 영조의 선택은 작은 것을 버리고 큰 것을 취하는 선택이었다고 볼 수 있습니다.

그날 그야말로 천륜보다 역사를 생각한 것 아닙니까? 다르게 평가할 수도 있는 것 같아요.

최태성 한편으론 우리가 사도세자에게 초점을 맞춰서 봤는데, 아버지 영조의 처지에선 사도세자가 어떻게 보였을까 하는 생각이 들어요. 어렸을 때는 귀여움과 사랑을 독차지했던 아들이잖아요. 어떻게 보면 영조가 아들을 대하는 태도가 사랑을 표현하는 또 하나의 방식일 텐데, 다만 왜곡된 건 아닌가 하는 생각도 들어요.

그날 사랑을 표현하지 못하는 아버지의 모습이거든요. 마음은 이게 아닌데 자꾸 걷잡을 수 없이 극단적으로 가 버리는 사례가 허다해요. 결국 화해하지 못하고 파국을 맞아 버리는 사례도 많단 말이죠.

이윤석 조금 기다려 주면 돼요. 제가 어렸을 때 아버지께서 된장을 엄청 좋아하셨는데, "이렇게 맛있는 걸 넌 왜 안 먹느냐? 좀 팍팍 먹어라." 하고 야단치셨거든요. 근데 지금은 제가 가장 좋아하는 게 된장이에요. 그때는 잘 못 먹었지만, 아버지께서 조금 기다려 주시고 살아 계셨으면 원하던 모습을 보셨을 텐데 말이죠. 조급하게 먼저 가신 게 한으로 남아요.

4

죄인의 아들
정조,
왕이 되다

1776년, 정조가 영조의 뒤를 이어 조선의 제22대 왕으로 즉위하였다. 아버지 사도세자의 비극적인 죽음 이후 세손으로 책봉되었지만, 오랜 기간 숨을 죽여 온 끝에 차지한 왕의 자리였다. 정조는 세손 시절 갑옷을 입고 잠자리에 들 정도로 암살 위협에 시달렸으며, 즉위 후에도 정조의 암살을 시도하는 모의가 몇 차례 있었을 정도였다. 영조가 재위한 52년간 권력의 중심에 있었던 노론 세력은 정조 즉위 후 정치적 보복을 당할까 봐 상당히 근심했다. 그러나 정조는 이러한 우려를 불식하고 복수의 정치 대신에 신하들 스스로 왕권에 협력하도록 유도했다.

창덕궁 후원에 설치된 규장각은 역대의 도서들을 수집하는 왕실 도서관으로 출발했지만, 정조는 규장각을 차츰 학술 및 정책 연구 기관으로 변화시키며 자신의 개혁 정책을 뒷받침하는 핵심 정치 기관으로 거듭 태어나게 하였다. 정조는 "승정원이나 홍문관은 근래 관료 선임법이 해이해져 종래의 타성을 조속히 지양할 수 없으니, 왕이 의도하는 혁신 정치의 중추로서 규장각을 수건(首建)하였다."라고 말하기도 했다. 정조는 당파나 신분에 구애받지 않고 젊고 참신하며 능력 있는 젊은 인재들을 규장각에 모아 개혁 정치의 파트너로 삼았다. 정약용을 비롯해 걸출한 학자가 많이 양성되었는데, 특히 박제가, 유득공, 이덕무, 서이수와 같은 서얼들을 적극적으로 등용한 점이 주목된다. 규장각은 조선 후기의 문화 중흥을 이끌어 가는 두뇌 집단의 산실이기도 했던 것이다. 규장각의 가장 중요한 업무는 역대 왕들의 글이나 책 등을 정리하고 이것을 바탕으로 개혁 정치의 방향을 설정하는 것이었다. '법고창신(法古創新: 옛 법을 본받아 새것을 창출함)'은 규장각을 설립한 취지에 가장 부합하는 정신이었다.

정조에게 정치적으로 가장 부담되었던 것은 '죄인의 아들'이라는 굴레였다. 정조는 정치적 안정을 이룩해 가던 무렵 본격적으로 사도세자를 추숭하는 작업을 추진했다. 양주 배봉산에 조성되어 있던 영우원을 1789년에 현재의 수원 화산(花山) 자리로 옮겨 현륭원이라 하였다. 이와 함께 본래 화산에 거주하던 백성들을 이주하게 할 신도시로 수원 화성을 조성했다. 수원 화성은 1794년에 건설이 시작되어 1796년에 완성되었다. 공사 기간은 2년이 넘었고, 공사에 투입된 인원은 연 70여만 명으로 공사비가 80만 냥에 달하는 거대한 공사였다. 공사에 참가한 백성들에게는 임금을 지급하여 사기를 높였다. 정조는 수원 화성을 축조한 뒤에 그 공사에 관한 일체의 내용을 『화성성역의궤』에 정리했는데, 권수(卷首) 1권, 본문 6권, 부록 3권을 합하여 총 10권 9책으로 구성되었다. 수원 화성이 1998년에 유네스코 세계 문화유산으로 지정될 수 있었던 것은 『화성성역의궤』를 바탕으로 수원 화성을 완벽하게 복원했기 때문이다. 수원 화성을 건설한 후 정조는 부친인 사도세자의 묘소를 참배한다는 명분으로 자주 행차에 나서 왕권을 대내외에 과시하기도 했다.

정조는 아버지를 반대한 세력에 대한 복수 대신에 용서와 화합을 선택했고, 만백성에게 정치의 혜택을 고루 미치게 하고자 했다. 규장각을 세우고 검서관에 서울 출신 학자들을 등용한 것이나, 남인 출신인 채제공과 정약용을 측근에 둔 것은 이러한 의지의 반영이었다.

죄인의 아들 정조, 왕이 되다

평생 영조의 기대에 미치지 못했던 사도세자.
부자간의 극심한 갈등은
조선사에 유례없는 끔찍한 죽음으로 끝났다.

극심한 당쟁의 한가운데,
죄인이 되어 뒤주에 갇혀 죽은 아버지 사도세자.
할아버지인 선왕 영조의 강력한 지지로 왕세손이 된 어린 정조.

그러나 조선 땅의 그 누구도
죄인의 아들 정조가 무사히 왕위에 오르리라고
장담할 수 없었던 서슬 푸른 세월이 있었다.

1776년, 정조의 나이 25세.
정조는 조선의 제22대 왕으로 즉위한다.

최원정　조선의 전성기를 이룩했던 왕 정조에 관한 이야기를 나눠 보겠
　　　　습니다. 정조는 유년 시절부터 트라우마가 가득했을 것 같아요.

김문식　그렇죠. 사도세자가 뒤주에 갇혀서 사망했을 때 정조의 나이가
　　　　열한 살이었거든요. 아주 어린 나이죠. 그리고 그 이후에는 사도
　　　　세자를 죽게 했던 정치 세력에 둘러싸여 15년간의 동궁 시절을
　　　　보내고요. 그래서 밤에 잠을 잘 때도 깊이 자지 못하고 항상 옷
　　　　을 입고 잤다고 합니다. 또한 감시의 눈길 때문에 어떤 이야기를
　　　　하든 부정적인 이야기로 변해서 쉽게 흘러 나갔다고 하고요.

류근　　세손 시절의 정조를 생각하면 '일안고공(一雁高空)'이라는 사자
　　　　성어가 생각나요. 높은 하늘에 떠 있는 기러기 한 마리 또는 기
　　　　러기 떼에서 이탈한 기러기 한 마리처럼 아주 고독한 신세였다
　　　　는 생각이 듭니다. 이런 정조가 즉위하니까 신하들은 '피바람이
　　　　한번 몰아치지 않겠나?' 하는 두려움에 떨었을 것 같아요.

김문식　죄인의 아들로서 아슬아슬하게 지내 오다가 왕위에 올랐지만,
　　　　실제로 정조가 사도세자를 위해서 할 수 있는 건 대단히 제한되
　　　　어 있었습니다. 정조가 즉위하니까 영남 지역에서 유생들이 사
　　　　도세자를 죽게 한 세력들에게 벌을 주라는 상소를 올립니다.

그날　　상소를 받아들여서 복수하면 되잖아요.

김문식　그렇지만 정조가 오히려 상소한 사람들을 죽이는 것으로 대응합
　　　　니다. 그때는 도저히 사도세자의 복권을 본격적으로 거론할 여
　　　　건이 안 되었던 거죠.

신병주　워낙 심각한 정치적 문제이니까 영조도 이 일을 절대 거론하지
　　　　말라고 엄명하거든요. 그래서 재위 초기의 정조는 사도세자의
　　　　복권을 거론하는 세력에 오히려 벌을 줬습니다. 정조는 할아버
　　　　지와 아버지 사이에서 미묘한 위치에 있을 수밖에 없었죠.

그날   왕이 됐지만 자기 뜻대로 할 수 있는 일은 별로 많지 않았다는 거네요. 요즘은 권력이 국민투표를 통해서 나오는데, 조선 시대에는 어디서 비롯된다고 볼 수 있을까요?

김문식   기본적으로는 왕족이어야 하겠죠? 장자상속이 기본적이기는 한데, 조선 시대 왕들을 보면 장자가 아닌 사람도 많이 있습니다. 그래도 일단은 왕의 아들이라는 핏줄을 타고나야 합니다.

그날   영조와 정조는 드라마나 영화에서 많이 다뤘기 때문에 많은 분께 익숙한 이름이긴 한데, 그래도 일반적인 사람들에게는 어려울 수 있어요. 그래서 간단하게 가계도를 한번 보겠습니다. 우선 아는 이름을 보면 영조와 사도세자, 정조가 있네요. 희빈 장씨도 나오고요. 그런데 정조를 사도세자의 아들로만 알았는데, 가계도에는 효장세자의 아들로도 되어 있네요. 그리고 정조와 효장세자의 관계는 실선이 아니라 점선으로 연결되어 있군요.

김문식   형인 경종에서 동생인 영조로 왕위가 이어지고, 영조와 영빈 이씨 사이에서 사도세자가 태어납니다. 사도세자에게는 여러 옹주, 즉 누이들이 있죠. 그리고 사도세자가 죽고 나서 영조는 사도세자의 아들인 정조를 사도세자인 형인 효장세자의 아들로 삼아서 왕통을 잇게 하죠.

그날   말하자면 효장세자의 아들로 공인받아서 공식적으로 신분을 세탁한 거네요?

신병주   신분을 세탁할 수는 있었는데, 정조의 마음에서는 지울 수가 없죠. 정조가 한 다섯 살이나 여섯 살이었으면 이 신분 세탁이 괜찮았을지도 몰라요. 그런데 사도세자가 죽을 때 정조의 나이가 열한 살이라고 했잖아요. 그 현장에 실제로 있었다고도 하니까, 정조로서는 용납하기가 쉽지 않았을 겁니다. 또한 이 가계도에

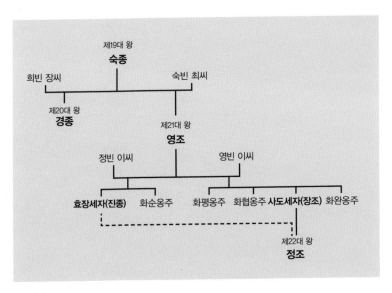

정조 가계도

서 보면 흥미로운 점이 영조도 그렇고 사도세자도 그렇고 둘 다
어머니가 정비가 아니라 후궁이에요.

그날   조선 초기만 해도 정비 소생이 하도 많아서 왕좌를 놓고 왕자의
난 같은 살육전이 벌어졌는데, 조선 후기에는 참 희한하게도 후
궁 소생들이 왕이 된단 말이에요?

신병주   그 점은 우리 학계에서도 미스터리로 생각해요.

그날   저는 궁금한 게 조선 시대 왕의 무덤 정도 되면 정말 대단한 능
력을 지닌 지관들이 조선 최고의 명당, 그러니까 후손이 많이 날
자리로 정해 주었을 것 같거든요? 그런데도 어느 순간부터 후손
이 귀해진 느낌이 든단 말이에요?

신병주   조선 전기에는 정비 소생 왕자가 많았는데 어느 시점부터는 그
렇지 않게 되죠. 그래서 선조를 시작으로 광해군 등 후궁의 후손
들이 연이어 왕으로 출현하고요. 그렇다면 정비 소생 왕자가 귀
해진 이유가 뭘까 생각해 볼 수 있는데, 여러 가지 해석이 있습

니다. 조선 초기에는 왕이 운동도 즐기고 사냥도 했는데, 후기로 갈수록 학문에만 너무 찌들어서 왕들의 건강이 악화한 게 아닌가 하는 시각도 있고요. 어쨌든 처음에는 아들이 너무 많아서 왕위 계승을 둘러싼 다툼이 치열하게 전개되었는데, 나중에는 후손이 귀해지고 후궁의 소생들이 왕위를 계승하니까 분쟁이 일어납니다. 이게 조선 후기 정치사의 특징 중 하나이기도 하고요. 그러다 보니까 당연히 영조도 그렇고 사도세자도 뭔가 출신에 관한 콤플렉스 같은 것이 분명히 있었을 거 같아요.

그날　그러고 보면 정조는 오랜만에 태어난 적통이에요. 그렇지만 그 어린 나이에 아버지의 죽음을 목격했으니 마찬가지로 온전하게 제대로 살기는 쉽지 않았을 거고요. 불행한 삼대가 아닌가 하는 생각이 듭니다. 영조와 정조, 즉 할아버지와 손자의 관계는 대단히 좋았다면서요?

신병주　그렇죠. 아들에게 못다 한 사랑이 손자에게 이어집니다. 영조는 자신이 아들에게 냉혹했지만, 원래는 따뜻한 면도 있는 사람이라는 걸 과시하려고 했을지도 몰라요.

그날　인지상정으로 할아버지들은 보통 손자들에 대한 애틋함이 있어요. 저는 영조의 마음이 이해가 되더라고요.

김문식　영조의 처지에서 생각해 보면 절박하기도 하죠. 하나뿐인 아들이 죽지 않았습니까? 이제 자신과 손자밖에 남지 않았으니, 조선이라는 나라가 우리 두 사람에게 달렸다는 절박함이 있죠.

---

† 임금이 세자에게 명하여 땅에 엎드려 관을 벗게 하고, 맨발로 머리를 땅에 조아리게 하고 이어서 차마 들을 수 없는 전교를 내려 자결할 것을 재촉하니, 세자가 조아린 이마에서 피가 나왔다. 세손이 들어와 관과 포(袍)를 벗고 세자의 뒤에 엎드리니, 임금이 안아다가 시강원으로 보내고 김성응 부자에게 수위하여 다시는 들어오지 못하게 하라고 명하였다.
— 『영조실록』 38년(1762) 윤5월 13일

너무나 건강했던 영조

그날 영조가 죽었을 때 사도세자가 살아 있었다면 나이가 마흔두 살입니다. 조선 시대 왕들의 평균수명이 40대 중반이라니까, 영조가 굳이 죽이지 않았더라도 사도세자가 기다리다가 자연사했을 가능성도 있는 거네요.

신병주 그렇죠. 사도세자가 왕위에 올랐으면 최고령 즉위가 될 수도 있었죠. 그렇게 많은 나이로 왕이 된 사례는 없거든요.

그날 현대인으로서 조선 시대를 생각하면 상상하기 어렵고 이해가 안되는 부분이 너무 많습니다. 더군다나 평범한 사람의 삶이 아니라 왕의 삶이라면 상상할 수 있는 범위를 넘어서요. 아들은 뒤주에 가둬서 죽이고 손자를 왕위에 올리는 일이 도저히 받아들여질 수 없는 일 같거든요? 권력을 너무나 강하게 추구했기 때문에 일어날 수 있었던 일 같습니다.

신병주 권력이라는 측면에서만 본다면 조선 시대 왕의 권력은 수명과도 관련이 있습니다. 그리고 영조는 조선에서 가장 장수한 왕입니다. 83세까지 살았고 52년간 재위했지요. 보통은 20대 후반에 왕이 되어서 한 20년 정도 재위하고 아들에게 왕위를 물려주는 게 한 주기예요. 그런데 영조는 너무 건강해서 52년이라는, 두 번의 주기에 해당하는 세월을 재위한 거예요. 그러다 보니까 아들은 희생양이 되어 버리고 손자로 건너간 거죠.

그날 중간에 한 번은 건너뛰어야 하는 상황이었군요. 아버지의 장수로 희생된 면도 있네요.

신병주 그렇죠. 오늘날로 치면 '영원한 왕세자'로 불리는 영국의 찰스 왕세자가 비슷한 사례죠. 어머니인 엘리자베스 2세가 60년 넘게 재위 중이니까요.

그날 영조가 조선 역사를 통틀어서 가장 오래 살았던 임금이라고 했

엘리자베스 2세와 찰스 왕세자 1952년에 왕위에 오른 엘리자베스 2세는 2015년을 기점으로 영국 역사상 가장 오랜 기간을 재위한 왕이 되었다.

	는데, 자기 관리를 어떻게 했나요?
신병주	영조는 식사나 복장을 간소하게 했고, 거기에 더해 건강검진을 정기적으로 받았습니다.
그날	그 당시에도 건강검진이 있었나 보네요.
신병주	있었죠. 통계를 내 보니 내의원 의관들을 불러서 월평균 11.7회를 받았다고 합니다.
그날	연평균이 아니라 월평균인 거군요. 11.7회이면 사흘에 한 번꼴이네요.
신병주	그렇죠. 그 정도로 건강검진에 신경을 쓴 것이 영조가 건강을 지킨 비결 중 하나였습니다.

빅 데이터를 통해 분석해 본 정조

그날	그렇군요. 이번엔 현대인들이 정조를 어떻게 생각하는지 빅 데이터 전문가인 송길영 교수님께서 분석해 주셨습니다.

순위	1	2	3	4	5	6	7	8	9	10
왕	세종	태조	선조	고종	정조	숙종	영조	태종	인조	성종

사람들이 가장 많은 관심을 보이는 조선 시대 왕은 누구일까?

이미지	키워드
진심으로 조선을 사랑했던 성군	대단하다, 꿈꾸다(새로운 조선), 강하다(자립심), 성실, 강화하다(왕권), 어질다, 좋아하다(학문), 사랑하다(백성), 즐기다(낚시)
아버지의 슬픈 역사를 간직한 임금	비극(아버지), 위로하다(사도세자의 넋)

정조는 우리에게 어떤 이미지로 남아 있을까?

송길영 소셜 빅 데이터 분석을 통해서 일반 대중이 정조에 관해 지닌 생각을 분석해 보겠습니다. 사람들이 지난 5년간 남긴 5억 2400만 건의 블로그 글에서 정조 또는 영조와 관련된 수많은 문서를 추려 낸 다음 그 속에 있는 사람들의 관심사를 분석했습니다. 조선 시대 왕들에게 사람들이 보이는 관심에 순위를 매겨 보면 정조는 5위입니다. 정조의 선대왕인 영조는 7위를 차지했고요. 그렇다면 정조는 우리에게 어떤 이미지로 남아 있을까요? 첫 번째, 조선을 사랑했던 성군의 이미지가 있습니다. 실제로 백성을 위한 많은 정책을 펼쳤다는 이미지가 있고, 학문을 발달시키고 왕권을 강화했다는 이미지도 있습니다. 두 번째로는 아버지 사도세자에 관한 회한과 그리움 같은 감정들이 효자로서 정조의 이미지를 만들어 나가는 것을 확인하실 수 있습니다. 또한 정조를 향한 관심은 우리가 자주 봐 왔던 드라마나 영화 같은 콘텐츠에서 표현되는 이미지들을 기반으로 다시 한 번 만들어집니다. 그뿐만 아니라 외규장각 의궤[1]의 반환이라는 이슈도 정조를 다시

한 번 떠올리게 했습니다. 한편 영조에 관한 생각은 정조에 관한 생각과 동조하는 현상을 보입니다. 우리가 보통 '영정조'로 묶어서 부르기도 하고요. 그렇지만 영조를 향한 사람들의 관심은 정조보다는 낮다는 것을 확인하실 수 있습니다.

그날   분석을 들어 보시니까 어떠세요?

이해영   사람들이 영조와 정조를 묶어서 생각한다는 게 재밌어요. 제가 보기에는 성향이 너무나 다른 두 인물인데 묶어서 본다는 게 흥미로웠습니다.

그날   대중이 역사 속 인물들에게 보이는 관심은 문화나 예술에서 영향을 많이 받는다는 느낌이 들었어요.

신병주   정조는 학문을 정말 좋아했고, 조금 심한 표현입니다만, 책에 미친, 책에 빠진 사람이었어요. 많은 책을 읽은 덕택에 문예 중흥을 이끌지 않았나 하는 생각이 듭니다. 그리고 그러한 점은 영조도 마찬가지입니다. 영조나 정조 때 출판과 문화 활동이 활발하게 전개된다는 점에서도 영조와 정조의 공통점은 분명히 있죠.

정조의 실제 모습은?

그날   그런데 정조가 10년마다 한 번씩 자기 초상화를 그리라고 했다는 얘기를 들었거든요. 예술적 감각이 뛰어나서 그런 걸까요? 아니면 권위를 세우려고 했던 걸까요? 법으로 정해졌었던 걸까요?

김문식   국왕의 초상화를 어진이라고 하죠. 영조 대에 정기적으로 어진을 그리는 사례가 나타나기 시작했고요. 근데 조선 시대에 어진은 국왕과 같은 존재로 취급받습니다. 그림 자체가 곧 국왕이죠.

신병주   안타깝게도 우리가 보는 정조 어진은 실제 모습이 아닙니다. 최근에 그렸거든요.

그날   아, 상상해서 그렸군요. 그런데 정조라고 하면 드라마에서 로맨

「선원보감」에 실린 정조의 얼굴

티시스트로 나오잖아요. 그런데 정조는 묘사된 바에 의하면 좀 뚱뚱한 사람 같거든요. 많은 정조 팬이 진실을 알면 망설일 것 같아요.

김문식 반면에 영조 어진은 이모(移模)라고 해서 그대로 계속 옮겨서 그렸기 때문에 실제 모습과 같다고 보면 됩니다.

만약에 정조가 없었더라면

그날 영조가 나중에 사도(思悼)라는 시호를 내린 걸 보면 본인이 아들을 죽게 했던 것을 후회하고 반성했다는 생각도 듭니다. 사실 아들 말고 아무도 없었으면 아들을 함부로 못 했을 텐데, 믿을 만한 손자가 있으니까 미웠던 아들이 더 미워 보일 수도 있었을 것 같고요.

신병주 그렇죠. 태종 때도 맏아들인 양녕대군을 폐위하게 한 가장 결정적인 원인이 매우 총명하고 똑똑한 셋째 아들 충녕대군의 존재였죠. 대안이 있으니까 폐위한 거예요. 영조도 그랬을 거고요. 만약에 정조라는 대안이 없었다면, 영조도 어떻게든 사도세자를 잘 구슬렸을 가능성이 있죠.

그날   근데 그런 생각을 영조만 했다면 그나마 좀 나은데, 정조 스스로 그러한 점을 깨달았다면 진짜 엄청난 비극이었을 것 같아요. '나라는 존재 때문에 아버지께서 돌아가셨다.'라는 죄책감까지 짊어졌다면, 그 죄책감의 무게는 사람이 짊어지고 살 수 있을 만한 게 아니죠.

김문식   그 추정이 실제일 가능성이 있습니다. 저도 정조가 없었다면 영조가 사도세자를 죽일 수 있었을까 하고 생각해 봤거든요. 아마 어렵지 않았을까 하고 생각하는데, 혜경궁이 쓴 『한중록』을 보면 사도세자도 그러한 점을 알았던 것 같아요. 그래서 큰 위기가 닥쳤을 때 혜경궁이 걱정하니까 "당신은 걱정하지 마라. 아들이 있지 않으냐."라고 발언했다고 하거든요. 그러니까 사도세자는 아마 어렴풋이는 짐작했을 것 같고, 정조도 곰곰이 생각해 봤다면 우리가 하는 생각을 당연히 떠올리지 않았을까 싶어요.

그날   그러면 사도세자가 아들을 위해서, 아들을 지키려고 일부러 위악적으로 행동했을 수도 있겠네요. 이 추측이 맞는다면 대단히 아름답지만, 슬픈 부정 아닙니까? 어쨌든 영조가 정조에게 대리청정도 하게 하는데, 대리청정한 지 석 달 만에 영조가 세상을 떠나면서 정조가 마침내 왕위에 오릅니다. 그런데 왕이 됐다고 다 끝난 게 아닙니다. 정말 수많은 정적이 호시탐탐 정조의 목숨을 노리는데, 어떤 일들이 있었을까요?

정조 암살 미수 사건

1777년(정조 1), 정조가 홀로 남아 책을 읽던 늦은 시각.
어두운 그림자가 궁궐에 숨어든다.
경희궁 보장문 동북쪽에서 들려오는 숨죽인 발소리.

평생 단 하루도 깊이 잠들지 못했던 왕은
존현각까지 다가온 자객들과 직접 맞닥뜨린다.
왕의 침실에서 일어난 암살 미수 사건.

환관과 궁녀, 호위군관까지 연루된 조직적 암살 시도는
모두 일곱 차례나 이어진다.

그날   믿어지지 않네요. 정말 무엄하다는 생각도 들고요. 어떻게 감히 왕의 침소에 침입하죠? 그리고 궁궐의 구조가 복잡하기도 하고 경비도 매우 삼엄했을 것 같은데, 어떻게 이런 일이 일어날 수 있습니까?

신병주   정조가 세손 시절과 즉위 직후에 머물렀던 곳이 경희궁의 존현각이라는 건물인데, 비교적 개방적인 곳이었다고 합니다. 자객들이 침입하기에 좋았죠. 정조의 즉위를 반대하는 세력들이 자객들을 움직여 조직적으로 저항하는 것인데, 왕위에 오른 정조가 "우리 아버지 죽게 한 사람 다 나와."라고 말하지 말란 법이 없거든요. 그래서 칼잡이뿐만 아니라 환관이나 궁녀까지 동원해서 암살을 시도한 정황이 『정조실록』 같은 기록을 보면 자주 나옵니다.

그날   그럼 정조의 이불을 깔아 주는 사람도 적일 수 있겠네요.

김문식   정조가 즉위했을 때 주변에는 친위 세력보다는 적대 세력이 더 많았다고 보시는 게 맞을 것 같고, 그래서 정조가 사도세자의 복권을 쉽게 이야기할 수 없는 상황이기도 했습니다. 또한 앞서 이야기한 사건이 일어나고 나서 얼마 뒤에 다시 비슷한 사건이 생깁니다.[†] 이때는 처소를 경희궁에서 창덕궁으로 옮긴 뒤인데도 유사한 사건이 발생한 거죠.

그날   창덕궁의 처소는 좀 더 폐쇄적이었나요?

김문식   네, 좀 더 방어하기 좋은 곳인데도 암살 시도가 있었죠.

그날   한번 시작했으니 끝장을 내 보자는 거네요. 그렇게 암살 시도가 연이어 일어나면 너무 화나서 더는 왕 못 할 것 같아요. 밤잠을 못 이뤘다고 하잖아요. 정조가 아주 많이 공부한 왕으로 알려졌는데, 알고 보면 밤늦게까지 책을 읽은 게 죽음의 공포에 맞서려는 노력이 아니었겠는가 하는 생각이 들기도 해요.

신병주 항상 밤에 깨어 있어야 하니까요.

류근 그렇죠. 제가 알기로 정조는 무예에도 조예가 깊었다고 들었습니다. 근데 지금 보니까 스스로 자신을 지켜야 하는 숙명을 타고난 왕이었던 거예요. 아까도 말씀드렸다시피 일안고공, 즉 너무 높은 하늘에 한 마리 기러기였던 거죠.

그날 일안고공이라는 사자성어를 미시는군요. 정조가 활도 잘 쏘았다고 들었거든요. 할아버지가 미워했던 아버지의 재능을 물려받은 게 아닌가 하는 생각이 듭니다. 정조는 할아버지의 좋은 점과 아버지의 좋은 점을 알맞게 물려받은 셈이죠. 책을 깊이 있게 읽을 수 있고, 활도 잘 쏘고, 정말 완벽한 남자예요.

김문식 실제로 정조가 활쏘기를 한 기록이 여럿 남아 있습니다. 말씀하셨듯이 사도세자의 재능을 물려받은 것 같고요. 활 솜씨가 탁월합니다. 어느 정도로 탁월하냐면 행사 때 신하들과 활쏘기를 같이하는데 제일 잘 쏘는 신하보다 배의 성적이 나와요. 조선 왕들은 기본적으로 활쏘기를 익히지만, 제가 보기에 정조는 호신용으로 더욱더 힘써 익힌 것으로 짐작됩니다.

그날 여러 암살 기도가 있었는데, 범인은 잡혔나요? 어떻게 됐어요?

신병주 잡혔는지를 계속 물어보시네요.

그날 잡아야죠. 반역죄니까요. 누가 감히 정조를 노렸을까요?

김문식 범인이 잡힙니다. 홍계희[2]라는 사람이 있는데, 영조 때 균역법도 추진한, 학문과 정치에서 대단히 뛰어난 인물입니다. 그런데 홍계희가 사도세자를 반대하고 사도세자를 죽게 하는 데 중심 역할을 했으므로 정조 초년에 처벌받습니다. 그러니까 거기에 반발해서 홍계희의 아들과 손자, 즉 홍술해와 홍상범 부자가 주도해서 자객을 궁중에 침입하게 했죠.

홍계희 묘 용인시 향토유적 제37호.

† 지난달에 존현각에서 적변이 생긴 이후에 여러 차례 신칙하여 기찰(譏察)하도록 했으나 오래도록 잡아내지 못했다. 어느 사람이 곧장 경추문 북쪽 담장을 향해 가며 장차 몰래 넘어가려고 하므로 추격하여 잡았는데, 포도청에서 힐문해 보니 원동 임장(任掌)인 전유기로 이름을 흥문으로 고쳐 버린 자였다. 대개 전흥문은 강용휘와 함께 존현각 중류(中霤) 위에 몰래 들어가 칭란(稱亂)하려고 도모하다가 실현하지 못했었는데, 이번에 또 거사하려다가 마침내 수포군(守鋪軍)에게 잡힌 것이다.

—『정조실록』 1년(1777) 8월 11일

아버지를 죽게 한 세력들

영조의 두 번째 왕세자였던 사도세자.
노론은 아버지의 분노에 동조해
아들을 죽음으로 몰아가는 비극을 방관했다.

영조의 즉위를 돕고 붕당정치의 승리자가 되었던 노론.
그 세력은 영조의 재위 기간인 52년간 더욱 견고해진다.

사도세자를 죽음으로 몰아갔던 신하들은
정조 또한 평생 위협하는데…….

그날   아버지를 죽게 한 데다 자신까지 위협하는 노론 세력을 상대로 '한번 끝장을 보자.'나 '피비린내 나는 복수전을 한번 펼쳐 보자.' 같은 생각도 할 법한데 정조는 그러지 않았어요. 왜 그런 건가요?

김문식   정조는 장기 계획을 세웠습니다. 우선은 주변에서 자신을 지켜 줄 세력이 약하니까 그 세력을 키우죠. 그래서 상당한 시간에 걸쳐 힘을 비축합니다. 문반의 관리는 규장각에서 키우고, 무반의 관리는 장용영[3]에서 키워서 그 세력이 상당히 커지니까 이때부터 본격적으로 본인의 카드를 꺼내죠.

그날   단순히 착해서가 아니라 나름대로 기다렸던 거군요. 확실히 칼을 오래 갈면 단칼에 끝내는 것보다 더 현명한 선택을 할 수 있어요. 칼을 대단히 오래 간 거죠. 쉽지 않았을 텐데, 진짜로 현명하네요. 자기를 억누르는 능력도 대단했던 것 같고요. 복수심이 크게 불타올랐을 텐데 말이죠. 열한 살 때 아버지의 죽음을 겪고 즉위할 때까지 가시밭길을 걸어온 사람이에요. 자신을 억제하고 참는 능력을 보면 좀 무서운 사람일 거라는 생각이 듭니다. 정조가 마음을 가라앉히지 못하고 복수의 칼날을 휘둘러서 폭군이 됐다면 우리 역사가 어떻게 달라졌을까요?

신병주   그러면 연산군처럼 됐겠죠.

그날   노론이 워낙 득세하던 시대였으니……. 노론을 다 칼로 쳐서 없앴다면요?

김문식   당시 정계가 복잡해진 이유가 원수를 계속 갚다 보니까 원수가 원수를 낳았다는 겁니다. 경종을 지지하는 세력과 영조를 지지하는 세력이 다르고, 영조를 지지하는 세력과 사도세자를 지지하는 세력이 다르거든요. 이런 상황에서 영조와 사도세자를 모

「규장각도」 김홍도가 32세 때 그린 그림이다. 국립중앙박물관 소장.

두 계승하려고 하는 정조로서는 누구를 적으로 돌릴지, 누구를 적으로 돌리지 않을지 생각해 보면 모순이 나타나는 거죠.

개혁가 정조, 수원 화성을 건설하다

그날 　정조라고 하면 껄끄러운 정적을 다 끌어안으면서 탕평 정치를 이룬 현명한 군주로 얘기하는데, 개혁가의 면모도 있어요. 교수 님, 개혁가로서 정조를 얘기해 보자면 우리에게 가장 친근한 규 장각을 먼저 들 수 있겠죠?

신병주 　흔히 규장각을 개혁 정치의 산실로 부르죠. 정조가 즉위한 직후 창덕궁 후원의 중심부에 규장각을 세우고 왕실 도서관이자 학문 연구 기관으로 삼아서 정조의 개혁 정책을 뒷받침할 수 있는 인 재들을 배출합니다.

그날 　그리고 수원 화성⁴을 중심으로 신도시도 건설하면서 아주 새로 운 정책을 많이 펼친다면서요?

신병주 　그렇죠. 원래는 사도세자의 무덤이 지금의 서울시립대학교 근처 인 양주 배봉산에 수은묘라는 이름으로 있었어요. 그런데 무덤 이름의 격을 따지면 '묘(廟)'보다 '원(園)'이 높거든요. 그래서 정 조가 수은묘를 영우원이라는 이름으로 바꾸고, 1789년에는 경기 도 화성시로 아버지의 무덤을 옮기면서 현륭원⁵으로 이름을 또 바꿉니다. 그리고 5년 뒤에는 수원 화성에서 신도시 건설에 착수 하죠.

그날 　수원 화성 쪽에 가 보신 적 있으세요?

이해영 　가 보진 못했어요. 교과서나 책에서만 봤어요.

그날 　대단히 아름답고 정교해요. 성이 거의 그대로 남아 있고요.

신병주 　그렇죠. 수원 화성을 건설하면서 남긴 공사 보고서인 『화성성역 의궤』를 바탕으로 1970년대에 복원 공사를 했으니까 옛 원형 그

수원 화성 사적 제3호. 유네스코 세계 문화유산.

대로 지금 남아 있죠.

이해영　그럼 저도 한번 가 봐야겠네요.

그날　네, 괜찮다니까요. 나들이 삼아서 다녀오세요. 근데 수원 화성이
　　　규모가 굉장히 큰데도 빠른 속도로 건설됐다면서요? 공사를 대
　　　단히 빨리 진행했다는 얘기를 들었어요.

신병주　원래는 한 5년 정도를 계획했는데, 1794년에 착공해서 1796년에
　　　완성되거든요. 거중기나 녹로(轆轤) 같은, 그 당시로써는 새로운
　　　공법을 사용하고 벽돌도 썼습니다. 그리고 공사가 단축된 또 하
　　　나의 원인으로는 급료를 지급했다는 점을 들 수 있어요. 예나 지
　　　금이나 아무것도 주지 않고 일을 시키면 안 하려고 하잖아요?

그날　　일자리를 창출한 거네요.

신병주　정조도 나름대로 합당한 임금을 지급함으로써 일하는 동기가 부여되는 점 등을 고려해서 수원 화성의 공사가 아주 빠르게 진척되게 한 거죠.

그날　　임금을 받을 수 있었다면 백성들로서는 공사 기간이 긴 게 유리하지 않았을까 하는 생각이 들어요. 일자리가 오랫동안 유지되니까요. 근데 이렇게 노동의 대가로 급료를 지급한 게 이때가 처음이었던 건가요?

김문식　급료를 주는 사례가 18세기부터 나타나기는 해요. 다만 수원 화성의 사례는 규모가 크고 획기적이죠. 그 전까지는 국가에서 공사가 있으면 백성들을 역으로 동원했습니다. 따로 급료를 주지 않는 무료 동원인 거죠. 그런데 당시에는 농촌에서 도시로 모여든 이주민이 매우 많았습니다. 주거할 곳이 없으니까 성 밖에서 살 정도로 서울의 인구가 늘었죠. 이런 사람들이 먹고살려고 농민에서 노동자로 변화하는 움직임이 나타나기도 하고요. 그런데 나라에서 수원 화성을 건설하면서 근무한 일수를 철저히 계산해서 임금을 쳐준 겁니다. 그래서 이때부터 임금 노동자가 본격적으로 나타난다고 봅니다.

그날　　노동자의 권리가 획기적으로 향상됐다고 할 수 있네요.

신병주　『화성성역의궤』를 보면 노동자들에게 임금을 지급한 내용이 다 나옵니다. 반나절 일한 임금까지 지급했고요. 이때 지급한 임금을 계산하면 그 당시의 물가수준까지 짐작할 수 있습니다.

정조와 문체반정

그날　　정조가 개혁적인 정치를 했다고는 하지만 저는 정조의 개혁 성향이 약간 의심이 돼요. 패관소설 같은 것들을 못 보게 하고 고문(古文)으로 돌아가자고 주장하는 문체반정(文體反正)이라는 사건이 있었잖아요.

김문식   문학 하시는 분과 예술 하시는 분들은 문체반정을 놓고 대단히 비판적으로 보시는데, 정조가 개방적인 군주이기는 하지만 모든 것을 허용할 수는 없었습니다. 정치적인 입지가 있는 거고, 기본적으로는 왕위를 보존해야 하는 속성이 있죠. 또한 문체반정의 목적이 노론 세력을 약화하려는 데 있다고 보는 시각도 있습니다. 당시에 정조가 금지하려 했던 패관 소품체를 쓰는 사람들이 대개 노론 계통이었거든요. 참고로 패관 소품체는 대단히 짤막하면서도 사람들의 감정을 건드리는 문체입니다. 정조는 그런 문체로 쓴 글들이 나왔을 때 생길 수 있는 위험성도 간파한 것 같아요. 계속 유행한다면 체제가 위험해질 수도 있다고 본 거죠. 상당한 정치적 고려 끝에 취한 정책이라고 볼 수도 있습니다.

용서와 화합을 선택하다

그날   정조가 평생 겪었던 시련을 생각하면 복수의 칼날을 별로 휘두르지 않았어요.

김문식   계속 복수해 나가다 보면 복수가 끝이 없는 거죠. 그래서 정조는 두 가지 방식을 씁니다. 사도세자를 불리한 처지로 몰아서 죽게 한 세력, 그리고 정조 자신이 대리청정하고 왕이 되는 데 반대했던 세력, 이런 확실한 반대 세력은 제거합니다. 그렇지만 희생자를 최소화하죠. 반면에 간접적으로 연루된 사람들은 최대한 살려 주고 끌어안는 정책을 씁니다. 그러니까 복수가 아니라 탕평으로 해결하려는 거죠. 그런 점에서 저는 정조의 위대성이 있다고 생각합니다.

그날   정조에 관해서 다양한 이야기를 나눠 봤는데, 마무리하는 의미에서 오늘의 소회를 부탁드리겠습니다.

이해영 정조가 행행(幸行), 즉 행복한 행차를 자주 했다고 하잖아요. 그런데 행행이라는 말의 어감이 지금 들어도 참 좋거든요. 그래서인지 이런 생각이 들어요. 정조의 목표가 정말 원대한 꿈뿐이었을까? 그 너머에서는 자신의 행복을 바라지 않았을까? 정조는 홀로 밤을 보내면서 끝까지 쓸쓸했을 것 같아요.

류근 제가 아까 말씀드린 사자성어인 일안고공과 뜻이 닿네요.

신병주 저는 정조에 관해 이야기하면서 「홍길동전」을 떠올려 봤어요. 「홍길동전」에서 나오는 가장 큰 모순이 아버지를 아버지로 부르지 못하고 형을 형으로 부르지 못하는 거잖아요. 그런데 정조도 사도세자를 아버지라고 마음껏 부르지 못했다는 거죠.

김문식 제가 10여 년간 정조를 연구하면서 정조의 리더십에 관해 많이 생각해 봤습니다. 정조의 뛰어난 점은 대단히 어려운 여건에서 생각하기에 따라서는 언제든지 정적을 제거하려고 나설 수 있는 상황인데도, 처벌을 최소화해서 피해를 줄이고 통합력을 발휘했다는 거죠. 통합력은 오늘날에도 지도자에게 바라는 덕목이 아닐까 하는 생각이 듭니다.

그날 아버지를 위해 불타오르는 마음으로 복수하는 대신 용서와 화합을 선택한 정조, 보면 볼수록, 이야기를 나누면 나눌수록 매우 매력적인 인물이네요.

5

정조,
소상인의
눈물을
닦아 주다

정조 시대에는 상업 분야에서도 변화가 두드러졌다. 조선 후기 상업의 성장과 시장의 발달이라는 사회의 변화상을 예의 주시하던 정조는 신해년인 1791년 1월에 신해통공을 단행하여 육의전을 제외한 시전의 금난전권을 혁파하는 조치를 전격적으로 발표하였다. 통공이란 '양쪽을 모두 통하게 한다.'라는 뜻으로, 특권을 지닌 상인의 독과점을 폐지하는 조치를 일컫는다. 일반 시전 상인들에게 주어졌던 오랜 특권인 금난전권이 폐지됨으로써 소상인들의 입지는 커질 수 있었다.

신해통공은 좌의정 채제공의 건의를 반영하는 형식으로 이루어졌으며, 입법한 내용을 한글과 한문으로 써서 큰 길거리와 네 성문에 내걸었다. 항간의 백성들이 법을 몰라 죄에 걸려드는 근심을 면할 수 있게 하는 한편, 조정의 의지를 확인하게 한 것이다. 신해통공은 노론과 남인의 정치적 힘겨루기로도 해석된다. 신해통공을 주도한 채제공은 노론 중심의 정국에서 소외당하던 남인들에게는 큰 희망이었다. 정조는 채제공을 중용하였고, 채제공은 노론 권력과 시전 상인 사이에 존재하는 정경 유착의 고리를 끊어 나갔다. 『정조실록』은 "도성에 사는 백성의 고통으로 말한다면 도거리 장사〔都賈〕가 가장 심합니다. 우리나라의 난전을 금하는 법은 오로지 육전(六廛)이 위로 국역(國役)을 응하게 하고 그들이 이익을 독차지하게 하자는 것입니다. 그런데 요즈음 빈둥거리며 노는 무뢰배들이 삼삼오오 떼를 지어 스스로 가게 이름을 붙여 놓고 사람들의 일용품에 관계되는 것들을 제각기 멋대로 전부 주관합니다."라는 채제공의 말을 인용하여 신해통공이 추진된 배경을 자세히 기록했다.

채제공은 시전 상인이 이익을 독점하고 백성이 곤궁해지는 현실의 문제점을 지적하였다. 특히 육전이 "국역에 응하면서 이익을 독점한다."라고 파악한 것은 오늘날의 정경 유착을 떠올리게 한다. 또한 "사람들의 일용품에 관계되는 것들을 제각기 멋대로 전부 주관한다."라는 지적에서는 최근에 대기업이 문어발식으로 업무를 확장하는 것과 유사성이 발견된다. 정조는 신해통공에 이어 후속 조치들을 단행하였다. 시전이 호조에 물품을 공무(公貿)하게 한 규례를 폐지하였으며, 평시서를 혁파하고 그 기능을 호조와 한성부가 각각 분담하게 했다. 또한 1794년에는 갑인통공을 시행하여 내어물전을 육의전에서 제외함으로써 한강을 무대로 하는 경강상인들이 어물 유통의 주도권을 장악할 수 있게 하였다.

신해통공의 시행이 상당한 효과를 거두었음은 『실록』에서 확인된다. "어물 등의 물가가 갑자기 전보다 싸졌으니 개혁에 실효가 있습니다."라는 보고나, "장작값이 옛날 수준으로 돌아갔다."라는 보고 등이 이어졌다. 신해통공과 이어진 후속 조처로 사상들은 전국에 지점을 설치하여 판매를 확장하기도 했으며, 대외무역에도 참여하는 등 다양한 상업 활동을 통하여 부를 축적하여 나갔다. 신해통공은 왕이 소상인의 어려운 점을 이해하고 개혁적인 정책으로 화답해 주었다는 점에서 역사적 의미가 크다. 시대의 변화상을 파악하고 경제 분야에서 확실한 개혁 정책을 추진한 정조의 리더십이 돋보이는 정책이었다.

난전으로 몰리는 소상인들

정조 재위 초, 도성 밖에서는
매일같이 백성들의 통곡 소리가 이어졌다.

특정 상품의 독점 판매권을 허가받은 시전 상인들이
힘없는 소상인들을 난전으로 몰았던 것이다.

시전 상인들은 정부로부터 받은 권한을 악용해
불법 상행위를 막는다는 명분으로 물건을 헐값에 빼앗고
소상인들을 형조나 한성부에 끌고 가는 행패도 서슴지 않았다.

속절없이 당할 수밖에 없는 억울한 상황.
소상인들의 눈물을 닦아 주기 위한 정조의 고민이 시작됐다.

최원정 화폐경제와 상업이 활성화되기 시작한 18세기, 정조가 소상인들
의 눈물을 본 그날로 가 보겠습니다. 시전과 난전에 관한 얘기를
많이 할 텐데, 용어가 아직도 낯설어요.

이윤석 학창 시절에 달달 외웠던 기억은 나는데, 뜻은 기억이 안 나요.
한번 짚어 봐야 할 필요가 있겠는데요. 시전이 국가로부터 특정
종류의 상품을 판매할 수 있는 권한을 독점으로 받은 곳이고, 난
전은 시전이 아닌 곳, 즉 국가의 허락을 받지 못한 곳이라는 차
이인 거죠? 난전의 '난' 자가 어지러울 난(亂) 자잖아요. 난장판
같은 안 좋은 느낌의 말이 연상되어서 저는 난전이 불법적인 가
게인 줄 알았어요.

신병주 용어로만 보면 시전은 나라에서 당당하게 허락받은 가게이고,
난전은 시장의 질서를 교란하는 가게라는 느낌이 드는데, 실상
은 다릅니다. 난전은 매점매석[1]으로 부를 축적하는 상인들이 아
니라, 가내수공업으로 생산한 물품이나 잉여농산물 같은 것을
조금 팔아서 생계에 도움을 받으려는 상인들이 운영하는 가게
죠. 요즘으로 치면 전형적인 생계형 상인들의 가게입니다. 그런
데 시전 상인들이 금난전권(禁亂廛權), 즉 난전을 금지하는 특권
을 가지고 "왜 나라의 허가도 안 받고 마음대로 장사하느냐."라
고 하면서 갖은 횡포를 부리다 보니까 아주 힘이 들죠.

그날 우리가 학교에서 금난전권에 관해 배웠잖아요. 당시에는 무슨
뜻이지 싶었는데, 난전을 금하는 권리여서 금난전권이군요. 예
나 지금이나 입에 풀칠이나 해 보겠다고 나온 서민들이 범법자
들로 몰리는 현실이 안타깝긴 한데, 어쨌든 원칙적으로는 불법
상행위이기 때문에 처벌받는 건 어쩔 수 없는 것 아닙니까?

김문식 그런데 정도가 지나쳐서 횡포까지 나타나니까 문제죠. 지방에

서 서울로 올라온 상인들이 어떤 물건을 팔려면 그 물건을 반드시 시전 상인들에게 넘겨야 해요. 그리고 행상들이 서울에서 물건을 사서 밖으로 가지고 가 팔려고 한다면 반드시 시전 상인에게서 받아 가야 합니다. 시전 상인을 거쳐야만 장사할 수 있으니까요. 형편없이 값을 쳐서 준다고 해도 시전 상인들에게 팔 수밖에 없는 겁니다. 만약에 그런 법칙을 지키지 않으면 잡혀서 형조나 한성부에 끌려가는 사태가 벌어지는 거죠. 시전 상인들에게는 체포권이 있거든요.

18세기 조선의 시장을 가다

최태성 제가 몇 가지 퀴즈를 드리겠습니다. 시장은 아무래도 사람이 많이 모이는 곳이잖아요. 이벤트나 눈요깃거리가 아주 많을 것 아닙니까? 그중에서도 아주 인기 폭발인 눈요깃거리가 있습니다. 그림을 한번 보시죠. 힌트를 드리자면 짐승이에요.

류근 저 그림에서 찾아보라는 뜻이에요? 저는 알 수 있어요. 우리 속담에 "재주는 곰이 넘고, 돈은 왕 서방이 챙긴다."라는 말이 있잖아요.

그날 서울 한복판에서 곰이 재주를 부린다는 건가요? 그보다는 뱀 쇼 같은 게 아닐까요?

이윤석 저는 어렸을 때 시장에 가면 춤추는 원숭이 같은 게 있었어요.

최태성 지금 말씀하신 것 중에서 답이 있습니다. 바로 원숭이입니다. 이윤석 씨, 잘 맞히셨습니다.

류근 제가 어릴 때는 약장수들이 원숭이를 데리고 다녔는데 말이죠.

신병주 1970년대에서 1980년대까지만 해도 큰 시장 옆에서 서커스를 공연할 때 단골로 등장하는 동물이 원숭이였죠.

김문식 저 그림이 18세기 서울의 모습을 그린 「태평성시도」거든요. 그

「**태평성시도**」 국립중앙박물관 소장.

러니까 당시의 서울에도 원숭이가 실제로 있었던 거죠.

최태성　두 번째 퀴즈를 드리겠습니다. 시장에 방이 하나 붙었어요. 어떤
　　　　내용을 담은 방인지 혹시 짐작되세요? 모르시겠죠? 바로 사형
　　　　집행을 알리는 방입니다. 조선 시대에는 시장에서 사형을 집행
　　　　하는 것이 일반적인 모습이었거든요. 시장에서 사형을 집행했다
　　　　는 기록은 고구려 시대부터 나옵니다. 조선 초기에는 주로 정치
　　　　범들, 즉 김종서 부자 등이 시장에서 효수형을 당했습니다.

김문식　시장에 사람이 많이 모이니까 여러 사람에게 보여 주는 거죠.

최태성　예, 사람들에게 경각심을 불러일으키기도 하고, 백성들에게 여
　　　　론을 환기하는 작용도 하는 겁니다. 저잣거리에 목을 내 건다고
　　　　하잖아요. 그때 말하는 저잣거리가 바로 시장입니다.

육의전이란 무엇인가?

그날   그럼 육의전은 뭔가요?

최태성   아까 시전 상인들 얘기를 했잖아요. 육의전 상인은 시전 상인 중에서도 돈을 제일 많이 벌고 권력이 제일 센 상인들이에요. 비단, 명주, 무명(면), 모시, 종이, 어물, 이렇게 여섯 가지를 팔기 때문에 육의전이라고 합니다. 가끔은 때에 따라서 어물 대신에 베를 팔기도 하고요.

김문식   육의전에서 취급하는 여섯 가지 물품 중에서 고등어 같은 어물을 빼면 종이와 천이 남잖아요. 그런데 종이와 천은 기본적인 생필품이기 때문에 필요하다면 화폐 대용으로도 쓸 수 있어요. 그래서 가장 필수적인 물품을 육의전에서 파는 품목으로 지정했다고 볼 수 있죠.

그날   조선 시대에 필수품으로 손꼽혔던 물건들의 독점 판매권을 준다는 것은 조금 받아들이기 어렵지 않습니까? 저런 물건들을 가지고 장난치기 시작하면 백성들의 고통이 이만저만 아닐 것 같은데 말이에요.

최태성   맞습니다. 육의전 상인이 독점 판매권을 가지고 있으니까 하나의 권력자가 된 거예요. 가격도 마음대로 막 올려 버리니까 물가도 오르고요.

소상인 울리는 금난전권

그날   시전 상인이 국가가 지정하는 어용상인인 거예요?

신병주   그렇죠. 국가에 어느 정도 세금을 부담하는 대가로 독점권을 행사하는 거죠. 물건을 사려면 공식적으로는 시전을 통해야 하니까 평범하고 가난한 상인들은 판로가 없죠. 그래서 『정조실록』을 보면 머리에 이거나 손에 들 수 있는 아주 작은 물건을 파는

행상의 모습 김홍도의 작품. 보물 제527호. 국립중앙박물관 소장.

영세한 상인들도 허가를 받지 못했기 때문에 시전 상인들에게
자신의 물건을 헐값에 넘기는 모습이 나옵니다.† 제값도 못 받으
니 결과적으로 손해만 보고요.

그날 밑지고 장사하는 사람 없다지만, 그때는 정말 밑지고 장사를 할

수밖에 없었네요.

김문식 그런데 시전 상인들은 독점권을 가지고 있으니까 자신들이 가진 물건을 팔 때는 값을 올려서 폭리를 취할 수 있는 거죠. 게다가 처음에는 육의전, 즉 여섯 개 품목을 다루는 시전 상인에게만 금난전권을 부여했는데, 시간이 지나면서 특혜를 받는 시전이 늘어납니다. 열네 개 품목으로 늘어났다가, 18세기로 가면 100개 이상으로 늘어나거든요. 독점권이 부여되는 상품의 품목이 점점 더 많아지니까 소상인으로서는 판매가 금지되는 물품이 많아지는 셈이고요.

그날 "모든 길은 로마로 통한다."라는 말이 있는데, 모든 거래는 시전으로 통한다는 규칙을 정해 놓은 거네요. 그럼 소상인들뿐만 아니라 물건을 사는 소비자들도 피해를 보잖아요. 독점적으로, 대규모로 장사하는 소수만 이득을 보는 상당히 불공정한 시스템이 아닌가 하는 생각이 듭니다. 요즘으로 치면 재벌이나 대기업의 독과점으로 골목 상권이 잠식되면서 다들 어려워지는 상황에 비춰 볼 수 있겠어요.

신병주 좀 비슷하죠. 요즘 보면 대기업이 문어발식으로 확장해서 대형 할인점 같은 곳에서는 영세 상인들이나 구멍가게가 주로 하는 업종까지 진출해 버리니까요. 가난한 상인들은 더 어려워지는 상황이죠.

---

† 좌의정 채제공이 아뢰기를, "도성에 사는 백성의 고통으로 말한다면 도거리 장사가 가장 심합니다. 우리나라의 난전을 금하는 법은 오로지 육전이 위로 나라의 일에 수응하고 그들이 이익을 독차지하게 하자는 것입니다. 그런데 요즈음 빈둥거리며 노는 무뢰배가 삼삼오오 떼를 지어 스스로 가게 이름을 붙여 놓고 사람들의 일용품에 관계되는 것들을 제각기 멋대로 전부 주관합니다. 크게는 말이나 배에 실은 물건부터 작게는 머리에 이고 손에 든 물건까지 길목에서 사람을 기다렸다가 싼값으로 억지로 사는데, 만약 물건 주인이 듣지를 않으면 곧 난전이라 부르면서 결박하여 형조와 한성부에 잡아넣습니다. 이 때문에 물건을

가진 사람들이 간혹 본전도 되지 않는 값에 어쩔 수 없이 눈물을 흘리며 팔아 버리게 됩니다." 하였다.
— 『정조실록』 15년(1791) 1월 25일

시전에 집중된 특권, 그 이유는?

그날   그런데 좀 이해가 가지 않는 게, 생활필수품에 해당하는 품목에 금난전권 같은 특권이 주어진 거잖아요. 충분히 폐단이 나타날 것으로 예측할 수 있었을 텐데, 왜 이런 특권을 줬을까요?

김문식   이 문제를 이해하려면 조선 시대의 사회적 특징을 알아야 합니다. 조선 시대의 기본 정책에서 농업은 '본(本)'이에요. 상업은 '말(末)'이고요. 그래서 될 수 있으면 상업을 억제하는 정책을 썼어요.

그날   예전에는 사농공상²이라고 해서 상인들을 장사치라고 부르면서 대단히 멸시했잖아요.

김문식   농업은 성실히 노동해서 그에 맞는 대가는 얻는 것이라고 해서 본업으로 봤습니다. 실제로 조선의 주산업이 농업이기도 했고요. 그런데 상업, 즉 상행위라는 것은 때에 따라서 큰 노동 없이도 이익이 생기기도 하니까, 성리학의 이념으로 보았을 때는 안 좋게 보이죠. 사람들이 이익만 추구하고 횡재를 노릴 수 있으니까요.

그날   자연스럽게 발달하는 욕구와 분위기를 왜 그렇게까지 엄금했는지는 요즘 상식으로 이해가 안 돼요.

김문식   이념은 그러한데, 현실은 그렇지 못했습니다. 민간에서는 상업의 규모가 계속 커졌죠. 인구가 늘어나고 그만큼 필요한 물품이 많아지니까 시장을 통한 유통이 활발해집니다. 그래서 국가가 방침을 조금 바꿉니다. 이제는 현실을 인정하면서 전문 집단에 상행위를 인정해 주고, 그 대신 세금을 받는 식으로 정책을 바꾸죠. 그리고 상인들의 동태를 국가에서 관리하고 조절할 수 있는 형태로 가려고 합니다. 그 결과로 생긴 게 시전 상인이고, 시전 상인이 국가에 부담을 지는 만큼 특권을 주는 거죠. 일종의 독점 판매권을 부여한 겁니다.

그날　일종의 국영 상점 또는 정부 직속의 산하기관처럼 육성했으니까 그에 걸맞은 권리를 주었다는 뜻이군요.

신병주　시전 상인들로서는 국가에 일종의 특별 세금인 시역(市役)을 부담해야 하니까, 본전을 뽑으려고 하죠. 나라에 바치는 만큼 시전 상인들도 뭔가 얻는 게 있어야 하는데, 자꾸 난전이 생기면서 자기들을 위협하니까 시역을 부담하기도 어려운 상황에 몰립니다. 그런데 금난전권 같은 특권이 있으면 어느 정도 유지할 수 있는 거죠.

그날　왜란과 호란이라는 양란을 거치면서 국가 재정이 파탄 날 지경이니까 부담을 돌리려는 방편으로 시전에 특권을 준 거라고 하더라고요.

최태성　시전 상인들에게는 국가에서 대단히 많은 배려를 해 줘요. 금난전권 외에도 관수품, 즉 국가에서 필요한 물건을 조달하게 해 줍니다. 그리고 국가의 창고에 생긴 잉여물, 예를 들면 국가에서 걷어 들였다가 남은 곡물들을 우선으로 처분할 수 있는 권리를 주기도 합니다. 그런데 전쟁이 끝나고 안정기로 접어드니까 국가에서 제때제때 돈을 줄 거 아니에요? 그냥 앉아서 돈을 버는 거죠. 어마어마한 이권이 창출되는 겁니다.

그날　한때는 국가로서도 필요한 조치였고, 시장 자체가 작아서 문제가 안 됐었는데, 나중에 이렇게 부작용이 커질 거라고는 예상을 못 한 게 아닌가 하는 생각이 드네요. 소상인들이 너무나 억울하게 당하는데, 이쯤 되면 나라에서도 얼른 사태를 파악하고 뭔가 해결책을 강구해야 마땅하겠지만, 국가로서는 시전 상인이 국가 재정에 중요한 역할을 담당하니까 하루아침에 독점권을 부정하기도 쉽지는 않았을 것 같다는 생각이 듭니다. 게다가 뭔가 조처하려고 하면 이미 덩치가 커지고 힘이 세진 시전 상인들이 반발하지 않았을까요?

최태성 맞아요. 게다가 시전이 늘어난다는 얘기는 그만큼 세금이 많이 들어와서 국가 재정의 확보로 연결된다는 것이니까 마다할 이유가 없죠. 그러다 보니까 지금 말씀하신 대로 시전 상인들 자체가 무시할 수 없는 권력이 됩니다. 정부 조달품을 독점하는 것 외에도 조선 초기부터 있었던 공물 방납에도 깊숙이 관여하고, 외국에 나가는 사신들을 수행한다는 빌미로 사무역에 종사하는 모습도 보입니다.

그날 "아이고"라는 말이 저절로 나옵니다. 시전의 덩치가 이렇게 대항할 수 없을 만큼 커지면 이제 억울한 백성들은 어떻게 되는 겁니까? 그 시절에 시전 상인으로 태어났으면 얼마나 좋았을까 하는 생각이 들 정도네요. 상품 독점에 세금 대납에 해외무역까지 하니까 "부자 되기가 제일 쉬웠어요."라는 분위기예요. 그래도 다행히 백성들은 고통을 호소할 방법이 있었습니다. 그 누구보다 민심에 귀를 기울였던 왕이 정조 아니겠습니까?

정조, 소상인의 눈물을 보다

시전 상인과 소상인들의 갈등은 날로 심각해졌다.
금난전권을 앞세운 시전 상인들에게 화가 난 소상인들.

결국 성 밖으로 행차하는 정조를 직접 찾아가
민원을 제기하는 격쟁을 시작했다.

1786년(정조 10)에는 대장장이 이춘세가
시전 상인들이 자신을 난전으로 트집 잡아
장사를 방해한다고 억울함을 호소하며 징을 쳤다.

이어 1787년(정조 11)에는 대장장이 정대운이,
1788년(정조 12)에는 모자전의 강덕일까지 격쟁했다.

법을 내세워 시장 독과점을 합리화하는 시전 상인들과
당장 생계를 위해 물러설 수 없다고 주장하는 소상인들의 대립.
조선 조정의 발 빠른 대책이 필요한 때였다.

그날　격쟁이라는 게 참 신기한 게, 요즘도 대통령 만나기는 어렵잖아
　　　요. 청와대 홈페이지에 글을 남기는 것 정도인데, 솔직히 그 글
　　　도 너무 많아서 읽어 보실 수 있을까 하는 궁금증이 들고요. 그
　　　런데 조선 시대에 왕을 직접 만나서 민원을 제기하고, 그 민원이
　　　해결까지 되는 일이 정말 가능했을까요?

최태성　정조 시대에는 상언과 격쟁이 대단히 활발하게 이루어집니다.
　　　상언은 아랫사람이 국왕에게 올리는 글을 가리키고, 격쟁은 민
　　　원인이 궁궐 안에서, 또는 왕이 행차할 때 그 앞에서 징이나 꽹
　　　과리, 북을 치면서 억울함을 호소하는 건데 공식적으로 허용된
　　　제도였어요. 그런데 재미있는 것은 격쟁으로 접수된 민원은 사
　　　흘 내에 해결해 줘야 한다는 점입니다.

그날　사흘이요? 그렇게 빨리요? 아무리 왕이라고 하더라도 그 당시에
　　　민원을 사흘 안에 처리하고 해결해 준다는 게 정말 가능합니까?
　　　정말 퀵서비스네요.

신병주　정조는 재위하는 24년 동안 70회 정도 능행했다고 해요. 능행길
　　　에서 주로 상언과 격쟁을 받았고요. 그때 대략 4400여 건을 접수
　　　했다는 기록이 있을 정도입니다. 조선 후기 왕 중에서는 영조도
　　　민의를 많이 수렴하려고 해요. 그런데 영조는 궁궐 앞 홍화문 근
　　　처에서 백성의 의견을 듣는 방식이었다면, 정조는 직접 찾아가
　　　서 듣는 서비스였다는 거죠.

그날　우리는 신문고[3]가 훨씬 더 익숙하잖아요. 궐 안에 매달린 북을
　　　둥둥 치면서 "억울하오. 억울합니다."라고 외치는 것을 드라마
　　　에서 많이 봤잖아요.

신병주　그건 웬만큼 간 큰 백성 아니고는 못 칩니다.

그날　그래요? 신문고가 가장 흔히 알려졌는데요? 상언과 격쟁은 오늘

「시흥환어행렬도」 국립중앙박물관 소장.

신문고의 위치 신문고를 치려면 오른쪽 아래에 보이는 창덕궁의 정문인 돈화문을 거쳐 중문인 진선문을 통과해야만 했다.

처음 듣는 분도 많을 거예요. 게다가 왕이 계시든 안 계시든 그냥 궐 안에 들어가서 북 치는 게 더 낫지, 왕이 지나가는데 꽹과리 치면서 "저 좀 봐주세요." 하면 잡아갈 것 같은데요.

김문식 먼저 신문고의 위치를 알아 두어야 할 것 같아요. 신문고는 창덕궁의 진선문 안에 있었습니다. 궁의 정문으로 들어가서 또 하나의 문을 더 통과해야 북 앞에 다다를 수 있죠. 그러니까 신문고는 일반 백성이 치라고 달아 놓았지만, 실제로는 접근하기가 쉽지 않았죠. 그런데 상언이나 격쟁은 왕이 행차했을 때, 예를 들면 주로 능행인데, 왕릉을 참배하고 돌아오는 길에 접수하기 시작하죠. 왕이 오늘은 어디부터 어디까지 상언과 격쟁을 접수하라고 명령합니다. 그럼 지나가면서 접수합니다. 그리고 궁에 가져가서 왕이 바로 처리해 버립니다. 그러니까 사흘 만에 처리하는 거죠.

그날 정말 대단한 왕이네요.

신병주 신문고가 영조 때 부활했지만, 사실은 상징적인 물건에 지나지

왕	인조	효종	현종	숙종	경종	영조	정조
횟수	5	8	3	32	3	78	66
연평균	0.19	0.8	0.2	0.69	0.75	1.5	2.75

조선 후기의 왕이 능행한 횟수

              않는다는 걸 알았던 거죠. "이렇게 나는 백성의 의견을 듣겠다."라며 다시 설치했지만, 실제로는 신문고를 치려고 궁궐 안에 들어가려 하면 대부분은 문을 통과하려다 쫓겨나기 일쑤였을 겁니다. 그런 현실을 알았기 때문에 오히려 백성이 많이 모인 거리에서는 백성들도 겁을 덜 낼 테니까 확실하게 의견을 수렴할 수 있다고 생각했을 거고요.

그날   그 무렵의 백성들은 "이것만이 나의 살길이다."라는 마음으로 목숨을 걸고서라도 어떻게든 왕을 찾아가서 탄원하고 싶은 마음이 컸을 것 같아요.

김문식   조선 후기의 왕이 어느 정도로 능행했는지 연평균 횟수를 보면 영조 때 상당히 많아져서 1.5회 정도이고, 정조 때가 되면 2.75회 정도가 되거든요.

그날   연간 3회 정도네요.

김문식   1년에 세 번 정도 왕에게 민원을 올릴 기회가 있었던 거죠.

최태성   정조가 행차하는 모습을 담은 그림을 보면 정조에게 상언하는 선비의 모습을 볼 수 있어요. 한번 찾아보세요.

그날   아, 저기 뒤에 있네요. 어떤 선비가 뭔가를 들었어요. 저런 식으로 직접 갖다 줘도 된단 말이에요? 경호하는 사람들이 그냥 내버려 두네요.

김문식   네, 접수하는 관리가 있습니다.

상언하는 선비의 모습

그날　격쟁은 귀로 직접 들었다는 거잖아요?

김문식　격쟁은 글을 못 하는 사람을 위한 겁니다. 징을 치면서 자신이 뭔가 할 이야기가 있다고 알리는 거죠. 구술하면 관리가 받아 적고요. 그래서 궁에 돌아와서 격쟁 때 들은 내용을 받아 적은 문서, 그리고 직접 글을 올린 상언 문서를 보면서 왕이 처리하죠.

그날　격쟁한 사람을 왕이 불러서 직접 이야기를 듣는 건 아니고요?

신병주　왕이 직접 만나서 듣지는 않지만, 격쟁을 하면 소리가 들리고 왕의 행차도 멈추니까 정조도 민원이 들어오고 있다는 걸 알죠. 그렇게 접수한 내용을 정조가 나중에 궁궐로 돌아가서 처리하는 과정을 거치는 거고요.

최태성　지금 말씀하신 내용이 기록에 있어요. "몰려든 사람이 산과 들을 가득 메웠고, 정조는 이들을 직접 불러 민원 상황을 물었다."[1] 이게 1792년도 기록입니다.

신병주　그림을 보면 백성들이 가까이 다가가서 왕의 행차를 구경하잖아요. 제가 규장각에 있을 때 외국인이 이 장면을 보고 "저게 민주

행차를 가까이에서 구경하는 백성들

정치이다."라고 이야기하더라고요. 백성과 가까이에서 소통하려는 모습을 느낀 거죠. 이런 장면은 외국의 그림에서는 거의 찾아볼 수 없거든요. 그리고 중요한 것은 격쟁과 상언을 하는 주체입니다. 대략 분석해 보니까 양반층이 36퍼센트, 중인층이 9퍼센트, 천민층 10퍼센트, 평민층이 45퍼센트예요. 여기서 말하는 평민층은 농업과 상업, 수공업 등에 종사하는 사람들이거든요. 따라서 시전 문제에 관한 민원도 있었을 테고, 민원을 제기한 사람의 절반 가까이가 평민층이라는 것도 주목할 만하죠.

그날　천민층도 10퍼센트나 된다는 게 놀라운데요. 천민들이 왕에게 민원을 제기할 수 있는 대단한 세상이네요.

신병주　천민이나 평민은 격쟁했을 가능성이 크죠. 정조가 다양한 계층에서 민의를 수렴했음을 확인할 수 있고요.

† 포천 경계에 이르렀을 때 현감 오태첨이 부로들을 이끌고 공경히 맞이하니 상이 대가를 멈추고 위로하였다. 축석령으로 되돌아왔을 때 구경 나온 백성들이 산과 들을 가득 메웠다. 상이 백성의 고통에 대해 두루 묻자, 백성들이 "한 집에

서 받는 조곡(糶穀)이 10여 석에 이르기도 하는데 모두 군포로 바치고 남는 것이 없다."고 말하였다.

— 『정조실록』, 16년(1792) 9월 11일

상언과 격쟁, 비효율적이고 위험하지는 않았을까?

이윤석 한편으로 생각해 보면 백성들을 한 명 한 명 만나서 사연을 들어주는 왕의 인자한 마음은 느껴지지만, 다르게 보면 왕이 모든 민원을 하나하나 해결하는 게 국정에 쓸 시간을 비효율적으로 쓰는 건 아닐까 하는 생각이 조금 들거든요. 그리고 위험한 면도 있지 않을까 해요. 격쟁이나 상언을 하면서 왕에게 가까이 갈 수도 있잖아요. 중국 영화를 보면 왕에게 무언가를 올리는 척하고 다가가서 무기를 꺼내는 장면이 자주 나오거든요.

김문식 그래서 경호를 담당하는 포도대장이 "백성들이 너무 가까이 오니까 경호에 문제가 있습니다. 백성들이 구경하러 나오는 것을 금지하십시오."라고 요구해요. 그런데 정조는 다음과 같이 대답합니다. "저들은 나의 적자다." 여기서 적자는 갓난아이라는 뜻입니다. 그러니까 왕으로서 백성을 갓난아이처럼 여겨 보살펴야 한다는 거죠. 앞으로도 백성들의 접근을 막지 않고 계속 민원을 청취하겠다는 겁니다. 민심을 알아야 무엇이 문제인지를 알고 정책을 제대로 펼 수 있으니까요. 그래서 격쟁과 상언이 계속됩니다.

그날 포도대장뿐만 아니라 대신들도 말렸다고 합니다. "서민이 상언하는 것은 매우 외람되고 난잡한 행동입니다. 상언과 격쟁을 받지 마소서." 그러니까 정조가 이렇게 말했다고 해요. "들어라. 저 말할 것 없는 자들이 억울함을 가슴에 품고 달려와 하소연하기를 어린 자식이 부모에게 하소연하듯이 하니 그렇게 만든 자가 잘못이지, 저들에게는 아무 잘못이 없다." 애민 군주의 진정성이 수백 년의 시공간을 넘어서 가슴에 감동을 안깁니다. 정말 진정한 소통과 공감이 무엇인지를 여실히 보여 주지 않습니까?

이윤석 아버지의 마음으로 나랏일을 하는 것 같아요. 그리고 그게 약간 비효율적일 수도 있습니다만, 결국 백성의 마음을 직접적인 체험을 통해서 얻을 수 있었던 방법이기도 하다는 생각이 드네요.

그날 아까부터 자꾸 비효율을 얘기하시는데, 정조로서는 어쩌면 격쟁과 상언이 가장 효율적으로 민심을 수렴하는 방법이지 않았을까 싶어요. 그런 얘기도 있더라고요. "컴퓨터가 정치를 하면 가장 효율적이고 정확한 정책을 입안할 수 있을지 몰라도, 사람들은 자신의 마음을 알아주는 인간적인 감정을 원한다." 정조가 그러한 점을 아는 것 같아요.

김문식 왕이 궁 밖을 나갔다는 것도 중요합니다. 실제로 들판을 지나가면서 농사가 어떻게 진행되는지를 볼 수가 있잖아요. 보고만 받는 것과는 다르죠.

신병주 정조가 직접 행차하면서 귀로만 들었다면 느끼지 못했을 현장의 상황을 확인하죠. 어떤 점이 어려운지, 어떤 점에서 이게 맞는지를 정확하게 진단할 수 있으니까 더 효율적인 정책을 세울 수도 있고요.

그날 우리가 세종을 부를 때 대왕이라는 호칭을 붙여서 세종 대왕으로 부르는 걸 당연하게 여기잖아요. 그런데 정조도 점점 알면 알수록 정조 대왕으로 부르고 싶어져요. 정조 대왕으로 부르는 게 입에도 붙죠. 그런데 백성들이 호소하는, 편향적으로 드러난 폐단 외에도 시전 상인들이 기득권 세력과 결탁하는 또 다른 문제가 있었다고 합니다.

돈과 권력의 삼단 커넥션

1777년(정조 1), 영조 때 주요 군영의 대장을 역임한 인사들이
자신들이 부리던 노비의 부정한 상업 행위에 발이 잡혀
실각하고 숙청당한 사건이 있었다.

그 배후를 파헤쳐 보면, 실상은 더욱 심각했다.
덩치가 큰 시전 상인 대부분의 뒷배를 봐 주는 권력으로
군영뿐만 아니라 심지어 노론 세도가까지 있었던 것이다.

그러니 소상인들은 억울한 일을 당해도
힘으로 대항할 수 없었다.

문제는 그뿐만이 아니었다.
군영과 노론 세도가 휘하의 상인 중
난전으로 분류되던 가게들이 시전으로 탈바꿈했다.

더 큰 문제는 조정에서도
시전 상인이 늘어나는 것을 반긴다는 점이었다.
부족한 재정을 충당하는 방식으로 활용했던 것이다.

이처럼 노론 세도가와 군영과 조정의 삼단 커넥션은
새로운 사회로 나아가는 길을 막고 있었다.

그날   역시 물고 물리는 돈과 권력의 관계는 조선 시대에도 나타나네요. 난전을 시전으로 끌어올려 주는 권력의 힘을 보니까 떠오르는 전형적인 말이 있어요. "내가 하면 합법, 네가 하면 불법." 조금 바꾸어 보면 "내가 하면 시전, 네가 하면 난전."이 되겠네요.

최태성   지체 높은 조선의 양반들은 체면이 있으니까 장사할 수 없잖아요. 그런데 돈은 벌고 싶은 거예요. 그러다 보니까 군영의 군졸이나 세도가의 노비들을 난전 상인으로 활동하게 하는 거죠. 그런데 권력이 받쳐 준다고 해도 난전은 불법이잖아요. 그래서 권력의 힘으로 자신들이 비호하는 난전 상인들을 새로운 품목의 시전으로 인정해 주는 거죠. 불법을 합법으로 만드는 모습들이 나타나는 겁니다.

그날   기득권을 지닌 시전 상인의 뒤를 봐주면서 정치자금을 받는 검은 커넥션이 있을 것 같은 느낌도 드는데요? 우리가 흔히 정경 유착이라고 하는데, 이 지경이 되면 정경 유착이 아니라 정경 동체예요. 그런데 군영이나 노론 세도가라는 표현이 참 막연하고 두리뭉실한 표현 아닙니까? 이 정경 유착과 비리의 근원이 누군지에 관해서 구체적으로 명확히 밝혀진 것은 없습니까?

신병주   여러 연구에 따르면 구체적으로 어떤 군영에서 정치자금이 얼마나 나왔다는 식의 기록들은 거의 없어요. 그러나 전체적인 흐름을 보면 권세가가 군영을 장악한 모습이 보이니까 어느 정도 연결되었을 것으로 파악하는 거죠. 그리고 숙종 때 사례이긴 하지만, 우리가 잘 아는 인현왕후 민씨의 집안이 대표적인 노론 집안입니다. 그런데 이 민씨 세력이 외어물전을 시전으로 등록한 사례가 나옵니다. 결과적으로 금난전권을 지닌 시전을 통해서 축적된 부가 노론 세력의 정치자금으로 흘러들어 갔을 가능성을

이장오 초상 총융사와 금위대장, 훈련대장 등을 지낸 무신 이장오는 민가를 약탈한 혐의로 진도에 위리안치되었다가 1780년(정조 4)에 풀려났다.

보여 주는 사례입니다.

그날   가능성이군요? 요즘도 부정부패 사건은 몸통을 잡기가 쉽지 않잖아요.

김문식   과거사는 기록으로밖에 접근할 수 없는데, 개연성은 충분히 보이죠. 이권이 커지면 권력과 결탁해서 자연스럽게 더 큰 이권을 노리는 흐름이 있기 마련이고요. 주목할 것은, 군영은 막강한 군사력도 가지고 있지만, 돈을 만들 수 있는 권한, 즉 화폐 주조권도 가지고 있어요. 그러니까 매우 많은 이권을 가진 셈이죠. 그런데 정조 초년에 이 비리를 저지른 군영 세력을 처벌하거든요. 또한 정조는 상대적으로 권력층의 이야기보다는 소상인이나 일반 백성들의 어려움에 귀를 기울이면서 개혁 정책을 추진하기 위한 대표적인 인물로 채제공을 내세웁니다.

채제공 초상 보물 제1477-1호. 수원화성박물관 소장.

채제공, 개혁 정책의 선봉에 서다

신병주 채제공은 정조의 개혁 정책을 실천했던 인물인데, 남인 출신의 정승이라는 점이 특이하죠. 노론 세력과는 연결되지 않은 참신한 정치인의 이미지가 있으므로 정조도 특별히 채제공에게 개혁 정책의 추진을 맡길 생각을 하고 힘을 실어 줬을 거고요. 채제공도 정조의 기대에 부응해서 형식상으로는 채제공이 건의하지만, 실제로는 정조가 원하는 정책을 추진해 나갑니다.

최태성 채제공이 건의한 내용을 한번 볼까요? "만들어진 지 수십 년이 안 된 작은 시전은 혁파하십시오."† 난전이었다가 시전이 된, 즉 권력을 이용해서 불법으로 생긴 시전을 없애자는 주장입니다. 또한 육의전 외의 시전은 금난전권을 행사할 수 없게 하고, 형사권의 남용을 금지해서 소상인을 지나치게 고발하고 잡아들이는 현상을 막으려고 합니다.

그날 듣고 보니까 통쾌하기는 한데, 이러한 경제개혁이 노론과 그에 대항하는 세력, 이를테면 정조의 비호를 받는 남인의 정치적 힘 겨루기 같은 건 아니었을까요?

신병주 그런 측면이 어느 정도 있습니다. 채제공의 건의안에 가장 반발하는 인물이 호조판서 김문순인데, 이 사람은 노론의 주장을 대표하죠. "이미 수백 년간 해 오던 것을 국가가 없애면 안 된다." 라고 주장하기도 하고, "이미 뿌리가 단단하고 국가에 도움이 되는 점도 많은데 시전을 없애면 오히려 더 큰 문제를 낳는다."라는 주장도 하죠.‡ 요즘도 개혁에 반대할 때 "관행이다."라거나 "이미 잘 되고 있는데 왜 바꾸려고 하느냐." 하는 것과 같습니다.

김문식 채제공이 출근하기가 어려웠어요. 항의하는 시전 상인들이 집 앞까지 몰려와서 신변에 위협을 느낄 정도였고요. 그다음에 수원에 가서 관리로 생활할 때는 수원까지 따라와서 비난하는 사람들도 있었습니다. 엄청난 반발을 맞은 거죠. 그렇지만 채제공은 모든 반대는 왕인 정조가 아니라 자신이 감내하겠다며 공공연하게 선언하고 밀고 나가죠.

그날　정조를 위해서 방패막이가 돼 준 거예요. 개혁을 추진할 때는 방패막이 겸 행동 대장이 있어 줘야 공격을 받으면서도 밀어붙일 수 있거든요. 일종의 악역이 필요한 거죠. 채제공이 개혁의 지팡이 역할을 하면서 방패막이까지 자처한 결과, 드디어 정조가 시전을 혁파하라는 개혁의 명을 내립니다.

† 좌의정 채제공이 아뢰기를, "마땅히 평시서(平市署)로 하여금 20~30년 사이에 새로 벌인 영세한 가게 이름을 조사해 내어 모조리 혁파하게 하고, 형조와 한성부에 분부하여 육전 외에 난전이라 하여 잡아오는 자들에게는 벌을 베풀지 말도록 할 뿐만이 아니라 반좌법(反坐法)을 적용하게 하시면, 장사하는 사람들은 서로 매매하는 이익이 있을 것이고 백성들도 곤궁한 걱정이 없을 것입니다. 그 원망은 신이 스스로 감당하겠습니다." 하였다.
— 『정조실록』 15년(1791) 1월 25일

‡ 평시서 제조 김문순이 아뢰기를, "여러 가지 점포 가운데는 설치한 지 수백 년에 가까워 뿌리가 이미 단단해졌고 위로 국가의 수요에 응하는 것도 있는데, 지금 만약 난전을 엄하게 금하여 제각기 매매하게 한다면, 여러 점포가 잔폐해져서 혁파하는 것과 다를 것이 없을 것이니, 이것이 실로 금지하기 어려운 까닭입니다." 하였다.
— 『정조실록』 15년(1791) 2월 12일

신해통공을 선언한 그날

조정에서는 금난전권의 폐단이 공론화하고,
마침내 1791년(정조 15), 정조는 개혁 정책을 발표한다.

　　"과인은 금난전권을 폐지하고
　　백성 누구에게나 상거래를 허할 것이오."

기존에 시전이 가졌던 특권을 몰수하고
모든 상인이 자유롭게 거래할 수 있게 한 통공 정책.

신해년에 만들어져 이른바 신해통공으로 불린 이 정책을 통해
정조는 단호하게 소상인의 편에 서 주었던 것이다.

그날   드디어 정조가 신해통공으로 시전의 폐단을 몰아내겠다고 선언
했습니다.

신병주   시전 상인들의 횡포에 시달렸던 소상인들에게는 정말 단비 같은
조치였죠. 조치가 단행된 1791년이 신해년입니다. 통공이라는
용어는 양쪽이 모두 잘 통하게 한다는 뜻이고요. 즉, 생산자와
소비자 등 모든 사람이 혜택을 보는 조치라는 뜻이 담겨 있습니
다. 신해통공 조치를 발표하던 날, 한문 외에 한글로도 방을 써
서 큰 길거리와 저잣거리, 성문에다 게시했어요. 백성들이 알아
볼 수 있게 하고, 온 거리에 공표함으로써 조정의 의지가 그만큼
확고하다는 것을 보여 준 거죠.

그날   독점돼 있던 유통산업을 모두 개방한 거잖아요. 경제 혁명과도
같은 일이네요. 정말 대단한 혁신인데, 실제로 성과가 있었는지
궁금해요. 경제개혁이라는 게 이해관계가 워낙 복잡하고 얽히고
설킨 문제라서 한 번에 해결하기는 어렵지 않습니까?

최태성   어느 정도 긍정적인 효과는 있었던 것 같습니다. 기록에 보면 어
물들의 물가가 갑자기 전보다 저렴해졌다고 나오니까 개혁이 실
효가 있었던 거죠. 장작값이 옛날 수준으로 돌아갔다는 기록도
있고요. 그러니까 하역 운수업이나 얼음 판매 등 다방면의 독점
상황을 깰 수 있는 효과가 있었던 것 같아요.

김문식   사상(私商)들이 자유롭게 상업 활동을 할 수 있게 인정해 주고
독려했다는 데 제일 큰 의미가 있을 것 같아요. 실제로 이때를
기점으로 전국 각지에 지점을 설치해서 상업 유통 거점을 연결
합니다. 대외 무역도 결국에는 사상이 장악하고요.

그날   한편으로는 거상이라는 존재가 생겨나면 시전보다 더 문제될 수
있는 것 아닙니까?

최태성 정확한 지적입니다. 사상의 매점매석 행위로 신해통공 이전보다 물가가 더 오른 측면도 있어요. 문제라고 볼 수 있겠죠. 다만 중요한 건 역사를 거시적으로 길게 봤을 때 조선 사회가 나아가야 할 방향, 즉 자유로운 상공업 행위를 보장하는 방향을 정확히 제시했다는 데 역사적 의의가 있지 않을까 하는 거죠. 그리고 정조가 신해통공을 시행한 배경에는 정치란 민심을 존중해야 한다는 믿음이 있지 않았나 하는 생각도 듭니다.

온 백성을 비추는 달이 되고자 한 군주

신병주 지금 창덕궁 후원에 가면 존덕정이라는 정자가 있어요. 그 정자에서 제일 주목되는 게 '만천명월주인옹(萬川明月主人翁)'이라는 글이 적힌 현판입니다. "달은 하나뿐이고 물의 종류는 1만 개나 되지만, 물이 달빛을 받으면 달도 1만 개가 된다."라는 뜻이죠. 정조 스스로 자신을 달로 생각하는 겁니다. "내가 달빛을 온 백성에게 비추어서 교화를 베풀겠다."라는 정조의 애민 사상과 정신이 바로 신해통공과 같은 소상인 보호 정책과도 맥이 통하고요. 그러니 존덕정을 찾아가서 정조의 숨결을 느껴 보셔도 좋을 것 같습니다.

그날 막연하게 백성들의 왕이 되고 싶었던 게 아니라, 백성 한 사람한 사람의 가슴속에 빛나는 달 같은 왕이 되길 바랐던 것 같습니다. 느끼신 바가 많을 것 같아요. "정조는 ○○이다."라는 형식으로 소회를 들어 보겠습니다.

최태성 "정조는 거울이다." 어느 한쪽에 치우치지 않고 늘 균형을 유지하려는 정조의 모습을 표현해 봤습니다.

신병주 "정조는 군사부 그 자체다." '군사부일체(君師父一體)'라는 말이 있죠. 왕과 스승과 아버지가 한 몸이나 다름없다는 뜻인데, 왕이

창덕궁 존덕정

기도 했고, 정약용 같은 신하들의 스승이기도 했고, 만백성에게
는 어버이와 같은 존재였기 때문에 군사부 자체라는 말로 표현
하겠습니다.

이윤석 "정조는 백성 편이다." 제가 감히 정의를 내리기는 어려운데, 잦
은 능행이나 신해통공까지 결국은 백성을 위한 행동들이었다.
그래서 백성 편인 겁니다.

그날 서민의 눈물을 닦아 주기 위해서 기득권 세력이 반대하는 정책
을 현명하게 시행한 정조에게서 진정한 지도자의 모습을 목격한
것 같습니다.

6

정조
최후의 날,
죽음을 둘러싼
미스터리

정조의 죽음은 그 이후 전개된 세도정치의 그늘 때문에 더욱 아쉽게 느껴진다. 그 때문인지 당대에도 정조 독살설이 퍼져 나갔고, 최근에도 대중 역사서 등에서 정조 독살설을 언급한다. 그러나 『정조실록』과 『승정원일기』뿐만 아니라 정조가 노론의 영수 심환지에게 보낸 비밀 어찰에도 정조의 투병 기록이 상세히 나온다. 또한 정조의 사인이 오랜 지병임은 최근의 연구에서도 거듭 확인된다.

정조는 국왕의 초월적인 권위를 강조하고 왕의 교화가 백성에게 바로 미치는 정치를 지향하였다. 그러나 이러한 조처는 심환지와 이병모 등 정조의 측근 신료들에게서조차 반발을 샀고, 재위 후반으로 접어들면서 정조의 고립감은 더욱 커졌다.

정조는 누구보다 왕성하게 활동한 왕이었다. 100책에 달하는 개인 문집을 편찬했다는 점은 정조의 왕성한 활동을 압축적으로 보여 준다. 『정조실록』이나 『정조어찰첩』에도 정조가 일중독에 가까울 정도로 거의 매일 격무에 시달렸음이 나타난다. 시간을 쪼개 자신이 관리하는 인사들에게 편지를 보내기도 하였고, 더러는 왕가의 친척들에게 편지를 쓰기도 하였다. "나는 수응하느라 바쁘고 간간이 윤음(綸音)을 짓느라 며칠째 밤을 새우고 닭 울음을 듣고 있으니, 고생스럽다."라는 대목에서 밤까지 지새우며 정무를 처리한 정조의 모습을 확인할 수가 있다.

그러나 한편으로 정조는 원하는 방향으로 상황이 진행되지 않거나, 정국을 어지럽히는 상소나 사안을 접하면, 쉽게 화내고 거친 언사를 서슴없이 하는 모습도 보였다. 정조의 급한 성격은 건강에도 해가 되었던 것으로 보인다. 정조는 사망하기 7년 전부터 머리에 난 부스럼 때문에 속이 답답하고, 때로는 밤잠을 설치며 두통을 앓는 등 갖은 고생을 하였다. 정조는 치료를 위해 부스럼에 약을 붙이거나 침을 놓기를 요구해 병증을 다스리기도 하였다. "머리에 난 부스럼과 얼굴에 생긴 종기가 어제부터 더욱 심해졌다. 씻거나 약을 붙이는 것도 해롭기만 하고 약물도 효험이 없어서 기가 더 막히고 쌓여서 화가 더 위로 치밀어 오른다."라는 『정조실록』의 기록이 이러한 모습을 잘 보여 준다. 『정조실록』에는 정조가 6월 초에 등창이 나서 20여 일 만에 사망한 것으로 되어 있는데, 기록에 따르면 정조의 병증은 복합적이었고, 정조는 사망하기 수년 전부터 병마에 시달렸다. 일에 집착하는 정조의 성격으로 말미암은 격무와 과로는 만성적으로 따라다니는 잦은 병치레 등을 낳아 정조의 수명을 단축한 것으로 판단된다. 당시에도 정조의 죽음에는 의혹이 제기되었다. 정조 독살설은 남인 세력을 중심으로 퍼져 나갔다. 그러나 정조가 오랫동안 지병이 있었고, 역의(逆醫)로 몰렸던 심인의 연훈방 역시 정조가 직접 요구한 처방이었다는 점, 더욱이 정조 자신이 조제와 처방을 직접 지시할 정도로 의학 지식이 풍부하였다는 점을 고려하면 독살설은 그야말로 설로만 존재한다고 봐야 타당할 것이다.

잠시도 쉬지 않는 부지런함에 수많은 저술을 편찬할 만큼 학문 연구를 좋아했으며, 여기에 더하여 기존의 보수 세력 대신 남인이나 서얼까지 파격적으로 등용하는 개혁 지향성을 보이는 등 모든 면에서 정조는 조선 전기의 세종처럼 왕이 지녀야 할 덕목을 대부분 갖춘 모범적인 왕이었다. 그리고 실제로 정치·경제·문화를 중흥하는 사업들을 24년이라는 재위 기간에 적극적으로 펼쳤다. 그러나 말년에 병마가 찾아오면서 정조는 허망하게 무너졌다. 개혁 군주 정조의 죽음으로 정조가 추구했던 개혁 정치는 역사의 뒤안길로 사라지고 말았다.

정조 최후의 날, 죽음을 둘러싼 미스터리

1800년(정조 24) 6월 28일, 왕이 돌연 사망했다.
군사를 직접 진두지휘할 만큼 무예가 출중했던 정조.

정조는 재위 기간 내내 이어진
수많은 암살 위협 속에서도 자신을 지켜 왔다.

그런 정조가 누군가에 의해 독살됐을지도 모른다는데,
정조 최후의 날, 그의 죽음을 둘러싼 진실은 무엇일까?

건릉 정조의 무덤인 건릉은 사도세자가 묻힌 융릉 가까이에 있다. 사적 제206호.

정조는 정말로 독살당했을까?

최원정 　조선 시대의 의문사 중 첫손가락에 꼽힌다고 할 수 있는 게 정조의 죽음입니다. 아직도 많은 사람이 정조가 좀 더 오래 살았더라면 역사가 바뀌었을 거라고 얘기할 정도로 정조의 죽음에 관해서 관심이 많아요.

이해영 　여전히 많은 사람이 의문을 품는데, 저는 개인적으로 독살설을 믿는 편이거든요. 정조의 즉위 초기에 암살을 기도했던 여러 가지 사건이 있었잖아요. 왕의 침소에 자객들이 침입할 정도였는데, 독살도 충분히 일어날 수 있지 않을까 하고 생각해 봅니다.

류근 　과학수사대가 된 기분으로 정조 사인의 미스터리에 관해 이야기해야 하지 않나 하는 생각이 듭니다. 저도 정조 독살설을 믿는 쪽에 한 표를 던집니다.

그날   독살설이 나오게 된 배경으로는 어떤 게 있을까요?

김문식   우선은 갑자기 사망했다는 거겠죠? 평소에도 병세는 조금씩 있었지만, 심하게 앓은 건 한 2주일 정도입니다. 그러다 갑자기 사망했고요. 그리고 정조가 사망한 이후의 정치가 정조 대에 이루고자 한 정치와는 너무 판이하니까 반대 세력이 정조를 제거했을 가능성이 있다고 보는 것 같고요. 또한 정약용도 심환지라는 사람이 의원을 사주해서 정조를 독살했다는 소문이 영남 지역에 돌았다는 글을 써 놨어요.

그날   독살이라고 하면 정확히 어떻게 독살했다는 거예요?

신병주   보통 독살설에서는 노론의 가장 핵심이었던, 좌의정 심환지라는 인물이 정조를 독살했다는 견해를 제시합니다. 심환지는 정조가 사망하기 직전에 정조와 계속 만났고, 또 공교롭게도 정조를 마지막에 치료했던 심인이라는 인물이 심환지가 추천했던 의원입니다. 신분이 좀 미천했는데, 심환지와는 먼 친척이 되기도 하고 심환지의 지원을 받아서 정조를 치료하는 일에 참여하죠. 마지막에 정조에게 썼던 연훈방이라는 치료 방법에 관해서도 상당히 문제가 있었다는 식으로 이야기가 나오고요.†

그날   의혹을 살 만한 소지가 충분히 있네요. 정황만 보면 심환지가 완전히 범인인데요. 아직은 너무 단정하면 안 될 것 같지만 말이죠. 근데 연훈방에 관해서 좀 아세요? 좀 생소하지 않으세요? 요즘 쓰는 의학 용어는 아니잖아요. 도대체 어떤 치료법일까요?

> † 심인이 조제한 연훈방(烟熏方)과 성전고(聖傳膏)를 들여보낼 것을 명하였다. 그 처방은 경면 주사(鏡面朱砂)를 사용하였고 성전고는 파두(巴豆) 등 약을 사용하였으므로 신하들이 섣불리 시험하면 안 된다고 말하였으나, 이때 와서는 모든 약이 효과가 없어 상이 연훈법을 한번 시험해 보고 싶어 하므로 마침내 가져다가 써 보기에 이른 것이다.
> —『정조실록』24년(1800) 6월 24일

연훈방 치료를 받다

1800년(정조 24) 6월 24일,
정조는 악화한 종기 때문에 치료를 받는다.

정조가 받은 치료는 연훈방.
가루를 낸 경면 주사와 다른 약재를 섞은 다음
한지에 말아 불에 태워 낸 연기를 환부에 쐬는 치료를 받았다.

사흘째 연훈방 치료를 받던 정조는
의식을 잃고 쓰러진 후 다시는 깨어나지 못했다.
정조를 사망에 이르게 한 건 연기 때문이었을까?

주사

죽음의 원인은 연훈방인가?

그날 연기 때문에 질식사한 건가요? 어떻게 된 건가요?

김문식 연훈방은 경면 주사라는 약을 가루로 만든 다음 한지에 말아서 태우는 치료법입니다. 태우면 황과 수은으로 분리되어서 수은 가스가 나오죠. 정조가 이 수은 가스를 계속 쐬는 바람에 중독되어서 사망했을 가능성이 있다는 소문이 당시에도 났었고요.

그날 수은이 인체에 진짜 위험하잖아요. 게다가 환부에 쐰다지만 저렇게 직접 쓰면 연기 형태여서 호흡기로 다 들어갈 텐데 말이죠. 예전에 연탄가스에 질식하는 것처럼 쉽게 죽을 수 있는 것 아닌가요? 정조가 몇 년간 종기를 앓았던 거예요?

신병주 『정조실록』을 보면 1793년 무렵부터니까, 한 7년 정도 됩니다.

그날 아주 괴로웠겠네요.

신병주 종기와 부스럼 때문에 계속 정말 힘들다고 하죠.

김문식 그래서 정조가 종기를 치료하려고 대개는 온양 행궁을 가죠. 온천으로 가서 치료하는 사례가 많습니다. 세종과 사도세자도 그렇고요. 정조도 종기 때문에 크게 앓으면서 당시로써 할 수 있는 여러 가지 처방을 받습니다.

그날 그 당시에는 종기조차 치명적인 병이었네요.

신병주 효종도 사인이 종기거든요. 침을 잘못 놓으면서 종기에서 피가 터져 나오는데 과다하게 흘러서 결국 사망하죠.† 종기라는 게 지금은 아주 간단한 병인데 말이죠.

그날 아무것도 아니죠. 그냥 피부병이잖아요.

신병주 그래도 종기를 정말 세게 앓아 보면 죽다 살아났다고 얘기하기도 합니다.

그날 연훈방 치료법에 관해서 알아봤지만, 실제로 이 치료법이 정조를 죽음으로 몰고 갔는지는 모르겠네요. 의학적으로 분석해 볼 필요가 있습니다. 그래서 이상곤 한의학 박사님 모셨습니다. 박사님, 연훈방이라는 치료법으로 독살할 수 있는 건가요?

이상곤 연훈방의 재료가 되는 것이 바로 주사라는 약물입니다. 이 주사에서 적당히 독을 없애서 법제²하면 주사 가루가 되고요. 주사 가루를 태워서 나오는 연기를 쐬게 하면 종기가 녹아나면서 치료된다는 게 연훈방 치료법입니다. 그런데 이 연훈방이 실질적으로는 두세 번 정도밖에 사용되지 않았고, 정조가 나중에 호소하는 증상 중에서 수은 중독에 해당하는 호흡곤란 같은 증상이 거의 없었기 때문에 독살설의 근거가 되기에는 상당히 미흡한 점이 많습니다.

그날 아니, 그러면 정조가 사망한 원인은 뭔가요?

† 상이 침을 맞는 것의 여부를 하문하니 신가귀가 대답하기를, "종기의 독이 얼굴로 흘러내리면서 또한 농증을 이루려 하고 있으니 반드시 침을 놓아 나쁜 피를 뽑아낸 연후에야 효과를 거둘 수 있습니다." 하고, 유후성은 경솔하게 침을 놓아서는 안 된다고 하였다. 상이 침을 맞고 나서 침구멍으로 피가 계속 그치지 않고 솟아 나왔는데, 이는 침이 혈락(血絡)을 범했기 때문이었다. 빨리 피를 멈추게 하는 약을 바르게 하였는데도 피가 그치지 않으니, 제조와 의관들이 어찌할 바를 몰랐다. 상의 증후가 점점 위급한 상황으로 치달으니, 백관들은 놀라서 황급하게 모두 합문(閤門) 밖에 모였는데, 상은 이미 승하하였고 왕세자가 영외(楹外)에서 가슴을 치며 통곡하였다.
—『효종실록』10년(1659) 5월 4일

이상곤 정조가 치료를 받은 기록을 보면 경옥고,[3] 독삼탕,[4] 가감내탁산, 가미팔물탕[5] 등의 처방이 있는데, 팔물탕과 경옥고에 공통으로 들어가는 게 바로 인삼입니다. 정조는 인삼이 들어가는 약물들을 대단히 싫어했습니다. 어려서부터 열이 많았기 때문에 인삼이 든 약물들은 대개 들지 않으려고 애를 많이 썼다고 하고요. 사망하기 전에도 경옥고를 먹고 난 뒤 바로 혼침합니다. 혼침은 혼수상태에 가까울 정도로 깊이 잠든다는 뜻이죠. 그리고 경옥고를 먹은 다음에는 가미팔물탕이라는 처방을 주로 쓰는데, 이 가미팔물탕을 쓰고 난 뒤에는 다시는 깨어나지 못했습니다.

그날 정조가 덩치가 좀 있는 편이라고 들었는데, 덩치가 좋은 사람들은 보통 몸에 열이 매우 많아서 인삼 같은 걸 잘못 먹으면 크게 고생하거든요. 근데 그렇게 아픈 사람이 인삼을 처방받아서 먹었다면 인삼을 이용한 독살로도 볼 수 있는 것 아닌가요?

이상곤 물론 그렇게 생각할 수도 있는데, 인삼을 쓴 목적이 대단히 뚜렷합니다. 종기를 없애려면 소법(消法)과 탁법(托法)이라는 두 가지 방법이 있는데, 소법은 종기를 소멸시키는 방법이고, 탁법은 종기의 뿌리를 밀어내는 방법입니다. 그런데 인삼을 쓰면 종기를 잘 밀어낼 수 있으므로 인삼을 썼을 거고요. 따라서 치료에 인삼을 쓴 게 독살설의 근거가 되기에는 미약합니다.

그날 근데 얘기를 쭉 들어 보니까 딱히 독살이라고 할 만한 근거가 없네요. 의심할 만한 게 없어요. 의심은 계속 가는데, 뭔가가 딱 잡히진 않네요. 근거 부족이긴 한데, 어떻게 된 거죠? 독살이 아닌 걸까요?

날짜	처방
6월 14일	가감소요산
6월 15일	행인고, 백호탕
6월 16일	사순청량음, 금련차, 우황고
6월 17일	가감소요산, 금련차
6월 20일	유분탁리산, 삼인전라고, 메밀밥
6월 21일	유분탁리산, 우방자, 감초, 메밀밥
6월 22일	죽잎차, 청심환, 패모고, 향유조중탕, 향귤음
6월 23일	우렁이 고약, 찹쌀밥, 육화탕
6월 24일	연훈방, 성전고
6월 25일	연훈방, 용뇌안신환, 우황청심원, 부어고
6월 26일	연훈방, 성전고, 경옥고
6월 27일	가미팔물탕, 독삼탕, 좁쌀미음
6월 28일	가감내탁산, 인삼차, 독삼탕, 성향정기산, 청심원, 소합원

정조의 치료 기록 속 처방

힐링이 필요한 왕 정조

신병주 『실록』이나 『승정원일기』, 그리고 최근에는 정조의 편지에서도 정조의 투병 기록을 발견할 수 있습니다. 기록을 보면 사망하기 7~8년 전부터 종기나 부스럼으로 고생했을 뿐만 아니라, 정조 스스로 "나는 화병이 정말 많다."[*]라고 말할 정도예요. 가슴에 울화가 치밀어서 스트레스를 크게 받거든요. 게다가 정조는 학문 연구나 편찬 사업 등 많은 일을 합니다. 요즘으로 치면 과로죠. 그리고 잠도 거의 안 자거든요. 체력이 떨어진 상태에서 여러 가지 안 좋은 요소가 중첩되고 복합되면서 사망했을 가능성이 크지 않을까 생각합니다.

그날 "경험이 사람을 만든다."라는 말이 있어요. 여러 가지 의미로 쓰일 텐데, 정조는 매우 어린 나이에 아버지의 비참한 죽음을 목격하는 몹시 나쁜 경험을 한단 말이죠. 근데 그 상처가 치유의 과정 없이 가슴에 남아서 오래도록 정조를 괴롭히지 않았을까 하는 생각이 들어요. 힐링이라는 말도 있잖아요. 정조야말로 힐링이 필요한 사람이 아니었나 하는 생각도 들고요. 그리고 왕위에 오르자마자 너무 포용하는 정책들을 펼친 게 문제일지도 몰라요. 피바람을 몰고 오는 복수를 했으면 울화가 해소됐을 거예요. 화병이 안 생겼을 수도 있죠. 그런데 자기 아버지를 죽게 한 사람들과 20년간 함께 나라 살림을 걱정했어요. 철천지원수랑 같은 공간에서 매일매일 20년을 만난다고 생각해 보세요. 종기가 안 생기고는 못 배기죠. 게다가 역사를 보면 독살 사례들이 있으니까 의심하는 거고요.

신병주 사람 마음이 그냥 살다가 사망했다고, 자연사했다고 하면 재미가 없는데, 음모에 의해서 독살되었다고 하면 흥미롭거든요. 그래서 어떤 책을 보면 조선의 왕 스물일곱 명 중에 열 명이 독살된 것처럼 서술하는데, 그건 좀 심하게 표현하면 나라도 아니죠. 그렇게 자주 독살이 일어나면 독살을 막는 체계가 작동합니다. 조선이라는 나라가 그렇게 만만한 나라가 아니거든요. 최근에 많은 독살 이야기가 영화나 드라마로도 만들어졌지만, 제가 봤을 때는 그나마 독살로 가장 의심되는 인물은 인조의 아들인 소현세자 정도입니다. 소현세자 독살설을 제외하면 다른 독살설은 그야말로 정쟁이나 여러 가지 상황에 맞게 구성한, 사람들이 좋아할 만한 시나리오일 뿐이라고 생각합니다.

그날   사실 저도 독살설을 의심하는 사람으로서 교수님의 의견에 동의합니다. 다만 치료 일지를 보면 정조가 순식간에, 너무 갑자기 사망했어요.

김문식   저도 정조가 힐링이 필요한 인물이라는 건 동의합니다. 며칠째 잠을 못 잤다는 표현도 나오니까요. 심리적으로 건강하지 못한 상태에서 일이 과중하니까 과로사했다는 쪽에 비중을 상당히 두고 싶거든요. 병을 치료하다가 어떤 결정적인 순간에 한 번 탁 터진 것이 바로 사망으로 이르게 한 것이 아닌가 하고 봅니다.

그날   네, 바로 그거예요. 독살은 아니더라도 정조의 죽음이 뭔가 석연치 않은 게 있어요. 그래서 그 의문을 풀어 보고자 정조의 임종 직전 상황으로 한번 가 보겠습니다.

> † 좌의정 심환지 등이 안부를 묻자, 상이 이르기를, "대체로 이 증세는 가슴의 해묵은 화병 때문에 생긴 것인데 요즘에는 더 심한데도 그것을 풀어 버리지 못해서 그런 것이다. 크거나 작은 일을 막론하고 하나같이 침묵을 지키며 신하들을 접견하는 것까지도 다 차츰 피곤해지는데 조정에서는 두려울 외(畏) 자가 있는 줄을 알지 못하니, 나의 가슴속 화기가 어찌 더하지 않을 수 있겠는가. 우선 경들 자신부터 임금의 뜻에 부응하는 방도를 생각하도록 하라." 하였다.
> —『정조실록』 24년(1800) 6월 16일

정조가 남긴 마지막 한마디

정조의 병세는 날로 악화했다.
의원들의 노력에도 의식을 차리지 못하는 정조.

마침내 찾아온 운명의 순간,
"수정전"이라는 한마디 말을 남긴 채
정조는 세상과 작별했다.

그날 죽기 전에 남긴 한마디라는 건 대단한 거예요. 극적이고 의미심장한데요. "수정전"이라는 말에 뭔가 메시지가 있는 게 아닐까요? 보통 유언은 꼭 남겨야 하는 한마디를 하는 거잖아요. 그 정도로 이 "수정전"이라는 한마디가 갖는 의미가 크단 얘긴데, 수정전이 뭔가요?

김문식 수정전은 왕실의 어른들이 머무는 침전이죠. 당시에는 왕실의 최고 어른인 정순왕후가 머물렀고요.

그날 냄새가 나지 않아요? 정순왕후에게 뭔가 혐의가 있다고 가리킨 것 같아요. "범인은 정순왕후다."라고 얘기한 것 아닐까요?

김문식 의식을 잃기 전에 남긴 마지막 한마디가 "수정전"이었고, 수정전이 정순왕후의 처소니까 정순왕후가 정조의 죽음과 뭔가 관계가 있는 게 아닌가 하는 이야기들이시군요.

그날 딱 걸렸네요. 마지막 순간에 말이죠. 교수님, 범인이 나왔는데요.

신병주 결정적으로 정조와 정순왕후의 관계는 별로 좋지가 않았어요. 정순왕후의 친정 집안인 김관주와 김구주[6] 등의 세력들이 사도세자의 죽음과 일정한 관계가 있었고, 정조의 즉위에도 상당히 반대했습니다. 또한 정순왕후의 집안은 정치 세력으로 따지면 노론 벽파의 핵심으로, 정조로 대표되는 시파 세력과 대립 구도를 이루었죠. 게다가 공교롭게도 정조의 마지막 순간에 정순왕후가 있었습니다. 그러니까 정순왕후가 정조의 사망에 뭔가 관여했고, 그걸 알리고자 정조가 "수정전"이라는 말을 남겼다면 그럴듯하지 않습니까?

그날 딱 들어맞네요. 근데 정순왕후가 정조에게는 할머니가 되는 거잖아요. 정조랑 나이 차이가 별로 안 났다면서요?

신병주 별로 안 났죠.

그날 할머니인데도 일곱 살 정도밖에 차이가 안 났다고 들었습니다.

신병주 정순왕후가 1745년생이고, 정조는 1752년생입니다.

김문식 며느리인 혜경궁 홍씨보다 더 젊죠.

신병주 혜경궁 홍씨는 1735년생이죠.

그날 그러니까 정조가 통치하던 내내 얼마나 껄끄러웠겠어요. 사이가 안 좋지 않았을까요? 게다가 정조 사후에 정순왕후가 정권을 다 가져가잖아요.

신병주 정순왕후가 수렴청정하면서 정조 때의 여러 가지 업적을 많이 폐지하거나 훼손했기 때문에 정조 독살설에서 배후자로 나오지만, 사료적인 근거는 없습니다.

김문식 유의해야 할 부분이 있습니다. 제가 정조의 마지막 날이 어떻게 되었는지 보려고 『실록』을 다시 한 번 읽어 봤는데, 지금 이야기했듯이 정조와 정순왕후는 상극 관계인 부분이 있어요. 특히 사도세자를 복권하는 일에 관해서는 정반대의 위치에 있습니다.

그날 정순왕후는 끝까지 반대했군요.

김문식 정조가 즉위해서도 사도세자를 복권하지 못했던 이유 중 하나가 할머니인 정순왕후의 대단히 강경한 태도였던 것 같아요. 견해 차이가 컸죠. 근데 주목할 것은 정조가 사망한 직후에 정조의 유언이 반포되고, 국왕의 도장인 어보(대보)가 바로 왕세자에게 전해집니다. 대단히 중요한 사실이죠. 만약에 반정이 일어나면 어보를 대비에게 가져갑니다. 그리고 대비가 그 도장을 가지고 있다가 새로운 왕이 정해지면 넘겨주거든요. 근데 정조가 사망했을 때는 이미 왕세자가 책봉되어서 후계자가 지정되어 있었고, 어보가 왕세자에게 전해지는 과정에서 정순왕후는 방해한 게 전혀 없습니다. 왕위가 왕세자에게 순조롭게 넘어간 겁니다.

류근 그래서 왕세자의 묘호가 순조로군요.

그날 순조롭게 왕위를 받았다고 해서요? 아유, 세상에, 언어유희까지 보여 주시네요. 그런데 워낙 당파가 많아서 얘기를 듣다 보면 헷갈릴 때가 있어요. 조선 시대를 얘기할 때 당파 얘기를 빼놓을 수가 없는데, 정리할 수 있으세요? 교수님께 도움을 청하고 싶은 데요. 이게 정말 헷갈리거든요.

조선 시대 당파의 계보

신병주 당쟁이 시작되면서 1575년 선조 때 제일 먼저 동인과 서인이 갈라집니다. 동인의 영수 김효원[7]이 서울의 동쪽에 살아서 동인이고, 서인의 영수 심의겸[8]이 서쪽에 살아서 서인인 거죠. 현대 정치사를 보면 상도동계와 동교동계도 동네 이름으로 계파 이름을 붙였잖아요. 이게 뿌리가 있는 겁니다. 그러다 선조 재위 후반기에 동인이 남인과 북인으로 갈라져요. 이때도 보면 북인의 영수인 이발[9]은 북악에 살았고, 남인의 영수인 우성전[10]은 남산에 살았죠. 한편 서인은 그대로 쭉 이어지다가 숙종 때, 대략 1683년 무렵으로 보는데, 서인 내에서 나이가 많은 쪽이 노론이 되고, 좀 젊은 쪽이 소론이 되어서 갈라집니다. 지금도 여당이나 야당을 보면 내부에 소장파나 중진 같은 구분이 있잖아요. 그렇게 해서 우리가 흔히 사색당파(四色黨派)라고 할 때는 남인, 북인, 노론, 소론을 가리키는 거예요. 권력 구도를 크게 보면 서인 세력이 1623년에 인조반정으로 권력을 잡고, 그 이후로도 계속 권력을 장악합니다. 잠시 남인이 권력을 잡았을 때도 있지만, 대부분은 서인이 권력을 장악했죠. 그리고 특히 서인 중에서도 노론이 계속 정치권력의 중심에 섰던 세력이고요. 시파와 벽파는 영조 때 사도세자의 죽음을 계기로 나타납니다. 사도세자의 죽음이 잘못되었다고 보고 복권해야 한다며 동정하는 마음을 품은 세력

우성전의 묘 경기도 문화재자료 제121호.

이 시파이고, 영조의 처분이 옳았다고 보는 강경한 세력이 벽파입니다. 시류에 영합했다고 해서 시파로 부르고, 꽉 막혔다고 해서 벽파로 부른 거죠. 시파와 벽파는 노론과 소론을 가리지 않았지만, 전반적으로 보면 노론 세력이 벽파의 중심이 되는 경향이 있었고, 시파에는 1694년 숙종 후반 무렵부터 권력에서 소외되어 야당 세력이 됐던 남인이 합류하기도 합니다. 정약용과 안정복[11] 같은 실학자들이 바로 남인이죠. 남인이어서 정계에서 소외되니까 현실을 강하게 비판하고 잘못된 현실을 극복해야 한다는 생각도 하는 거고요.

심환지, 범인으로 지목당하다

그날 그럼 독살설을 제기하는 건 바로 남인이겠네요. 위기감을 느꼈을 테니까요.

류근 그렇다면 이해영 감독님과 저는 남인인 거네요?

김문식   남인 쪽에서 정조 독살설이 나오거든요. 이해할 수 있어요. 남인
은 18세기에 들어 권력을 잡은 적이 별로 없었는데, 정조 대에
와서 사도세자의 복권을 강하게 표방하고 건의하면서 정조 쪽으
로 접근했거든요. 정조의 총애를 받는 채제공이 남인의 영수였
고요. 그런데 정조 치하에서 상대적으로 남인이 성장할 수 있는
기반이 만들어졌는데 정조가 사망한 거죠. 그러니 남인으로서는
반대 세력, 즉 사도세자의 복권을 바라지 않는 세력이 틀림없이
정조를 제거했다고 보았고요. 그래서 독살설이 주로 영남 지역
에서 대단히 널리 퍼졌고, 정약용도 영남 지역에 퍼진 소문을 기
록에 남긴 것이죠.

그날   그러니까 남인의 처지에서 봤을 때는 그냥 왕 한 사람의 죽음이
아니라 자기들의 정치적 후견인이 죽은 셈이 되네요.

김문식   그렇죠. 그리고 실제로 그런 현상이 나타납니다. 정조가 사망한
후 정약용은 죽을 고비를 겨우 넘겨서 유배를 갑니다. 정약용의
형 중에 서학에 연루된 정약종[12]은 참수되고요. 또 다른 형인 정
약전[13]도 유배됩니다. 그다음으로 아마 제가 생각하기에 채제공
의 뒤를 이어 남인으로서 정승이 될 수 있었던 유력한 인물인 이
가환[14]이 1801년에 사망합니다.

그날   남인은 독살설을 믿었을 텐데, 그 범인이 누구라고 생각했던 걸
까요?

김문식   심환지를 범인으로 생각했습니다.

그날   초반에 독살설 속 범인으로 거론되었던 그 심환지 말이죠?

김문식   먼 친척뻘인 심인이라는 의원을 들여보내서 정조 측근에 있게
하고 연훈방을 통해 계속 독약을 처방해서 돌아가시게 했다는
게 남인 쪽에서 나온 소문이죠.

정조, 비밀 편지를 보내다

정조와 가장 날 선 대립각을 세웠던 노론 대신 심환지.
일부에서는 그를 정조 독살의 배후로 지목해 왔다.

그런데 지난 2009년 2월, 뜻밖의 비밀 편지가 발견됐다.
편지는 무려 299통.
편지를 보낸 이는 다름 아닌 정조였다.

왕이 한 신하와 주고받은 편지로는 역사상 최대 규모.
그런데 놀랍게도 편지의 수신인은 심환지였다.

정조는 여러 국정 현안을 비밀리에 편지로 지시했고,
실제로 심환지가 정조의 비밀 지시를 충실히 따른 것을
역사적 기록을 통해 확인할 수 있었다.

이 편지들은 그동안 대립적이었다고만 알려진
정조와 심환지의 관계를 새롭게 조명해 보는 계기가 된 것이다.

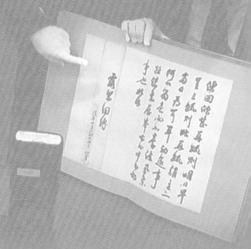

그날   비밀 편지를 공개하는 자리에 김문식 교수님께서 계셨다지요?

김문식   저 자료가 나오기 전까지는 심환지가 정조의 최대 정적이라고 이야기했었어요. 그런데 정조의 비밀 편지가 심환지 집안에서 300통 가까이 발견된 거예요. 저 자료를 처음 봤을 때는 온몸이 전율에 휩싸였습니다. 내용을 검토해 보니까 심환지가 정말로 정조의 최대 정적이었다면 이렇게 비밀스럽게 속내를 주고받을 수가 없다는 것을 알 수 있었고요.

그날   정조 독살설이 유행하면서 항상 독살의 배후에는 심환지가 있을 거라는 추측들이 있었잖아요. 그런데 이제는 그 얘기가 완전히 깨져 버린 거죠.

신병주   정조의 독살설의 주인공, 즉 범인으로 항상 지목되는 인물이 바로 벽파의 중심이라 할 수 있는 심환지였는데, 편지가 발견되는 순간 "어, 이게 뭐야?" 하는 소리가 나올 만큼 정말 어마어마한 반전이 나온 거죠. 정조와 심환지가 정치적 동지 관계였다는 말이니까요.

그날   채제공뿐만 아니라 심환지까지······. 이건 생각 못 했는데요. 정조와 심환지가 편지로 어떤 내용을 주고받나요?

신병주   편지를 보면 그다음에 일어날 일을 서로 논의해서 앞으로 어떻게 할지 정하기도 합니다. 이제까지는 정적 관계로 알았는데 사실은 정치적 파트너였던 거죠. 정조는 특정 사안들에 관해 신하들이 왕에게 올리는 상주문 내용을 직접 써서 보냅니다. 그러면 심환지는 정조의 지시대로 심환지 자신의 정치적 의견을 피력하는 것처럼 상주문을 올렸고요. 대표적 사례를 보면 1798년 8월에 정조가 심환지를 우의정에 제수해 놓고는 사직 상소를 미리 구상해 두라는 지침을 내려요. 사직서를 올릴 때 어떤 내용에 유

심환지 초상 보물 제1480호. 경기도박물관 소장.

의하라는 것까지 다 지시해 두죠.

그날   시나리오를 써서 준 거네요.

김문식   사도세자의 동생 중에 화완옹주라는 인물이 있어요. 정조가 왕
이 되는 것을 반대했던, 강력한 정적입니다. 그런데 정조 말년에
사면해 주려고 하죠. 그러니까 심환지 같은 사람이 반대해야 하
는 모양새가 됩니다. 그래서 그 전에 편지가 나갑니다. "내가 화
완옹주를 사면하려는데, 그러면 네가 뜰에 내려가서 모자를 벗
고 땅에 엎드려서 '아니 되옵니다.'를 크게 외쳐라. 그러면 내가
너를 삭탈관직할 거다. 곧 다른 방도가 있으니까 그리 알고 있어
라." 그리고 실제로 화완옹주를 사면합니다. 그러니까 심환지는
예정된 순서대로 "아니 되옵니다."라고 하죠.[†]

그날   영화로 치면 지문까지 자세하게 적어 놓은 거예요. 그래서 모자
는 벗었고요?

김문식   네, 심환지가 모자를 벗고 땅에 머리를 치면서 "아니 되옵니다."
를 외칩니다.

그날   심환지는 배우를 맡았고 정조는 연출 겸 배우 역할이네요.

김문식   이렇게 하면 두 가지 효과가 있습니다. 먼저 심환지는 자기 명
분을 살릴 수가 있어요. 화완옹주의 복권을 반대하는 자기주장
을 내세울 수가 있고, 정조는 그렇게 반대하는 대신을 내침으로
써 자신의 의지가 그만큼 강하다는 것을 보여 주는 효과가 있는
거죠. 그리고 시간이 지난 뒤 심환지는 관직에 복귀합니다. 양쪽
다 문제를 해결한 거예요. 정조는 반대 여론을 잠재우고, 심환지
는 체면을 세우고, 서로가 좋은 거죠.

신병주   정조는 정약용이 궁지에 몰렸을 때도 "잠시 외직에 나가 있어
라."라고 말해요. 잠잠해졌을 때 다시 불러들이고요. 이런 사례
를 보면 분명히 상당한 정치력을 발휘했던 것 같아요.

그날 　정조와 심환지로서는 대외적으로 자신들의 주장을 끝까지 관철해서 좋고, 또 실제로 미워서 그러는 게 아닌 걸 아니까 서로 마음을 끊지 않아서 좋은 거예요. 정조가 충분히 지도력과 추진력을 발휘했다는 걸 또 한 번 입증한 사례네요.

신병주 　대단한 임금이에요. 정조라는 임금은 권력을 이용한 조율을 통해서 신하들로부터 자신이 원하는 정책을 추진할 줄 아는 대단히 현명한 왕이었습니다.

김문식 　정조의 편지가 발견되지 않았으면 연구자로서는 심환지의 행동이 당연히 심환지 자신의 의견에 따른 것이었다고 볼 수밖에 없는데, 이제는 심환지의 의도인지, 정조의 지시인지 헷갈리죠. 그래서 연구자들이 매우 골치가 아파졌습니다.

신병주 　비밀 편지가 발견되면서 학계에서도 상당히 충격을 받은 측면이 있어요. 최고의 정적으로 여겨졌던 사람에게 여러 가지 정치적인 지침을 내리면서 계속 조율했다는 것 자체가 상당히 놀라웠던 거죠. 그리고 정조가 심환지에게 보낸 편지에는 금난전권 폐지를 주장했던 채제공에 관한 얘기도 나와요. 쉽게 말해서 "채제공 너무 공격하지 마라. 살살 해라." 같은 내용이 나오죠. 또한 흥미로운 것은 심환지의 부인이 병이 크게 났을 때 정조가 심환지에게 "인삼 좀 들게 해서 빨리 나았으면 좋겠다."라고 하며 전복과 꿀까지 보내요. 그러니까 심환지도 정조가 하라는 대로 안 할 수가 없는 거죠.

그날 　감동 정치의 효시예요. 아랫사람을 감동하게 할 줄 아네요.

신병주 　정조와 심환지는 마지막까지 편지를 주고받습니다. 그중에는 정조의 투병 생활에 관해 정조가 괴로워하는 이야기가 많이 나옵니다. 그래서 이런 내용이 심환지가 범인이 아니라는 증거로 제시되기도 합니다.

† 우의정 심환지가 아뢰기를, "의리에는 본말이 있고, 역적에는 주모자와 추종자가 있습니다. 을미년과 병신년의 역적들은 정치달 처(화완옹주)가 바로 그들의 근본 뿌리가 되고 있습니다. 그리하여 정인겸, 항간, 윤양후, 홍계능과 같은 여러 역적은 모두 정치달 처를 뒤에서 은밀히 후원하는 이로 삼았습니다. 지금 만약 갑자기 용서하여 석방해 주고 이러한 내용의 전교를 팔도에 반포하고 후세까지도 전해지게 한다면 나라는 나라 꼴이 안 될 것이며 사람들은 사람 꼴이 아니게 될 것입니다. 신이 인군을 믿고 섬기는 것은 오직 이 의리가 있기 때문일 뿐입니다. 신들은 죽으면 죽었지 감히 그 명을 받들지 못하겠습니다." 하니 상이 이르기를, "경의 말은 너무 지나치다." 하였다.
— 『정조실록』 23년(1799) 3월 7일

대탕평을 향한 치밀한 국정 운영

김문식 실제로 정조의 편지를 분석하고 그 의미를 해석하기까지는 시간이 좀 걸렸습니다. 그런데 현재 내려진 잠정적인 결론은 정조와 상대적으로 가장 멀리 있었다고 생각되는, 사도세자의 복권에 가장 반대하는 노론 벽파 세력까지도 정조가 자기 세력 안에 끌어들였었다는 겁니다. 정조의 편지는 그 증거인 거고요.

그날 대단한 전략가네요.

김문식 네, 정조는 뛰어난 전략가인 것 같습니다. 게다가 정적을 쉽게 제거하고 사도세자를 복권할 수도 있는데 그러지 않았던 걸 보면, 확실한 적이 아닌 이상에는 최대한 포용하겠다는 대탕평의 이념을 바탕으로 실제로 정책을 펼쳤음을 알 수 있죠.

그날 정조의 국정 운영이 얼마나 치밀한가를 보여 주잖아요. 달리 보면 막후 정치로 볼 수 있겠지만, 제가 보기에는 대단히 현명하게 정치하는 것 같아요. 누구도 다치지 않으면서 목적은 이루는, 정말 노련한 정치인인 정조의 면모가 보인다는 생각이 들어요.

신병주 정조와 심환지가 주고받은 편지가 당시의 경제 상황이나 개혁의 내용을 아주 깊이 기록해 놓고 있지는 않지만, 왕과 신하가 편지를 주고받는 모습을 통해서 정조의 통치 스타일을 알 수가 있죠.

그리고 편지의 내용을 통해 미루어 볼 때 '채제공 혼자 독단적으로 개혁을 밀고 가지는 않았을 것이다. 그 배후에는 역시 정조의 의지가 분명히 있었을 것이다.'라는 것을 추측해 볼 수 있죠.

그날　백성을 위한 개혁이고, 정조 시대의 개혁이 당시로써는 엄청나게 혁명적인 조치인데 정조가 나서지 않았을 리가 없죠. 게다가 정조가 심환지에게 보낸 편지 속에 늘 빠지지 않는 게 백성을 향한 관심과 애정이라고 하잖아요.

신병주　사실 정조는 심환지에게 자신이 보낸 편지를 없애라고 했거든요. 근데 심환지가 집안에 계속 보관함으로써 후세의 우리가 내막을 알 수 있게 되었죠.

그날　심환지는 편지를 왜 안 없앴을까요?

이해영　심환지로서는 편지를 남김으로써 훗날 자신의 결백을 주장한 셈이 된 거죠. 대단해요.

그날　흔히 역사는 승자의 기록이라고 하는데, 기록한 자가 역사의 승리자가 되는 거네요. 이렇게 독살설을 부인하는 증거와 정황들이 나오는데도 많은 사람이 독살설에 자꾸 공감하는 이유는 무엇일까요?

이해영　정조가 종기 때문에 사망했다는 것을 받아들이기가 어려운 거죠. 그 끝이 영웅적이어야 하니까 독살설을 믿고 싶은 거고요.

그날　그리고 그 많은 정치 개혁이 다 훼손됐기 때문이 아닌가 싶은데요. 정조가 이룩한 개혁의 성과는 어떤 것들이 있었을까요?

개혁 군주 정조

새로운 조선을 열고자 꿈꾸었던 정조.
그는 항상 백성에게 다가가고자 했다.
정조가 재위한 24년간은 숨 가쁜 개혁의 연속이었다.

서얼을 인재로 등용하고, 공노비 제도를 폐지하며,
경제를 개혁하고, 사회질서를 확립함으로써
백성이 잘사는 나라를 만들고자 했다.

모두가 행복한 나라를 그린 정조.
그가 꿈꾸던 세상은 어떤 모습이었을까?

그날 　정조가 자기 뜻을 과감하게 펼쳐 나갔는데, 그 성과들이 정조의
　　　죽음 이후 무너진다는 것은 정말 안타깝네요. 정조가 더 오래 살
　　　았다면 저 때 신분 개념 자체가 변화하지 않았을까 하는 생각도
　　　들고요. 200여 년 전인데도 정조는 차별을 벌써 줄이려고 하잖아
　　　요. 서얼의 대표적 상징인 홍길동이 정조 시대에 살았다면 관직
　　　에 올랐을 수도 있었을 것 같아요.

신병주 　정조가 1777년에 '서얼허통절목(庶孽許通節目)'을 발표하게 해
　　　서 서얼들도 관직에 오를 수 있는 길을 열죠. 그래서 정조 때 규
　　　장각 검서관으로 박제가[15]나 이덕무,[16] 유득공[17] 같은 서얼이 활
　　　약하게 되고요. 또한 공노비 폐지는 정조가 초석을 만들었는데,
　　　결국 순조 때 완전히 폐지됩니다. 사회적으로나 신분적으로 가
　　　장 천시받았던 계층인 노비를 해방하는 실마리를 정조가 마련한
　　　결과 마침내 1894년에는 사노비마저 혁파되면서 우리 역사에서
　　　노비 제도가 완전히 사라집니다.

그날 　지금 기준으로 봐도 대단히 어려운 숙제인데 그 당시에 해냈다
　　　는 건 놀라운 일인 것 같아요. 18세기가 우리나라뿐만 아니라 전
　　　세계적으로 봐도 중요한 시기잖아요. 미국에서는 독립선언을 했
　　　고 유럽에서는 대혁명이 일어났으니까요. 그러니 정조의 개혁
　　　정책들이 세계적인 기준에 발맞춰서 함께 나갔다고 봐도 맞는
　　　말일 것 같아요.

신병주 　청나라도 건륭제[18]의 통치하에 전성기를 맞이했거든요. 결국 전
　　　세계적으로 보면 18세기에 들어서면서 민권 의식이 싹트고 자유
　　　와 평등의 정신이 확산하는데, 그런 시기에 정조 같은 군주가 탄
　　　생함으로써 조선이라는 나라도 세계적인 흐름에 발맞추어 나갈
　　　수 있었다는 점은 상당히 중요한 지표라고 생각합니다.

「대열개갑기마상」 이탈리아 출신의 화가이자 선교사인 주세페 카스틸리오네의 작품으로, 말을 탄 건륭제를 묘사했다.

미국 **독립선언** 조인식 1776년 7월 4일, 토머스 제퍼슨을 비롯한 위원들이 독립선언문을 제출하고 있다.

그날   독립선언이나 혁명은 아래에서 시작되는 개혁 운동이잖아요. 그
       런데 그때 조선은 정조라는 왕에서 시작되어 아래로 내려가는
       개혁이라는 한계가 분명히 있지 않았을까 하는 생각이 듭니다.

김문식 네, 그런 한계는 있습니다. 물론 민의 성장을 지도층이 받아들여
       맞추면서 개혁이 계속 이루어졌으면 좋았겠죠. 우리가 조선 시
       대에 기대한 건 그런 개혁인데, 정조는 민의 성장으로 나타난 요
       구를 최대한 수용하는 정책을 펴기는 했습니다. 다만 한편으로
       생각해 보면 아버지로 말미암아 생긴 트라우마가 정조의 발목을
       크게 잡는 요소가 되지 않았나 하는 생각도 듭니다. 어릴 때부터
       죄인의 아들이라는 의식이 있었고, 자신이 왕이 되었는데도 아
       버지를 쉽게 복권하지 못하는 한계가 있었거든요. 그래서 어떻
       게든 아버지를 복권해야겠다는, 상당히 오랫동안 깊이 생각해서

세운 계획을 하나하나 진행해 가는 것이 정조로서는 상당히 부담되었을 겁니다. 그래서 여러 가지 장애와 정치 세력들을 고려하느라 개혁 정치를 자기 마음대로 추진하지 못하지 않았나 하는 생각도 해 봅니다.

우리에게 정조는 어떤 의미로 남았나?

그날 정조의 죽음을 둘러싼 의혹 때문일까요? 정조는 특히 사극이나 영화에 많이 등장해서 우리에게 가장 친숙하게 느껴지는 왕 중 한 명이에요.

류근 정조라는 캐릭터가 사랑받는 이유는 아무래도 정조라는 인물의 좌절과 아쉬움이 사람들의 기본적인 욕망에 투영되어서가 아닐까 하는 생각이 들어요. 문제적 인물이고, 상처적 인물이죠.

그날 상처적이라는 단어, 대단히 좋습니다. 다른 분들은 정조라고 하면 어떤 생각이 떠오르세요?

김문식 저는 공부하면서 정조의 상이 계속 바뀌었어요. 처음에는 매우 온화한 학자풍의 군주로 보였다가 그다음에는 대단한 전략을 구사하는 전략가로 보였고요. 최근에는 다시 인간적인 슬픔을 지닌, 그래서 힐링이 필요한 군주로 보입니다. 감성적인 부분이 더 많이 보이게 된 거죠.

이해영 저는 정조에게서 억센 턱관절과 앙다문 입이 연상돼요. 하관 쪽이 중요하게 느껴지는 거죠. 입을 벌려서 하는 이야기보다 안에 담은 이야기가 많을 것 같으니까, 강하게 악문 입이 정조의 모습을 잘 표현할 수 있을 것 같습니다.

그날 정조의 개혁 정치가 정조 사후에 훼손되면서 참 아쉽다고 얘기했는데, 그래도 정조의 개혁 정치가 우리 역사의 흐름을 바꾸는 긍정적인 효과를 남기지 않았을까요?

규장각 2층 누각의 1층이 규장각이다.

김문식　정조의 제일 큰 유산은 정조가 길러 놓은 학자들이라고 생각합
　　　　니다. 비록 중앙에서 활동하기는 어려웠지만, 개인적인 저작을
　　　　많이 남긴 뛰어난 학자가 19세기 초에 많이 나타나죠. 그리고 규
　　　　장각도 정치적 기구의 기능은 상실하지만, 왕실 도서관의 기능
　　　　은 고종 때까지 계속 이어집니다. 그래서 그 유산이 현재까지 전
　　　　해지죠. 우리가 오늘날 조선 시대의 역사를 공부할 수 있는 것도
　　　　그때 만들어진 책들에 기반을 두고 있기 때문이거든요. 가장 빛
　　　　나던 시기인 만큼 가장 많은 저작이 만들어졌어요. 그러니까 정
　　　　조가 한 일이 여러 가지가 있지만, 그중에서도 문화적인 전성기
　　　　로 이끈 것이 확연히 나타나는 업적이지요.

그날 죽음으로 말미암아 꿈은 무산됐지만, 영원한 개혁 군주로 남은 정조에 관한 얘기를 나눠 봤는데, 여러분의 소회를 들어 보겠습니다.

이해영 정조가 늘 입버릇처럼 "나의 꿈은 멀리 있다. 원대한 꿈을 꾸고 있다."라고 얘기했다고 해요. 정조가 꿨던 꿈을 공으로 생각하면 대단히 멀리 던지지 않았을까 하는 생각이 들고요. 그래서 그 공을 우리가 계속 바라보게 함으로써 오늘날을 사는 우리에게까지도 영향을 끼치고 있지 않나 하는 생각도 해 봅니다. 독살설을 얘기하는 것도 정조를 향한 우리의 존경심이나 애정이 함께 포함된 이야기라고 생각하고요.

류근 "인생에서 가장 큰 역설은 아무도 거기서 살아남지 못한다는 것에 있다."라는 말이 있더라고요.

신병주 시인 맞으시네요.

류근 고맙습니다. 지금 보면 정조도 죽었고 독살설에 연루되었던 정조의 정적들도 결국은 다 죽었잖아요. 그런데 정조로서는 이런 말을 할 것 같습니다. "일모도원(日暮途遠)", 날을 저물고 갈 길은 멀다는 뜻이죠. 이미 비슷한 얘기가 언급된 것 같은데, '정조가 10년만 더 살았다면 어땠을까?' 하는 아쉬움이 있어요. 10년만 더 살았다면 수렴청정도 없었을 테고 세도정치도 없었을 테니까 역사가 달라지지 않을까 하는 아쉬움 때문에 정조의 마음에 더욱 동조하게 됩니다.

그날 네, 좋습니다. 그럼 신병주 교수님께서는요?

신병주 한 해를 보내고 새해를 맞이할 때 자주 나오는 사자성어 아시죠? "송구영신(送舊迎新)", 옛것을 보내고 새것을 맞이한다는 뜻인데, 정조 다음의 시대는 송구영신의 시대가 되지 못했죠. 오히려 새것을 보내고 낡은 것을 맞이하는 송신영구의 시대가 되어 버렸습니다. 정조 때 새롭게 키웠던 개혁의 싹을 그냥 버리고, 오히려 당파 싸움이나 외척의 세도정치, 천주교 박해와 같은 구태가 재연되는 시대가 온 거죠. 그래서 우리가 정조의 죽음을 더 안타까워하는 것은 아닐까 하는 생각도 듭니다.

류근 　송신영구, 즉 영구 됐다는 얘기네요.

그날 　어이가 없어서 웃음이 나오네요. 어쩌면 거기서 영구 됐다는 얘기가 나오죠? 뭐, 말씀하신 대로 영구 됐네요. 그럼 김문식 교수님께서도 말씀해 주시지요.

김문식 　정조가 매우 강조했던 게 탕평입니다. 제가 정조를 공부하면서 늘 오늘날의 지도자들과 비교해 보는데, 정조가 인기 있는 이유는 역시 통합형 지도자였다는 데 있는 것 같습니다. 그러니까 자신을 반대하는 세력이라 하더라도 물리치지 않고, 자기에게 끌어들일 수 있는 통합력을 가졌다는 거죠. 그리고 그러려면 뭔가 공동의 목표가 있어야 하겠죠? 우리에게 공동의 목표가 있고 그 목표를 향해서 함께 나아가면 그 어떤 세력이라도 통합할 수 있지 않을까 하는 마음에서 정조의 탕평을 한번 생각해 봤습니다.

그날 　네 분의 소회가 다 마음에 와 닿습니다. 조선의 르네상스를 이끈 군주이자 비운의 왕인 정조에 관한 얘기는 해도 끝이 없고 들어도 끝이 없네요.

7

순조,
김조순의 딸을
왕비로
맞던 날

1800년 6월 28일, 조선 후기의 개혁 정치와 문예 중흥을 이끌던 정조가 사망하였다. 강력한 카리스마로 조선을 이끌던 정조의 사망은 이후의 조선 정국에 큰 파란을 몰고 왔다. 영조와 정조 같은 강력한 군주가 사라지면서 생긴 정치권력의 빈자리는 대왕대비와 외척들이 차지했다. 이른바 세도정치의 서막이 열린 것이다.

정조의 후궁인 수빈 박씨의 소생으로 11세인 순조가 왕위에 오르면서, 15세에 영조의 계비로 들어왔던 경주 김씨 출신의 정순왕후가 왕실의 최고 어른이 되어 수렴청정했다. 정조가 재위하던 시절에는 이렇다 할 세력을 형성하지 못했지만, 증손자가 되는 순조의 즉위로 정순왕후와 그 측근들은 권력의 중심에 섰다. 정순왕후가 수렴청정하자마자 곧바로 정조의 친위 부대인 장용영을 혁파하고 개혁 정치의 진원지인 규장각을 축소한 것은 정치적 변화의 신호탄이었다. 곧이어 1801년에 정순왕후와 그 친척인 김구주, 김관주 등은 천주교 서적을 읽었다는 이유로 반대파인 남인 세력에 대한 대대적인 탄압과 숙청을 가하는데, 이 사태가 바로 신유박해다.

그런데 1804년에 순조가 15세가 되자 정순왕후가 수렴청정을 거두었고, 이어서 1805년에 정순왕후가 사망하면서 권력 지형이 바뀌었다. 안동 김씨 가문이 19세기 세도정치의 중심에 선 것이다. 안동 김씨는 어리고 허약한 왕을 대신해 정치한다는 명분으로 외척 세도정치의 전성기를 열었다. 정조의 깊은 신임을 받은 김조순은 정조 생전인 1800년에 자신의 딸을 세자(순조)의 빈으로 간택하게 하는 데 성공했으나, 곧 정조가 사망하는 바람에 국혼은 연기되었다. 이후 순조가 왕이 되고 정조의 국상을 치른 후인 1802년 10월에 김조순의 딸이 왕비가 되면서, 순조는 정조를 도왔던 노론 시파에 속한 안동 김씨 가문의 도움을 받게 되었다. 안동 김씨는 병자호란 때 순절한 김상용과 척화파의 대표자인 김상헌 이후 17세기와 18세기를 거치면서 김수항과 김창집, 김창협 등 다수의 학자와 재상을 배출함으로써 학문적으로나 정치적으로 명문대가로 성장하였는데, 순조의 혼인은 안동 김씨의 권력에 날개를 달아 주는 격이 되었다.

세도정치는 본래 '도를 회복한다.'라는 의미로 쓰였으나, 정조가 즉위한 후 정조의 측근이었던 홍국영이 지나치게 권력을 행사하면서 부정적인 의미로 쓰이기 시작하였고, 순조 대에 이르러서는 외척과 소수 가문이 독점하는 19세기의 부정적인 정치 형태를 뜻하는 용어로 정착되었다. 세도정권은 안동 김씨 외에도 남양 홍씨와 풍양 조씨, 여흥 민씨, 대구 서씨, 반남 박씨 등 명문 양반 가문이 혈연적으로 깊은 관계를 맺으면서 정권에 참여하여 서울 양반의 연합 정권과도 같은 성격을 띠었다. 반면에 국왕은 허수아비와 같은 존재로 전락했다. 특히 순조 이후에도 헌종과 '강화 도령'으로 알려진 철종 등 어리거나 권력을 행사하지 못하는 왕이 연이어 등장하면서 안동 김씨와 풍양 조씨 등 외척 가문은 대왕대비나 왕대비를 권력의 기반으로 삼아 확고한 권력을 유지했다. 이처럼 왕이 정상적으로 국정을 운영하지 못하고 정치가 소수의 외척 가문을 중심으로 돌아가는 세도정치가 전개되면서 조선 왕조는 점차 몰락의 길로 접어들었다.

순조, 김조순의 딸을 왕비로 맞던 날

1802년(순조 2) 10월 16일,
창덕궁에서 성대한 잔치가 열렸다.
조선 제23대 왕인 순조의 혼례식이 거행된 것.

혼례식은 왕실의 위엄을 보여 주듯 화려하고 장대했다.
열세 살의 순조가 맞이하는 신부는
선왕 정조의 신임을 받던 대신 김조순의 딸이었다.

순조와 딸의 결혼으로 임금의 장인이 된 김조순.
이날의 혼례는 안동 김씨 세도정치의 신호탄이 됐다.

세도정치란 무엇인가?

최원정 우리가 흔히 말하길 정조가 죽고 세도정치가 나타나면서 조선이 퇴행의 역사로 가는 비운을 맞았다고 하죠. 그 신호탄이 되던 날이 바로 순조가 김조순의 딸을 왕비로 맞던 날입니다. 순조에서 헌종을 거쳐 철종에 이르기까지 세도정치가 60년간 국정을 독점하며 전개되잖아요. 그런데 세도가 정확히 무슨 뜻인가요?

김문식 원래는 대 세(世) 자에 길 도(道) 자를 써서 세상의 도리라는 뜻입니다. 또는 세상의 도리를 책임지는 사람이라는 뜻이고요. 중종 때 조광조가 처음 썼는데, 좋은 의미입니다. 근데 우리가 얘기하는 19세기 세도정치의 세 자는 형세 세(勢) 자를 씁니다. 소수의 가문이 권력을 독점하는 상황을 나타내죠. 부정적인 의미로 바뀐 겁니다.

그날 세도라는 말이 원래는 세상을 바르게 다스린다는 아주 좋은 의미였군요.

최태성 학생들은 세도정치를 너무 잘 알아요. 시험에 자주 나오거든요. 근데 학생들이 아는 키워드는 딱 두 가지예요. 소수 가문의 매관매직, 삼정[1]의 문란, 이 두 개의 키워드만 알면 시험문제가 딱 풀리는데, 조금 더 깊이 들어가면 "김조순? 누구지?" 하는 식으로 대단히 어려워해요. 그래서 제가 학생들에게 세도정치에 관해 뭐가 궁금한지 한번 물어봤거든요. 그랬더니 "저희 어머니께서 안동 김씨인데요, 그럼 저도 세도 가문인가요?" 하고 물어보는 친구들도 있고, "정조가 오래 살았으면 세도정치는 없지 않았을까요?" 하는 질문도 있었습니다. 그 외에 "세도정치 없이 서양 문물을 받아들였으면 우리도 강대국이 되지 않았을까요?" 같은 질문도 던지더라고요.

그날 좋은 질문들이네요. 요즘 우리 학생들 보면 질문들이 대단히 수

김조순 초상

준이 높아요.

최태성 영조 시대와 정조 시대는 잘나가는 시대라고 하면서 르네상스라
고까지 하는데, 갑자기 절벽을 만나 뚝 떨어지는 거예요. "정권
한 번 바뀌었다고 이렇게 세상이 달라지나요?"라는 식으로 의문
을 많이 품고 있더라고요.

세 명의 왕비를 배출하다

그날 "조선은 이씨의 나라가 아니라 김씨의 나라다."라는 말이 있었
을 정도였다면서요? 이 정도 말이 나올 정도면 안동 김씨의 세력
이 실질적으로는 왕권을 능가할 만큼 권력을 장악했었다는 뜻인
가 봐요.

김문식 "세상에는 장동 김씨만 알고 국가가 있는 줄은 모른다."라는 말
도 있습니다.

창의문 사소문 중 오늘날까지 유일하게 남아 있는 문이다. 보물 제1881호.

그날	근데 장동 김씨는 뭐예요? 안동 김씨랑은 다른 김씨인가요?
신병주	우리가 이야기할 안동 김씨는 16세기 무렵에 본관이었던 안동을 떠나 상경합니다. 그래서 창의문 의 아래쪽, 즉 지금의 청운동과 효자동 쪽에 터전을 잡는데, 이 일대를 당시에는 장의동으로 불렀어요. 그래서 장동 김씨로 불린 거죠. 장의동 김씨라고 하면 권위 있는 집안으로서 좀 촌스럽다고 생각했는지 한 글자를 줄여서 장동 김씨로 부른 것 같고요.
그날	아, 줄임말을 쓴 거군요.
신병주	네, 김문식 교수님은 광산 김씨인데, 광산 김씨는 '광김'으로 줄여서도 부르거든요. 뭔가 뼈대 있는 집안답게 모양새가 나도록 줄여서 부른 것 같습니다.
그날	아까 학생들의 질문 중에 어머니께서 안동 김씨인데 그럼 자기도 세도가 집안이냐는 질문이 있었잖아요. 근데 학생이 말한 안

이름	남편	아버지
순원왕후	제23대 왕 순조	김조순
효현왕후	제24대 왕 헌종	김조근 (김조순의 칠촌 조카)
철인왕후	제25대 왕 철종	김문근 (김조순의 칠촌 조카)

3대에 걸쳐 배출된 안동 김씨 가문의 왕비들

동 김씨가 우리가 오늘 다루는 그 안동 김씨가 아닐 수도 있겠네요. 안동 김씨라고 하니까 당연히 안동에서 사는 김씨들이라고만 생각했는데 말이죠.

김문식 　모태는 안동인데, 실제로는 서울 장의동 일대에 모여 살던 안동 김씨만을 가리키죠. 범위가 더 좁습니다.

그날 　아무튼 이씨의 나라가 아니라 김씨의 나라라고까지 말할 정도로 안동 김씨가 계속 주요 관직을 다 차지했었다는 얘기잖아요.

최태성 　왕후를 3대에 걸쳐서 내리 배출하는데, 먼저 제23대 왕 순조의 비인 순원왕후가 김조순의 딸입니다. 제24대 왕 헌종의 비인 효현왕후는 김조근의 딸이고요. 제25대 왕 철종의 비인 철인왕후는 김문근의 딸입니다. 이렇게 3대를 연속으로 안동 김씨가 왕비 자리를 장악해 외척 노릇을 하는 겁니다. 엄청나죠.

신병주 　기록을 세운 거죠. 결국 김조순의 딸이 순조의 왕비로 간택된 날이 세도정치의 서막을 본격적으로 연 바로 그날이라고 볼 수 있는 거고요.

정조는 김조순의 딸을 왜 선택했나?

그날 　그런데 김조순을 사돈으로 삼는 데는 정조의 의지가 강력하게 작용했다면서요? 정조와 김조순, 이 두 사람은 과연 어떤 인연이

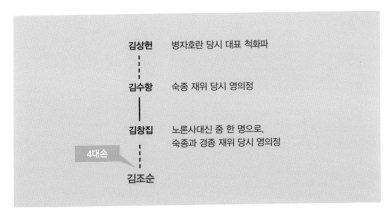

김상헌   병자호란 당시 대표 척화파

김수항   숙종 재위 당시 영의정

김창집   노론사대신 중 한 명으로,
            숙종과 경종 재위 당시 영의정

4대손

김조순

안동 김씨 가계도

었는지 좀 궁금해지는데요. 키워드로 한번 뽑아 봤습니다. 첫 번째 키워드는 "할아버지의 은인"이네요.

김문식　네, 그렇죠. 김조순의 집안은 노론 명문가 출신이에요. 김조순의 집안을 살펴보려면 먼저 김창집을 주목해야 합니다. 경종 때 영조를 왕세제로 책봉하자고 주장하고, 그러다가 소론에 밀려서 죽임당한 노론사대신 중 한 명으로 당시에 영의정이었죠. 그런데 이 김창집이 바로 김조순의 고조부입니다. 다시 말해 영조가 왕이 될 수 있게 도와준 사람의 후손이 김조순인 거죠. 그래서 정조가 김조순의 집안을 돌보아 줍니다.

신병주　김창집의 아버지인 김수항도 영의정을 지냈습니다. 부자 모두 영의정을 지내기는 쉽지가 않거든요. 지금으로 치면 아버지와 아들 모두 국무총리에 오른 겁니다. 여기에 김조순에게는 김상헌의 후손이라는 후광도 더해집니다. 김상헌은 병자호란 때 대표적인 척화파였고, 조선 시대의 의리론을 상징하는 인물이거든요. 이러한 집안의 후광이 정조가 김조순을 사돈으로 선택하게 한 아주 중요한 요인이었다고 판단되죠.

「**청휘각도**」 정선의 작품으로, 김상헌의 손자 김수항이 영의정이 된 뒤에 옥류동 저택의 후원에 지은 정자다. 국립중앙박물관 소장.

최태성   게다가 김조순은 노론 벽파가 아니라 노론 시파였습니다. 정조
         의 아버지인 사도세자의 죽음을 동정하는 계파에 있었던 거죠.
         그러니까 정조로서는 노론 명문가에다가 자신의 정치 이념과도
         잘 맞아떨어질 수 있는 김조순 같은 사람을 자기 세력으로 끌어

「열하일기」 문체반정 당시 정조는 박지원의 「열하일기」를 지목해 문장이 저속하다고 비판했다.

들이면 금상첨화라고 생각한 겁니다.

그날 　다음 키워드는 "낙순"입니다. 키워드가 어렵네요.

신병주 　원래 김조순의 이름이 낙순이었어요. 근데 1785년에 문과 시험에 급제한 후에 김조순의 조상이 김상헌임을 안 정조가 좋게 보아서 할아버지 조(祖) 자를 이름에 쓰는 게 어떻겠냐고 합니다.

최태성 　어이구, 엄청난 일이네요.

신병주 　그래서 왕이 내려 준 글자로 이름을 바꾼 거죠.

그날 　대단한 총애네요. 말하자면 훌륭한 가문의 인재라고 왕이 인증해 준 거잖아요. 왕의 총애가 담긴 이름이네요. 그러면 정조와 김조순의 인연, 또 어떤 게 있는지 볼까요? 세 번째 키워드는 "반성문"입니다.

김문식 　김조순이 예문관[4]에서 근무하던 때는 문체반정이 일어나던 시기입니다. 정조가 노론을 견제하는 수단으로 문체반정을 시행한 건데, 이때 김조순이 청나라 초기의 소설인 「평산냉연」[5]을 읽다가 걸립니다. 「평산냉연」은 두 남자와 두 여자가 만나서 서로 사랑하고 짝을 맺는 내용의 연애소설이죠. 그런데 마침 김조순이 서장관[6]으로 청나라에 가게 됐습니다. 그래서 압록강을 건너기

전에 반성문을 제출하되, 모범적인 글을 쓰라고 정조가 명합니다. 김조순으로서는 조선을 벗어나기 전에 내야 하는 숙제를 받은 거죠.

신병주 그런데 정조도 얼마나 꼼꼼한지 반성문을 받으면 하나하나 평가를 내립니다. 그때 반성문을 낸 사람 중 남공철[7]의 글에 관해서는 "문장이 부들부들하고 옹졸하다."라고 평하죠. 그 외에 이상황의 글에 관해서는 "경박하면서 듣기 좋은 말만 쓴다."라고 평하고, 심상규[8]의 글에 관해서는 "뻣뻣해서 알기 어렵다."라고 평합니다. 요즘으로 치면 빨간색 펜을 들고 채점하는 거죠.

그날 부들부들해도 안 되고, 뻣뻣해도 안 되고 진짜 어렵네요. 심사평이 까다롭습니다.

신병주 근데 대단한 게 김조순의 글에 관해선 "뜻이 풍부해서 정말 내용이 좋다. 그래서 내가 촛불을 밝히고 또 밝혀서 읽었다."[†]라고 평합니다.

최태성 아니, 무슨 반성문에다 그런 평까지 하는 걸까요?

신병주 그 정도로 김조순을 신임하는 거죠. 결과적으로 반성문 사건은 정조가 김조순을 더욱 신임하는 계기가 됐습니다. 정조는 김조순을 세자인 순조의 사부로 삼고, 사망하기 전에는 순조의 손을 꼭 잡으면서 김조순을 가리켜 "바로 이 신하에게 너를 부탁한다."라는 말까지 남기거든요. 그러면서 "이 신하는 비도, 즉 도가 아닌 곳으로는 너를 보좌하지 않을 것이니, 이 신하를 꼭 믿어라."[‡]라고 말하죠.

그날 정말 전적인 신뢰를 보여 주네요. 그런데 김조순은 비도 대신 세도를 선택했고요.

최태성 순조가 정조에겐 하나뿐인 아들이잖아요. 유일한 후계자이니까 혼처를 고르는 데 얼마나 많이 고민했겠어요.

† 내각이 동지 서장관 김조순의 함사(緘辭) 내용을 아뢰니, 비답하기를, "이 함답을 보니 문체가 바르고 우아하고 뜻이 풍부하여 무한한 함축미가 있음을 깨닫겠다. 촛불을 밝히고 읽고 또 읽고 밤 깊은 줄도 모르게 무릎을 치곤 하였다. 저 부들부들하다 못해 도리어 옹졸해진 남공철의 대답이나 경박하게 듣기 좋게만 꾸민 이상황의 말, 뻣뻣하여 알기 어려운 심상규의 공초는 모두가 입술에 발린 소리로 억지로 자기변명을 하기 위해 한 소리이지만 이 사람만은 할 것은 한다, 못할 것은 못한다고 하여 결코 자신을 속이거나 나를 속이려 함이 없음을 알겠다. 이 판부(判付)를 파발마를 보내 그에게 알려 그가 마음 놓고 길을 떠나 먼 길을 잘 다녀오게 하라." 하였다.
— 『정조실록』 16년(1792) 11월 8일

‡ 영돈령부사 김조순이 졸하였다. 하교하기를, "애통하고 애통하다. 이것이 웬일인가? 기억하건대, 지난 경신년에 영고(寧考)께서 소자의 손을 잡고 말씀하시기를, '지금 내가 이 신하에게 너를 부탁하노니, 이 신하는 반드시 비도(非道)로 너를 보좌하지 않을 것이다. 너는 그렇게 알라.'라고 하셨는데, 어제의 일과 같아 아직도 귀에 쟁쟁하다." 하였다.
— 『순조실록』 32년(1832) 4월 3일

정조의 모순

그날 근데 좀 모순인 것이 정조 자신도 외척의 득세에 염증을 느꼈던 사람 아닙니까? 그런데도 아들인 순조의 정치적 후견인으로 김조순을 선택했다는 것 자체가 약간 실망스러워요. 물론 그때는 그 여파가 어떻게 끼칠지는 몰랐겠지만 말입니다.

신병주 정조도 영조 때의 대표적 외척인 풍산 홍씨나 경주 김씨의 세력들을 철저히 견제하고 탄압했는데, 막상 정치해 보니까 자신을 측근에서 지켜 줄 수 있는 세력은 결국 외척이라는 것을 어느 정도 느꼈던 것 같아요.

김문식 초간택하기 전부터 정조는 김조순의 딸을 세자빈으로 맞을 생각을 했던 것 같아요. 나중에 김조순이 쓴 『영춘옥음기』라는 기록에 정조와 독대해 나눈 이야기가 나오거든요. 원래 국혼이 있으면 처녀 단자를 올려야 하는데, 김조순이 올리지 않으니까 정조가 김조순을 일부러 불러서 처녀 단자를 올리라고 합니다. 그리고 규정을 바꿔 가면서까지 김조순 집안의 처녀 단자를 받았단 이야기가 나옵니다.

신병주 그리고 초간택 이후에는 정조가 김조순에게 "왕실 어르신들이 자네 딸을 보고 매우 좋아하신다. 나도 당신 집안이 마음에 든다."라는 내용의 친서를 보냅니다. 보통은 이렇게 하면 안 되거든요. 공식 절차라는 게 있으니까요.

그날 서한을 보내는 건 반칙 아니에요?

신병주 만약에 공무원 면접이었다면 완전히 부정행위인데, 왕실이니까 이것이 통용됩니다.

최태성 정조가 김조순의 딸이 마음에 든다는 식으로 말하지만, 제가 보기에는 정조의 눈에 김조순의 뒤에 있는 정치적 배경이 더 아름다워 보였을 것 같아요. 근데 안타깝게도 이제 마지막 간택을 남겨 두고 정조가 갑자기 사망하죠.

그날 김조순으로서는 왕실과 사돈을 맺는 프로젝트가 마지막 순간에 날개가 갑자기 꺾인 셈이네요. 위기인 거죠.

† 김조순에게 수서(手書)를 내리기를, "처음 가마에서 나왔을 때 자전과 자궁이 여러 처자 중에서도 특별히 그를 가리키면서 저게 뉘 집 처자냐고 물으시고 이어 앞으로 오게 하여 한 번 보시고는 상하 모두가 진심으로 좋아하시면서, 그런 처자는 처음 보았다고들 하였다. 이 모두가 하늘이 명하신 일이고 하늘에 계신 영령께서 주신 경사다. 경은 이제 나라의 원구(元舅)로서 처지가 전과는 달라졌으니 앞으로 더욱 자중해야 할 것이다." 하였다.
—『정조실록』 24년(1800) 2월 26일

정순왕후의 반동 정치

1800년(정조 24) 6월, 정조가 갑작스럽게 사망했다.
정조가 사망한 다음 날부터
왕실의 가장 큰 어른인 정순왕후가 정치 일선에 나섰다.

정국은 급박하게 돌아섰다.
정권을 잡은 정순왕후는
정조의 개혁 정책을 없던 일로 되돌렸다.

천주교를 핑계로 남인을 축출하고
왕권을 강화하고자 조직한 군대인 장용영을 혁파,
규장각의 기능마저 축소했다.

정조의 총애를 받던 김조순.
그 역시 정치적 보복을 피할 수 없는
절체절명의 위기를 맞이했다.

그날　근데 교수님, 이런 일이 일어날 수 있는 거예요? 그러니까 법적으로 선왕이 정한 제도는 몇 년간은 건드리지 않는다는 규정 같은 건 없나요?

김문식　정조가 사망하고 정순왕후가 주도하는 벽파 정권이 들어서는데, 이 벽파 정권은 반대파를 제거하는 쪽으로 아주 강하게 밀어붙이죠.

신병주　정순왕후라는 인물 자체도 상당한 정치적 야심이 있었음이 드러나거든요. 그래서 기록에도 여주(女主) 또는 여군(女君)이라는 표현을 써요.

그날　스스로 여주 또는 여군이라고 했다는 말인가요?

신병주　네, 그래서 심지어는 신하들 사이에서 옛날의 문정왕후가 다시 나타났다는 인식까지 생깁니다. 문정왕후 때 외척 윤원형이라는 인물이 있었듯이, 정순왕후도 친정 가문인 경주 김씨가 전형적인 외척 정치를 행사할 수 있는 기반을 마련하고요. 어떻게 보면 안동 김씨 세도정치의 전 단계인, 경주 김씨의 외척 세도정치를 한 거죠.

최태성　노회한 정치인인 정순왕후와 김조순의 사이에 앞으로 어떤 모습이 전개될지 대단히 흥미진진한데요.

그날　정순왕후 정도의 권력을 행사하는 위치였다면 정조가 생전에 진행했던 혼담을 깰 수도 있잖아요. 정순왕후나 벽파 세력에게 김조순이 큰 위협이 될 수도 있는 거니까요.

김문식　실제로 방해 사건이 있어요. 정조의 삼년상이 끝나야 경사를 의논할 수 있으니까 1802년 10월에 가례를 하는 것으로 결정했는데 권유라는 신하가 10월에는 길일이 없다면서 반대합니다. 결혼을 미루거나 무마하려는 의도죠. 결국은 처벌받고요.

그날 의문이 남는 건 벽파 세력들이 혼인을 방해하는데, 정작 벽파의 수장이라고 말할 수 있는 정순왕후는 왜 뒤집지 않았을까요?

김문식 제일 중요한 것은 정조가 사실상 재간택까지 하면서 결정해 놓은 사항이라는 거죠. 선왕의 유지인 셈입니다. 그러니까 정순왕후로서는 선왕의 결정을 뒤집으려면 김조순에게 심각한 하자가 있다거나 하는 식이 되어야 하잖아요. 근데 그럴 만한 명분이 나타나질 않죠. 또한 김조순은 정순왕후에게 동조하는 발언을 많이 합니다. 그래서 벽파 쪽이 정적을 제거할 때도 반대하지 않습니다.

신병주 호랑이가 발톱을 숨긴 거죠.

김문식 네, 숨기는 거죠. 그리고 김조순은 계속해서 고위직을 역임하는데, 고위직을 지내면 공격당하기도 쉽거든요. 근데 김조순은 잠깐 하다가는 이내 사표를 내요. 사직 상소를 계속 올리죠.

그날 항상 낮은 자세로 임한 거네요.

김문식 네, 처신을 참 잘합니다. 아마 처세의 달인이라고 표현할 수도 있을 것 같은데, 그래서 정순왕후가 결혼식을 결정한 거죠.

신병주 또 하나, 이것도 중요한 변수가 될 수 있다고 생각하는데, 영조가 사망했을 때 정조가 영조의 왕릉을 지금의 동구릉 내에 있는 원릉에 조성합니다. 원래 영조가 묻히기로 예정됐던 곳은 지금의 서오릉 내에 있는 홍릉(弘陵)이에요. 영조의 첫 번째 왕비 정성왕후가 사망한 후에 묻힌 곳인데, 그 옆자리를 비워 뒀죠. 그런데 영조가 홍릉에 묻혀 버리면 정순왕후는 홀로 묻힐 수밖에 없잖아요. 그래서 정조가 정순왕후를 최대한 배려해서 영조의 무덤을 동구릉 자락에 새로 조성했고, 지금도 가 보시면 영조 옆자리는 정순왕후가 차지하고 있습니다. 이런 정조의 배려를 정

홍릉(위)과 원릉(아래) 영조와 정순왕후가 나란히 묻힌 반면, 정성왕후의 옆자리는 비어 있는 것을 확인할 수 있다.

순왕후도 분명히 알았을 거고, 정조에게 진 빚을 갚으려는 마음에 정조가 직접 며느리를 선택했던 뜻만큼은 존중해 줘야겠다고 판단했을 거라는 추측이죠.

최태성   자칫 잘못하면 나락으로 떨어질 수 있는 상황인데, 잘 버틸 수 있었던 건 김조순 본인의 성품도 매우 중요한 역할을 했던 것 같아요. 조정의 동정을 잘 살피면서 묵직한 정치인의 모습을 보였기 때문에 벽파의 경계심을 좀 누그러뜨릴 수 있지 않았나 하는 생각도 합니다.

김문식   김조순의 성품을 알리는 사례가 있습니다. 어떤 관직의 후보로 김조순의 이름이 올랐어요. 근데 김조순이 "본인은 무능하고 노쇠한 사람이다."라면서 사양하고 같이 후보에 올랐던 네 사람을 모두 훌륭하다고 칭찬하는 겁니다. 칭찬받은 사람은 대단히 기분이 좋고, 김조순 자신은 빠져나오는 거죠.

그날   겸손하네요. 납작 엎드린 것이기도 하고요. 무서운 사람이에요. 그러기가 쉽지 않잖아요. 매우 어려운 처세예요.

최태성   대단한 내공이죠.

그날   은인자중하면서 자신에게 할당된 정조의 권위를 이용할 줄 아는 노련한 정치가예요. 겉으론 온화하면서 속으로는 권력을 쟁취할 줄 아는 처세의 천재이고요.

발 뒤의 정치, 수렴청정

신병주   수렴청정이라고 하면 제일 먼저 떠오르는 인물로 대부분 명종 때 수렴청정했던 문정왕후를 꼽죠. 그리고 세조의 왕비인 정희왕후가 성종 때 본격적인 수렴청정의 서막을 열죠. 근데 사실은 19세기에 들어오면서 수렴청정이 연이어 계속되거든요. 정순왕후에 이어 김조순의 딸인 순원왕후도 훗날 수렴청정을 하는데,

「선원보감」에 실린 순조의 얼굴

이 순원왕후가 두 명의 왕, 즉 헌종과 철종을 연달아 수렴청정하는 기록을 세웁니다.

그날   그러니 그 발 뒤에서 얼마나 큰 영향력을 행사했겠어요? 그런데 좀 궁금해지는 게, 수렴청정할 때 신하가 아래에 있으면 위에 있는 왕과 대비는 누가 더 가운데에 자리하나요? 왕과 닮은 분께서 대답해 주시면 좋겠는데, 이해영 감독님과 최태성 선생님 중에 누가 더 순조에 가까운 것 같아요?

신병주   순조의 외모를 묘사한 기록을 보면 넓은 이마에 높은 콧마루라고 해서 코도 좀 높고, 네모난 입, 그리고 겹턱으로 나옵니다.

최태성   에이, 겹턱에서 좀 그러네요.

이해영   겹턱이 뭐죠? 전 전혀 모르겠는데요.

신병주   묘사를 더 보자면, "엄연한 위엄이 있어 두려움을 느끼게 했는데, 위엄이 있고 또 가까이서 보면 덕이 있어 친근감을 느끼게 한다."라고 되어 있습니다.

이해영 　그럼 아무래도 저를 가리키는 것 같으니 제가 답하겠습니다. 제 생각에는 중앙이 권력의 가장 중요한 상징성이 있는 위치이니까 당연히 대비의 자리가 아니겠어요? 수렴청정 기간이니까요. 그런데 왕의 자리가 문제네요. 동쪽과 서쪽, 어느 기준으로 앉아야 할까요? 홍동백서[9]로 따지면 왠지 동쪽으로 가야 할 것 같은데 말이죠.

최태성 　홍동백서라고요? 제사 지내세요?

그날 　답을 내기 어려워하시는 것 같은데, 그래서 수렴청정에 관해 연구하시는 숙명여자대학교의 임혜련 박사님을 모셨습니다. 박사님, 왕과 대비 중 누가 중앙에 자리했나요?

임혜련 　문정왕후 때라면 대비가 중앙에 위치하는 게 맞지만, 순조 대에는 왕이 정중앙에 앉고, 대왕대비는 그 동쪽에 앉아서 신하를 마주 보는 형태였습니다. 이 형태는 영조와 정조를 거치면서 탕평 정치기에 신장한 왕권을 반영하는 것이기도 합니다.

최태성 　그럼 신하가 뭔가를 보고해야 할 때는 왕과 대비 중 누구에게 보고해야 할까요? 애매한데요. 어르신이니까 대비에게 먼저 보고하면 될까요?

임혜련 　물론 왕실의 가장 큰 어른은 대비이지만, 보고는 왕에게 먼저 직접 하는 것입니다. 대비가 참여했던 차대[10]라는 회의는 비변사 대신들이 국정을 논의하는 회의로, 지금으로 말하면 국무회의와 같습니다. 그리고 국무회의가 매일 있는 것이 아니듯, 수렴청정하는 날도 정해져 있습니다. 한 달에 여섯 번으로 대략 닷새에 한 번씩 정해진 날에 참여했던 것이죠.

그날 　수렴청정이라고 하면 신하들의 보고를 들은 대비가 답을 내려 주는 식으로 대비와 신하가 서로 현안을 논의하고 왕은 중간에서 가만히 있는 역할이라고 생각했는데, 아니었나 보네요.

임혜련 우리가 흔히 수렴청정이라고 하면 왕은 허수아비 노릇을 했을 것으로 이해하는데, 실제로는 왕이 어리더라도 최고 권력자임을 분명히 했습니다.

최태성 조선 시대는 유교 사회잖아요. 여성이 정치에 참여하는 수렴청정이라는 게 대단히 파격적인 모습으로 생각되거든요. 삼국시대나 고려 시대 때 모후가 했었던 섭정과 어떤 차이가 있는지 설명 좀 부탁드리겠습니다.

임혜련 고려 등에서는 어린 왕이 즉위하면 어머니로서 아들을 보호하기 위해 모후가 왕을 대신해서 정치했는데, 이것이 섭정입니다. 그러나 조선 시대의 수렴청정은 섭정과는 다릅니다. 왕을 허수아비로 세워 놓고 대비가 정치를 독단하는 것이 아니라, 왕과 함께 조정에 나아가서 정치하는 형태였습니다.

그날 근데 권력을 한번 손에 쥐면 놓기가 쉽지 않은 법인데, 수렴청정을 거두는 건 전적으로 대비의 뜻에 맡길 수밖에 없는 건가요?

임혜련 조선 시대에 수렴청정은 총 일곱 차례가 있었습니다. 철렴하는 시기가 따로 정해져 있었던 것은 아니고요. 여기서 철렴은 발을 걷고 정치를 왕에게 돌려준다는 철렴환정(撤簾還政)의 줄임말입니다. 왕의 나이가 적게는 15세, 많게는 22세일 때 왕이 친정할 수 있도록 철렴했습니다. 왕이 성장하면서 관례나 혼례 등을 치르고 스스로 정치할 수 있는 기반이 마련됐다고 판단하면 대비가 공식적으로 철렴하겠다고 하교한 다음에 정치에서 물러나는 것입니다.

† 왕은 자표(姿表)가 특이하여 넓은 이마와 높은 콧마루에 네모난 입과 겹턱을 가졌는데 용안은 불그레하고 체상(體相)은 풍만하고도 장대하였다. 그리하여 바라보면 엄연한 위엄이 있어 두려움을 느끼게 하였는데, 앞으로 나아가면 온

화하게 덕이 있어 친근함을 느끼게 하였다.
—『순조실록』순조 대왕 묘지문

김조순, 권력의 중심에 서다

그날   그럼 정순왕후가 수렴청정을 거두고 순조가 친정을 시작한 이후에 김조순이 최고 실력자로 부상한 거죠?

김문식   그렇습니다. 김조순은 훈련대장과 규장각 제학을 지내고, 판서에도 여러 번 오르는 등 여러 관직을 역임합니다.

최태성   김조순의 졸기(卒記)를 보면 이렇게 나와 있어요. "왕실의 가까운 친척으로서 안으로는 국가의 기밀 업무를 돕고 밖으로는 백관을 총찰하여 충성을 다하면서 한 몸에 국가의 안위를 책임졌던 것이 30여 년이다." 권력의 가장 중심에 있었다는 것을 알 수 있죠.

신병주   한 개인이 30여 년 동안 국정의 최고 책임자 자리를 차지한다는 게 쉽지 않거든요.

최태성   배후에 있어서 겉으로는 잘 드러나지 않았지만, 중심 인물이었죠. 19세기 세도정치의 핵심이 비변사거든요. 이 비변사의 당상직을 차지한 사람들이 어느 가문 출신인지를 보면 소수의 가문이 비변사를 장악했음을 알 수 있습니다. 안동 김씨 37명, 대구 서씨 19명, 풍양 조씨 17명, 연안 이씨 17명, 반남 박씨 12명입니다. 역시 안동 김씨가 제일 많지요. 당상직을 압도적인 수로 차지한 모습을 보여 줍니다.

그날   안동 김씨가 독보적이네요.

신병주   그런데 김조순은 왕의 장인이 된 지 거의 10년 가까이 된 상황에서도 "신과 같은 자는 그 행적을 보면 조정에 혹과 같은 존재입니다."라고 형식적으로는 겸손하게 말합니다.

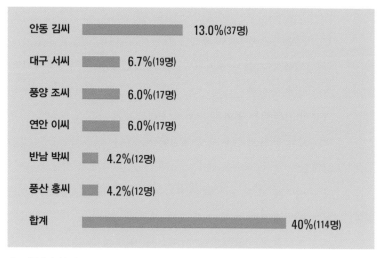

안동 김씨		13.0%(37명)
대구 서씨		6.7%(19명)
풍양 조씨		6.0%(17명)
연안 이씨		6.0%(17명)
반남 박씨		4.2%(12명)
풍산 홍씨		4.2%(12명)
합계		40%(114명)

세도 가문의 비변사 당상직 분포도(19세기 전반)

최태성　그러니까 물러나면서도 앞으로 나갈 방향을 다 바라보는 거예요. 정말 노련한 정치인의 모습을 보여 주는 겁니다.

김문식　왕의 장인이 나서서 권력을 휘두르기 시작하면 부작용이 대책 없이 번져 나갈 수 있잖아요. 그래서 김조순이 실권 있는 직책은 맡지를 않고 최고 책임자이긴 하지만 실제로 활동하지는 않는 명예직인 제조직을 주로 맡습니다. 그 외에 맡았던 자리가 왕비 집안을 관리하는 돈령부[11]의 최고 책임자인 영돈령부사[12]였죠.

그날　김조순은 자기 측근들을 권력 중추에 포진해 놓고 자신은 뒤에서 부드러운 인상으로 이미지를 잘 만들면서 조종한 겁니다. 진짜 무서운 사람입니다. 심지어 적들도 김조순을 "온화한 사람이었다."라거나 "좋은 사람이었다."라고 기억할 정도니까요. 그러나 세도정치의 시대를 열었다는 책임은 피하지 못할 것 같아요.

김문식　그 책임은 피할 수가 없죠. 역설적인데, 제가 생각하기에 김조순이 칼을 손에 들었을 때 휘두르는 성격이었다면 아마 안동 김씨가 세도를 휘두르는 시대는 못 왔을 수도 있어요. 근데 김조순이 30년 동안 처신을 너무 잘하다 보니까 그 이후에도 계속해서 안동 김씨에게 기회가 생기는 거죠. 그리고 왕들이 요절하잖아요. 그러니까 순원왕후에게 자꾸 기회가 오는 바람에 안동 김씨에 권력이 집중되는 효과를 가져온 거죠.

그날　딱딱해야 부러지는데, 너무 온화하다 보니 계속 살아남은 감이 있네요.

최태성　마치 한지에 먹이 조용히 스며들듯이 말이죠. 김조순의 행보를 보면 한지에 먹이 번지는 듯한 모습이 보여요.

그날　자기장 주변으로 쇳가루가 모이는 느낌이기도 하죠.

최태성　그러니까요. 대단히 무서운 사람이에요.

> † 김조순이 이미 왕실의 가까운 친척이 되어 안으로는 국가의 기밀 업무를 돕고 밖으로는 백관을 총찰(總察)하여 충성을 다하면서 한 몸에 국가의 안위를 책임졌던 것이 30여 년이었는데, 오직 성궁(聖躬)을 보호하고 군덕(君德)을 성취하며, 정의(精義)를 굳게 지키고 선류(善類)를 북돋워 보호하는 일로써 한 부분의 추모하여 보답하는 방도를 삼았기에, 우리 태평성대의 다스림을 돈독히 도울 수 있었다.
> ── 『순조실록』 32년(1832) 4월 3일

안동 김씨의 세도정치가 본격화하다

신병주　대표적으로 황현[13]의 『매천야록』이라는 책을 보면 김조순을 가리켜 일 처리가 상당히 능하고 성품도 후덕한 인물로 묘사하면서 그 뒤에 덧붙이기를 "그러나 김조순이 궁극적으로는 당색을 중심으로 인재를 등용해서 간신의 조짐이 보였다."라고 해요. 근데 더 문제는 김조순의 아들 대와 손자 대에 이르러서는 사치와 음란함, 잔인함이 끝이 없어서 "외척이 나라를 망치는 화의 시작이었다."라는 말이 나왔다는 거죠.

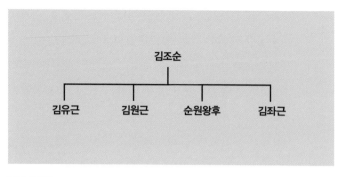

김조순 가계도

그날   결국 후손들이 문제였네요.

김문식   그렇죠. 김조순의 가계를 보면 첫째 아들이 김유근[14]인데, 순조
       말년에 김조순의 뒤를 이어서 권력을 잡기 시작합니다. 그리고
       둘째 아들인 김원근은 그렇게 오래 살지 못합니다. 그다음에 셋
       째 아들이 김좌근[15]인데, 이 사람이 헌종과 철종 연간에 권력을
       장악하고 세도를 부린 문제적 인물입니다. 김좌근은 헌종 연간
       에 들어와서 마흔두 살의 나이로 과거에 급제해요. 상당히 늦죠.
       보통은 20대 후반에 급제하니까요. 근데 김좌근이 급제하고 나
       서 4년 만에 이조판서까지 오릅니다. 순원왕후가 힘을 쓴 거죠.
       그러면서 이 시기에 우리가 흔히 말하는 안동 김씨 세도정치의
       문제점들이 나타납니다.

그날   진짜 빠른 급상승이네요. 마흔둘이면 적지 않은 나이에 급제한
       건데, 대단한데요.

사랑방에서 관직을 사고팔다

지방 수령의 임명권을 가진 김좌근.
김좌근의 집 앞은 청탁하기 위해 찾아온 사람으로
연일 문전성시를 이루었다.

그런데 한직이든 말직이든
관직을 얻으려는 사람들이 정작 만난 사람은 따로 있었다.
바로 김좌근의 소실이었다.

김좌근의 소실에게 뇌물을 바치면
그 액수에 따라 벼슬의 고하가 결정되었다.
김좌근의 사랑방에서 공공연히 관직이 사고팔렸던 것이다.

그날 인사가 조정에서 이뤄지는 게 아니라 안동 김씨의 사랑방에서 이뤄지는 지경까지 이르렀습니다.

신병주 철종 연간이 되면 안동 김씨 중에도 김조순의 손자 대인 불꽃 병(炳) 자 항렬들, 즉 김병학,[16] 김병국,[17] 김병기[18] 등이 지금의 인사동 쪽에 살았는데, 그들의 집 앞이 매관매직하려는 사람들로 그야말로 문전성시를 이루었다고 합니다. 그래서 수레에서 나는 소리가 너무나 시끄러웠고 따라온 말들까지도 음식을 매우 많이 주어서 말들이 음식에 거의 물릴 지경이었다는, 그 당시 안동 김씨라는 세도 가문의 문제점을 보여 주는 기록이 있습니다.

최태성 야사에서 전하는 이야기이긴 하지만, "평안 감사도 나합의 버선코에 이마를 조아리지 않고서는 자리를 보전할 수 없다."라는 말이 그 당시에 돌았다고 해요. 나합은 본래 매우 아름답고 재주가 뛰어난 기생이었는데, 김좌근의 눈에 들면서 소실이 되었습니다. 그래서 김좌근과 김병기 부자의 권력을 등에 업고 조정과 지방관의 인사권을 나합이 쥐고 흔든 거죠.

그날 근데 왠지 나합이라는 이름이 암호명 같은 느낌을 주기도 해요.

신병주 이름에서 뭔가 풍기는 느낌이 있죠. 나합은 나주 출신입니다. 그래서 나주에다가 합하(閤下)를 합해서 나주 합하로 불렀는데, 나합은 나주 합하를 줄인 말이에요. 원래 합하라는 용어는 정1품 관원을 높여 부르는 명칭이거든요. 그만큼 그 당시 나합의 영향력과 위상이 아주 컸음을 알 수 있죠. 기록에도 보면 "전략과 술수가 뛰어나서 김좌근이 그 독에 빠졌다가 오랜 뒤에는 그 여자에게 제압당했다."라고 나옵니다. 그리고 "그 많은 방백과 수령이 그녀의 손에서 나왔다."라고도 합니다. 그러니까 지금으로 치면 그 많은 도지사 자리와 시장 자리, 군수 자리가 모두 나합의

「옥호정도」, 옥호정은 김조순의 집으로, 현재는 남아 있지 않다.

손에서 사고팔렸다는 기록이죠.

그날　여주라던 정순왕후 못지않은 권력이네요.

류근　근데 나합에 관한 이야기는 그 유명한 김동인[19]의 소설 「운현궁
의 봄」에도 등장하거든요. 나합이 시반일(施飯日)에 배를 띄운
다음 한강 하류에 밥을 풀어서 물고기들을 먹이는 행사를 벌이
는데, 배고픈 백성들이 밥이라도 좀 얻어먹을 수 있을까 하는 마
음에 구름떼처럼 몰려 구경하러 나왔다가 매질을 당해서 죽습니
다. 말이 됩니까? 그 당시에 위정자의 타락이 얼마나 극에 달했
는지 잘 보여 주는 소설이에요.

최태성　특히 그 당시는 가뭄과 같은 자연재해가 엄청났고, 전염병까지
돌아서 백성들이 정말 살기 어려운 때였거든요. 그런데 쌀밥을
만들어서 물고기 밥으로 뿌린다는 건 말도 안 되죠.

그날　어이가 없네요.

최태성　상상도 할 수 없는 천인공노할 짓들을 지금 하는 거예요.

그날　그러게 말입니다. 근데 정말 궁금한 게, 얼마를 내면 관직을 살
수 있는 겁니까?

최태성　소과에 급제하고 싶으면 3만 냥, 대과에 급제하고 싶으면 10만
냥, 그리고 수령을 하고 싶으면 여기에 4만 냥을 더하고, 관찰사
나 유수[20]는 좀 높으니까 10만 냥을 더하면 되었다고 합니다.

그날　근데 몇만 냥이라는 식으로 표현하니까 별로 와 닿지 않는데요.
놀랄 수가 없네요. 가치가 어느 정도 되는 거예요?

신병주　조선 시대의 화폐를 오늘날의 가치로 환산하기가 상당히 어려운
부분이 있는데, 한 냥으로 쌀을 대략 20킬로그램 정도 구매할 수
있다고 보면 어느 정도 계산이 되죠. 지금 쌀 20킬로그램이 아마
4~5만 원 정도 하죠. 그러니까 한 냥을 4만 원으로 환산해 봤을
때 소과에 합격해 진사가 되려면 한 12억 원 정도를 내야겠네요.

그날 　진사가 12억 원이요? 그럼 한 냥을 5만 원으로 잡으면 15억 원이 되겠네요.

최태성 　당시의 극심한 인플레이션을 고려해야죠.

그날 　그럼 15억 원 정도로 잡아야겠네요. 진사를 아주 우습게 알았는데 그게 아니군뗗. 이렇게 비싼 돈 들여서 벼슬을 얻으면 어떻게든 자기 임기 내에 그 돈을 회수하려고 하겠어요. 악순환이네요.

김문식 　그래서 수령으로 부임하자마자 거둬들이기 시작하죠.

과거제도의 권위가 무너지다

그날 　이렇게 관직을 살 수 있으면 과거는 유명무실해졌겠어요. 돈으로 다 되는데 누가 과거를 보겠어요?

최태성 　그렇죠. 세도 가문의 권력 독점이 관료 질서를 무너뜨린 거죠. 특히 말씀하신 과거제의 문란을 세도정치의 가장 큰 병폐 중 하나로 볼 수 있는데, 세도 가문의 자제들이 시험장에 들어가서 소리를 지르고 돌을 던지고 난투극을 벌이는 등 진짜 말도 안 되는 짓들을 벌여요. 과거의 권위가 완전히 무너져 버린 거죠.

김문식 　그리고 세도 가문에서는 과거를 보기도 전에 합격 통보를 미리 받고 잔치를 준비했다고 합니다.

그날 　어이가 없어요. 진짜 헛웃음만 나오네요.

신병주 　심지어 글을 모르는 사람도 과거에 응시할 수 있었다고 하고요.

그날 　진짜로요?

신병주 　시험제도가 결국 이렇게 문란하면 관료 사회 자체가 거의 깨지는 거죠.

그날 　권력을 독점한 가문이 공공적인 성격을 망각했을 때 얼마나 악순환이 계속될 수 있는지 일깨워 주는 예네요.

김문식 　조선 시대의 긍정적인 요소를 이야기할 때 반드시 나오는 게 과

함경도 지방의 과거 시험 국립중앙박물관 소장.

거제도입니다. 능력주의였다는 거죠. 자신의 능력으로 선발되어서 관리가 될 수 있었다는 걸 강조하는데, 세도정치 시기에 와서 과거제도에 모순이 생긴 겁니다. 게다가 일단 과거에 급제하더라도 보직에 문제가 있습니다. 유력 가문의 자제들이 주요 보직에 가고, 한미한 지방 출신들은 좋은 자리에 갈 수가 없으니까 고위직으로 올라갈 길이 막히죠. 그러니까 과거제도의 모순이 이때에 이르러 극대화합니다.

혼인으로 이은 권력

신병주 사실 세도정치는 안동 김씨만이 아니라 풍양 조씨나 반남 박씨 등 몇몇 세도 가문도 함께했습니다. 그런데도 우리가 항상 19세기 세도정치라고 하면 안동 김씨를 많이 떠올리는 이유는 다른 가문은 이른바 흥망성쇠가 있는 데 반해 안동 김씨는 계속 권력을 잡고 가는 데 있습니다. 가장 핵심적인 요소는 왕비를 3대에 걸쳐 연이어 배출했다는 것이고요. 순원왕후 같은 인물은 헌종

사후에 철종을 왕으로 지명했을 정도이니까 안동 김씨 세도정치의 전성기가 어땠는지 짐작할 수 있죠.

최태성   신났겠네요.

그날   '혼테크'로 부귀영화를 계속 누리는 거예요. 말이 됩니까? 국혼으로 얻은 권력을 국혼으로 이어가는 것이니 혼인 만세에요. 앞에서 우리가 들었던 것처럼 조선은 이씨의 나라가 아니라 김씨의 나라네요. 무늬만 이씨의 나라라고 말하는 게 틀린 말이 아니에요. 김조순의 딸이 순조의 왕비가 되던 그날이 바로 세도정치의 신호탄이 됐던 날인데, 김조순의 딸이 순조의 비로 간택되지 않았다면 세도정치는 없었을까요?

김문식   정조는 자신이 강력하게 일을 추진할 때 자기를 도울 수 있는 확실한 세력을 아들인 순조의 혼인을 통해서 얻으려고 했던 것 같습니다. 그래서 김조순의 딸을 며느리로 맞아들이려고 결심했을 거고요. 근데 정조가 예상 밖으로 일찍 사망한 게 하나의 패착이었습니다. 그리고 그 뒤를 이은 왕들의 건강이 안 좋았던 것이 또 다른 패착이었죠. 세자가 되어서 정상적으로 교육을 받아야하잖아요. 근데 계속해서 왕이 이른 시점에 사망해 버리고, 덕분에 후임자는 준비가 안 된 상태에서 왕이 되는 악순환이 일어나다가 결국은 후손마저 끊기죠. 그래서 철종을 데려오잖아요. 그러니까 어느 한 사람의 책임은 아닌 것 같아요. 안 좋은 조건이 교묘하게 맞아떨어진 것 같습니다.

그날   정말 희한해요. 국운이 나빠지려니까 왕들이 단명한 건지, 아니면 왕들이 단명해서 국운이 나빠진 건지 궁금하네요.

신병주   영조와 정조를 거치면서 조선에 우리가 흔히 말하는, 정치와 문화의 르네상스가 도래해 국가의 기운을 끌어올리고 국가의 부도 증식되는 상황이었는데 갑자기 권력이 소수에게 집중되면서 무너져 버린 거죠.

그날 　국가권력에는 견제 장치가 있어야 하잖아요. 근데 예전에는 대신들이 "아니 되옵니다."라고 말했는데 이때는 그런 이야기가 전혀 없어요.

최태성 　견제 장치가 붕괴해 버린 거죠.

그날 　한집안이다 보니까 견제를 안 한 거예요. 권력을 가진 사람들이 윤리를 망각했을 때 어떤 비극이 발생하는지를 보여 주는 아주 대표적인 예가 이 시기네요. 그런데 당시는 전 세계가 약진하던 때잖아요.

거꾸로 돌린 역사의 수레바퀴

최태성 　그렇죠. 19세기니까요. 유럽에서는 영국이 철도를 개통해서 산업혁명의 결과를 세계로 전파할 준비를 하고 있었고, 프랑스는 계속된 혁명을 통해서 민주화하고 인권이 신장하고 있었어요. 즉 세계는 산업화와 민주화를 향해 약진하는 상황이었는데, 조선은 오히려 역사의 수레바퀴를 거꾸로 돌리는 비극적 상황이 벌어진 거죠.

김문식 　그렇죠. 이때를 역사학에서는 서세동점(西勢東漸)의 시기라고 합니다. 서양 세력이 동쪽으로 점점 다가오는 시기로, 1840년에 제1차 아편전쟁이 일어나고, 1860년대에는 북쪽 지역에 러시아가 나타나 조선과 국경이 맞닿게 됩니다. 그러니까 오늘날의 국제 정세와 비슷한 상황이 이 시기에 서서히 전개되는데, 조선은 내부적으로 변화에 대응할 준비가 안 돼 있는 거죠.

최태성 　세계사가 전개되는 상황을 보면 정치인들이 머리를 맞대고 어떻게 이 국면을 헤쳐 나갈 것인지 고민해야 하는데, 사리사욕을 채우느라 정신이 없어요. 너무 답답하고 그 몇십 년이 너무 아쉽습

로코모션 제1호 영국의 조지 스티븐슨이 발명한 증기기관차로, 1825년 세계 최초의 철도인 스톡턴-달링턴 철도를 달렸다.

제1차 아편전쟁 당시 청군을 물리치고 하문(샤먼)을 점령하는 영국군

니다.

그날 근대화를 이뤄야 하는 중요한 길목에서 세도정치가 우리 역사에 큰 걸림돌이 되고 말았습니다. 오늘의 소회를 사자성어로 들으며 마무리해 볼까요? 주제는 세도정치입니다.

류근 "극성즉패(極盛則敗)", 몹시 왕성하면 반드시 패망한다는 뜻입니다. 단 한 번의 예외도 없이 모든 역사가 다 가르치는 교훈이라는 것을 잊지 말았으면 좋겠습니다.

김문식 저는 『논어』 구절을 인용해서 이야기해 볼게요. "부진즉퇴(不進則退)", 배가 강물을 거슬러 나아가지 않고 가만히 있으면 뒤로 밀려가죠. 그런 것처럼 이 시기는 변해야 하는 시대였거든요. 세계정세가 다 변하고 판도가 바뀌는 때였으니까요. 그래서 저는 하나 더 말하겠습니다. "불변즉망(不變則亡)", 변하지 않으면 망하니까 변해야 한다는 생각이 들어요.

이해영 "소탐대실(小貪大失)", 작은 것을 탐하다 큰 것을 잃는다는 뜻이죠. 후손들이 생각할 때 부끄러울 수 있는 얼룩진 기록을 남기면서 무엇을 얻었는지 물어보고 싶어요.

그날 특권층의 사리사욕이 한 나라를 얼마나 피폐하게 했는지 세도정치를 통해서 큰 교훈을 얻어 가는 시간이었습니다.

8

홍경래의 난,
저항의 시대를
열다

19세기 세도정치의 전개와 함께 가장 고통받은 계층은 가난한 농민들이었다. 세도정치는 권력의 독점을 가져왔고 수령직까지 매관매직의 대상이 되었다. 수령과 아전들은 더욱 가혹하게 세금을 수탈했고, 전정·군정·환곡의 폐단은 극에 치달았다.

난세가 영웅을 만든다고 했던가? 마침내 홍경래는 우군칙, 김사용, 이희저, 김창시 등과 함께 봉기의 횃불을 높이 올렸다. 세도정치가 점차 기승을 부리면서 농민들의 삶이 곪을 대로 곪은 시절, 홍경래는 서북 지방의 대상인과 향임층, 무사, 유랑 농민, 노비 등을 규합하여 '서북 지방에 대한 지역 차별 타파'와 함께 "나이 어린 임금 아래에서 권세가 있는 간신배들이 국권을 농단하니 백성의 삶에 죽음이 거의 임박하였다."라는 점을 내세우면서 반란을 일으켰다. 어린 왕 순조가 제대로 권력을 행사하지 못하는 상황과 세도정치의 모순이 심화되는 상황이 반란의 동기임을 분명히 밝힌 것이다. 1811년 12월 18일 저녁, 홍경래는 평서 대원수의 직함으로 가산의 다복동에서 하늘에 제사 지내며 격문을 낭독하고 출정식을 올렸다.

"무릇 관서 지방은 단군조선의 터전으로 예부터 문물이 빛나고 임진·병자의 전란을 극복하는 데 큰 공을 세운 인물이 난 자랑스러운 곳이다. 그런데도 조정에서는 이 땅을 천시하니 어찌 억울하고 원통하지 아니한가? 현재 왕의 나이가 어려 김조순, 박종경 등 권신의 무리가 국권을 농단하여 정치는 어지럽고 백성은 도탄에 빠져서 헤어날 길을 모르고 있다. …… 관서 지역은 성인께서 나신 고향이므로 차마 밟아 무찌를 수가 없어 관서의 호걸들에게 병사를 일으켜 가난한 백성들을 구하도록 하였으니 각 군현의 수령들은 동요하지 말고 성문을 활짝 열어 우리 군대를 맞으라. 만약 어리석게도 항거하는 자가 있으면 철기 5000으로 무찔러 남기지 않으리라."

　　10년간의 준비 끝에 일으킨 거사인 만큼 초기에 반란군의 위세는 대단하였다. 처음에 다복동에서 병력 1000여 명으로 군사를 일으킨 홍경래군은 평안도 백성들의 광범한 호응을 얻어 순식간에 청천강 이북의 여덟 고을을 점령하는 전과를 올리기도 했다. 그러나 곧 전열을 정비한 관군의 반격이 시작되었다. 12월 29일, 홍경래군은 박천의 송림 전투에서 관군과 처음으로 접전을 벌였으나, 관군의 완강한 저항에 밀려 수백 명의 희생자를 남기고 정주성으로 퇴각할 수밖에 없었다. 이제 전황은 반란군에 점차 불리해졌다. 최후의 거점인 정주성에서 반란군 수뇌부와 2000여 명의 농민군이 마지막 저항에 나섰으나, 1812년 4월 19일, 1700근이 넘는 화약을 터뜨리며 진군한 관군에게 정주성은 결국 함락되고 말았다. 거병한 지 4개월 만의 일이었다. 홍경래는 남문 부근에서 전사하고, 홍총각은 체포되었으며, 우군칙은 도주하다가 체포되어서 처형당했다. 당시 관군에 체포된 자는 총 2893명으로, 그중 10세 이하 어린이를 뺀 1917명이 즉결 처형을 당했다. 장장 4개월간 평안도 일대를 휩쓸었던 농민 봉기의 열풍은 이날 타오르는 시체들에서 나오는 검은 연기와 함께 정주성 위의 하늘로 사라졌다.

　　홍경래의 난은 세도정치 척결과 지역 차별 철폐를 주요 명분으로 내세우고 일어났지만, 결국 세도 정권의 벽을 넘어서지 못하고 막을 내렸다. 장기간에 걸쳐 준비한 반란이었지만 충분한 물자가 준비되어 있지 않았고, 지역 차별을 타파한다는 명분이 전국적인 호소력을 지니지 못하면서 평안도 지역에 한정된 농민전쟁으로 끝나고 말았다. 그러나 홍경래의 난은 19세기 조선 사회를 저항의 시대로 열어 나가는 원동력을 제공해 주었다는 점에서 그 역사적 의미가 크다.

홍경래의 난, 저항의 시대를 열다

1811년(순조 11) 음력 12월,
수탈과 차별을 견디지 못한 백성들이
무기를 들고 가산 관아에 들이닥친다.

성난 백성의 선봉에 선 사람은 바로 홍경래.

"지금 나이 어린 임금이 왕위에 있어
권세 있는 간신배가 날로 국권을 멋대로 하고 있다.
이제 격문을 띄우노니 성문을 활짝 열어 우리 군대를 맞으라."

파죽지세로 진격한 홍경래와 봉기군은
순식간에 평안도 여덟 고을을 점령한다.

아래에서 시작된 조직적이고 치밀한 저항.
조선 후기 저항의 시대를 연 백성들의 봉기가 시작된 것이다.

최원정　조선 시대에 참 많은 봉기가 있는데, 그래도 저는 이 홍경래의 난은 그 이름 자체가 좀 익숙해요.

그날　그렇죠. 19세기라고 하면 흔히 민란의 시대로 알려졌을 만큼 다양한 민중 봉기가 일어났던 시대잖아요. 홍경래의 난이야말로 그 효시가 되었던 사건이죠.

최태성　홍경래의 난은 학교 시험에서도 많이 다루는 사건입니다. 19세기 초 홍경래의 난, 19세기 중반 임술 농민 봉기, 19세기 후반 동학농민운동으로 이어지는 계보의 첫출발로 시험에 아주 자주 나오는 주제입니다.

이윤석　저 같은 역사 초보자에게는 권위가 상당히 있는 노래가 있습니다. 「한국을 빛낸 100명의 위인들」이라는 노래인데, 가사 중에 "못 살겠다 홍경래"라고 나와요.

최태성　그러네요. 저도 들어 봤어요.

신병주　홍경래는 그만큼 백성들이 어려웠던 시기에 시대의 대변자 역할을 한 인물이기도 하고, 19세기 농민 저항운동의 서막을 연 중심 인물이라는 점에서 역사적 의미가 크다고 볼 수 있습니다.

그날　오늘 홍경래의 난에 관한 궁금증을 풀어 주실 전문가 한 분을 모셨습니다. 고려대학교 역사교육과의 권내현 교수님입니다. 교수님, 놀라운 게 홍경래의 봉기군이 삽시간에 여덟 고을을 점령했다고 나왔잖아요. 이게 어떻게 가능한 걸까요?

권내현　그만큼 치밀하게 준비했기 때문에 가능했습니다. 홍경래를 비롯한 봉기군의 지휘부는 장기간에 걸쳐서 난을 계획하고 준비했습니다. 여기저기 돌아다니면서 주요 인물들을 포섭하고, 상인과 같은 부유층에게서는 자금을 모은 다음에 광산을 연다는 빌미로 사람을 모아들입니다. 게다가 봉기 직전에는 심리전까지 펼칩니

다복동에서 일어난 홍경래의 봉기군이 점령한 평안도 여덟 고을

다. 『정감록』에 있는 예언들을 퍼뜨려서 평안도 여러 지역의 민심을 선동합니다.

그날 　반대로 이렇게도 해석해 볼 수 있지 않을까요? 각 지방 관아의 기강이 몹시 해이해져서 난에 대응할 준비가 전혀 되어 있지 않았다고 말이죠.

최태성 　예리하게 지적하셨습니다. 당시 봉기군은 관아의 창고를 다 열어서 백성들에게 나눠 주었습니다. 그리고 군율이 매우 엄격했다고 합니다. 그래서 민가에 절대로 피해를 주지 않는 모습들을 보였는데, 반면에 고을 수령들은 도망가거나 항복하기에 바쁜 모습을 많이 보였다고 해요. 특히 이때 항복한 고을의 수령 중한 명이 김익순이라는 인물이었는데, 조선 후기의 아주 유명한 시인의 할아버지이기도 합니다. 누군지 아세요?

그날 　조선 후기의 시인이요? 개화기의 시인은 아닌 거죠?

최태성 　네, 어렵죠? 힌트를 바로 드리겠습니다. 제가 삿갓을 준비해 왔어요.

그날   알겠어요. 이러면 다 알죠.

최태성 아시겠죠? 누군가요?

이윤석 시인 김삿갓이죠.

방랑 시인 김삿갓을 낳다

최태성 그렇죠. 방랑 시인 김삿갓입니다. 김삿갓의 본명은 김병연이고
        요. 그리고 김병연의 할아버지가 바로 김익순이에요. 그러니까
        방랑 시인 김삿갓이 홍경래에게 항복한 김익순의 손자가 되는
        거죠. 여기서 옛날이야기가 한 편 전해집니다. 훗날 할아버지에
        관한 사실을 아무것도 모르는 김병연이 과거를 보러 갔는데, 마
        침 홍경래의 난 때 항복했던 김익순을 고발하라는 시제가 나온
        거죠.

그날   김익순이 자기 할아버지인 걸 모르는 상황에서요?

최태성 모르죠. 모르는 상황에서 멋지게 고발하는 답을 냈는데 급제합
        니다. 그런데 김병연의 어머니가 그 사실을 알고 깜짝 놀라서 아
        들에게 사실을 다 알려 주죠. 그러니까 김병연도 너무 놀라서 하
        늘을 보고 살 수 없다며 삿갓을 쓰고 방랑을 하면서 시를 썼다는
        이야기가 전해집니다.

그날   삿갓을 쓴 이유가 다 있었네요. 눈부셔서 쓴 게 아니에요. 속죄
        하는 마음으로 얼굴을 가리려고 쓴 거예요.

류근   저는 이 이야기를 들을 때마다 너무나 극적이어서 오히려 믿기
        지 않아요.

신병주 실제로는 조선 시대에 과거를 칠 때 제출해야 하는 서류에 자신
        의 아버지와 할아버지, 증조부 이름까지 써야 해요. 그러니까 김
        익순이라는 할아버지의 이름을 김삿갓이 모를 리는 없었다는 거
        죠. 그래서 전해지는 다른 이야기가 있습니다. 김삿갓을 라이벌

로 삼은 노진이라는 시인이 홍경래에게 투항한 김익순의 행적을 비판하는 내용의 시를 유포했다는 거예요. 그래서 그 이야기를 듣고는 김삿갓이 "내 할아버지가 이곳에서 이렇게까지 치욕을 당하는구나."라고 하면서 평안도 땅은 다시 밟지 않았다는 이야기가 조선 후기 야사들을 모아 놓은 『대동기문』[1]이라는 책의 헌종 시대 편에 전해요.

최태성   정말 극적이네요.

그날   그러고 보면 역사도 운명도 참 알 수 없는 거예요. 홍경래의 난이 일어나지 않았다면 김삿갓은 시를 짓는 대신 관직에 나아갈 수 있었던 거 아닙니까? 김삿갓은 홍경래의 난이 낳은 시인이라고 해도 과언이 아닐 것 같습니다. 홍경래의 난이라는 명칭에서도 알 수 있듯이 홍경래가 주동자였던 거잖아요. 어떤 인물이었나요?

홍경래, 그는 누구인가?

권내현   홍경래에 관한 기록은 남은 것이 별로 많지가 않습니다. 『홍경래전』이나 『신미록』, 『홍경래실기』와 같은 고전소설이나 전기류를 통해서 주로 남아 있습니다. 이런 기록들을 보면 홍경래는 평안도 용강군에서 1780년에 태어났다고 되어 있는데, 봉기가 일어났을 때 홍경래의 나이를 두고 29세, 33세, 42세 등으로 의견이 분분한 것으로 봐서는 홍경래의 출생에 관해서 정확하게 알기는 어렵다고 봅니다.

신병주   특이하게도 홍경래의 행적에 관한 기록은 『홍경래전』과 같은 고전소설류에 아주 자세하게 나오죠. 그리고 홍경래가 민중의 편에 선 인물이라는 관점에서 쓰인 것을 보면 그만큼 홍경래는 백성들에게 희망이 될 수 있었던 인물로 받아들여진다는 것을 알

수 있습니다.

그날   그런데 어디선가 홍경래에 관한 묘사를 보니까, 턱이 짧고 뾰족하며 수염은 길었고 오른쪽 눈 위에 작은 사마귀가 있었다고 합니다. 대단히 좋은 인상이라고 하기에는 조금 어려웠던 것 같은데, 어떤 매력이 있었기에 지도자로 존경과 추대를 받았는지 궁금해요.

최태성   키도 그렇게 크지 않았대요. 4척 5촌이었다니까 계산해 보면 대략 150센티미터 전후인데, 키가 매우 작게 과장된 측면이 없지는 않겠지만, 어쨌든 비범한 측면이 있었던 것 같아요. 집도 없고 노비도 없는 상황인데 공부를 열심히 했나 봐요. 그래서 소과,[2] 즉 사마시(司馬試)에 응시했는데 급제하지 못했다고 전해지더라고요. 그 후에 풍수를 보는 지관이 되어 돌아다니면서 세상 돌아가는 모습을 확인했다고 합니다. 그리고 병서와 술서에 매우 능했는데, 특히 『정감록』을 아주 꿰고 있었다고 합니다. 이런 것을 보면 지식과 교양을 갖춘 지식인의 모습과 지도자의 풍모를 지녔다는 생각이 들고, 당시 사회의 모순이 무엇인지를 직시할 수 있는 인물이 아니었을까 하는 생각도 해 봅니다.

그날   한 가지 궁금한 게 일반적으로 홍경래는 몰락 양반으로 알려져 있잖아요. 그래서 과거에도 응시했다고 하는데, 한편에선 평민이라는 얘기도 있거든요. 도대체 어떤 게 맞는 겁니까?

신병주   과거에 응시하려면 당연히 양반이어야 한다고 이해하는 사람이 많은데, 조선 시대의 과거는 법제적으로는 양인 이상이면 응시할 수 있어요. 일반 농민들도 응시할 수 있다는 거죠. 양반이라는 신분은 세습되는 신분이긴 하지만, 그래도 관직을 계속 유지해야 양반 신분도 유지되는 거예요. 그래서 계속 양반 가문이었다고 해도 어느 시점에서 대를 거듭해 과거에 합격하지 못하고 관직에 진출하지 못하면 자연스럽게 평민으로 떨어지죠.

권내현 난의 과정을 기록한 『진중일기』³라는 기록물을 보면 봉기에 참여했던 양반층은 이름 앞에 반족이나 사인이라고 특별하게 기재되어 있습니다. 그런데 홍경래의 이름 앞에는 아무런 표시가 없습니다. 그리고 홍경래의 부인에 관한 기록을 보면 '최 소사(召史)'로 되어 있습니다. 여기서 소사는 조선 시대 평민층의 부녀자를 가리키는 말입니다. 홍경래의 부인이 양반층이었다면 '최 씨'로 기록했을 거고, 노비와 같은 하층민이었다면 '곱단이'나 '시월이' 같은 이름을 그대로 썼을 겁니다. 이런 것으로 봐서도 홍경래는 오히려 평민으로 보는 것이 더 정확할 것으로 생각됩니다.

최태성 교수님, 질문을 하나 할게요. 학교 시험에 "몰락 양반 홍경래가 난을 일으켰다."라는 지문이 나오면 이 지문을 정답과 오답 중 어떤 것으로 처리해야 할까요?

권내현 교과서에는 주로 몰락 양반으로 되어 있죠. 예전의 연구나 소설류 등을 보고서 그렇게 이야기하는 건데, 지금은 평민으로 보는 게 주류입니다.

홍경래와 함께한 사람들

그날 홍경래와 함께 난을 준비했던 사람들도 다 평민이었나요?

최태성 그렇지는 않았던 것 같습니다. 면면을 보면 정말 조선 시대 모든 신분 계층을 거의 다 데려온 게 아닌가 하는 생각이 들 정도입니다. 농민들 외에 군수품과 돈을 대는 대상인도 있고, 무력을 기반으로 하는 장사(壯士)도 있습니다. 아주 다양한 계층이 다 모여 있습니다.

그날 왕족 빼곤 모든 계층이 다 모였네요. 그런데 홍경래가 평민이라

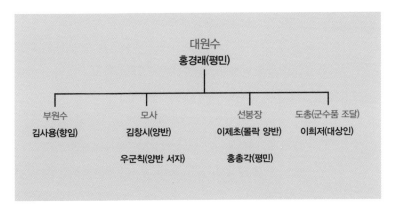

봉기군 조직도

고 했는데, 그 밑에 양반이 있는 셈이잖아요. 몰락 양반도 있고요. 그런 사람들까지 합세했다는 거 보면 홍경래의 카리스마와 리더십이 정말 남다르지 않았나 하는 생각이 든단 말이에요. 그리고 양반과 평민은 정확히 알겠는데, 향임⁴은 양반과 평민 중 어느 쪽인가요?

권내현　향임은 지역의 중간 계층 정도로 볼 수 있을 것 같습니다. 평민보다는 조금 더 높고요.

그날　난을 일으키는 데 필요한 직업이나 신분은 다 모인 것 같아요. 근데 참 특이한 이름이 있어요. 홍총각이라는 이름이 있네요. 홍총각은 그냥 평민에 홍씨이고 총각이니까 홍총각인가요?

신병주　그렇죠. 그 당시에는 그런 개념이죠.

그날　이름으로 착각할 뻔했네요. 이름이 아닐 것 같긴 했어요. 그런데 계층이 다른 만큼 이해관계도 다 달랐을 텐데, 도대체 무엇이 사람들의 마음을 하나로 모았을까요?

차별받는 땅, 평안도

난을 일으키기에 앞서 봉기군 지휘부는 격문을 발표한다.

"조정에서 서토(평안도)를 버림이 썩은 땅과 다름없다.
심지어 권세 있는 집 노비들도 서토의 인사를 보면
반드시 평안도 놈이라 일컫는다."

평안도 출신들은 차별 때문에
좀처럼 높은 관직에 오를 수 없었다.

요직은 모두 중앙의 문벌 가문에 돌아갔다.
특정 가문이 권력을 잡으면서 관직 진출은 더 어려워졌다.

정치적·사회적 차별 아래
경제적 수탈까지 겪어야 했던 평안도 백성들.

홍경래의 난으로 평안도 일대에는
저항의 불씨가 타오르기 시작한다.

평안도는 왜 차별받았나?

그날 반란의 배경에는 홍경래의 통솔력뿐만 아니라 평안도 출신에 대한 차별도 있었어요.

신병주 일단은 평안도 지역의 과거 합격자가 적은 건 아닌데 보직을 못받습니다. 관직에 진출하지 못하다 보니까 더 좌절했던 거죠.

최태성 평안도 지역 사람들에 대한 차별이 당시에 아주 심했다는 결정적인 근거가 조선 후기의 실학자 이중환[5]이 영조 때 쓴 유명한 인문 지리서인 『택리지』[6]에 나와요. 『택리지』를 보면 이런 기록이 나옵니다. "평안도에는 300년 이래 높은 벼슬을 한 사람이 없었고, 서울 사대부는 이들과 혼인하거나 벗하지 않았다."

그날 조선 시대 내내 차별했나 보네요.

신병주 한말의 대표적인 개화파 지식인 윤치호[7]에게서도 비슷한 예를 찾아볼 수 있죠. 윤치호가 사위로 맞이한 인물이 도쿄 대학교 법학과 출신인 정광현이라는 인물이에요. 당시 최고의 엘리트였던 셈이죠. 그런데 윤치호가 "우리 집안 같은 서울의 명문가에서 평안도 출신의 사위를 맞는 것은 뒷날에 반드시 조롱과 비난의 대상이 될 것이다."라고 한탄하고 걱정하는 기록이 나와요. 『택리지』에서 이야기했던 차별이 여전했던 거죠.

그날 듣는 사위로서는 진짜 서운했겠어요. 우리 상식으로는 평안도의 중심 도시인 평양만 해도 역사와 전통을 자랑하는 고도 아닙니까? 출신지만으로 무조건 차별한다는 건 얼른 받아들이기 어려운 일 아닌가요? 평안도가 왜 이렇게 차별받았던 거예요?

권내현 역사적으로 보면 평안도는 이민족의 침입이 잦았던 변방 지역이었고, 벼농사를 비롯한 농업경제가 발달하지 않았기 때문에 양반 사족들이 잘 거주하지 않으려고 합니다. 그리고 양반 사족들이 제대로 거주하지 않으니까 성리학도 이 지역에는 제대로 보급되지 않습니다. 그래서 중앙의 관료들은 평안도를 변방인 데다가 성리학도 잘 모르는 뒤떨어진 지역으로 생각했던 겁니다.

그날　이상한 편견이네요. 양반끼리도 서로 무시했다는 거 아닙니까? 격이 다르다는 건데, 합리적인 근거가 없는 차별이잖아요.

최태성　평안도가 정치적·사회적으로 차별받는 지역이었지만, 경제적으로는 매우 부유한 지역이었어요. 조선 후기의 대청 무역이 평안도를 중심으로 이뤄졌기 때문에 상업이나 무역이 활성화하면서 큰 부를 축적한 겁니다.

신병주　지금 보이는 지도가 「기성전도」라고 해서 대략 200여 년 전에 평양의 모습을 그린 지도예요. 보시면 기와집 같은 가옥들이 빼곡히 있지요. 도시가 구역화된 모습을 확인할 수 있습니다. 그리고 제일 주목해 볼 만한 게 '냉면가'라는 표시도 있어요.

그날　그 유명한 평양냉면의 원조집이겠군요.

신병주　대동강 강변 쪽에 있는 나무들에서는 수양버들이 늘어진 모습을 볼 수 있습니다. 평양 상인들을 유상(柳商)으로 부르기도 하는데, 유 자는 바로 이 버들 유 자를 썼죠. 유상은 조선 후기에 의주의 만상과 더불어 최고의 상단으로 꼽혔습니다. 이런 모습들을 통해서 평양이라는 도시가 활발한 상업과 무역으로 번성했음을 확인할 수 있죠.

그날　북쪽에 있으므로 이민족의 침입도 많고 농사도 잘 안될 거라는 이미지가 있었는데 전혀 아니네요. 잘사는 지역이었네요.

권내현　재정이라는 측면에서 보자면 이 지역이 군사적·외교적으로 요충지이다 보니까 국방비와 사신 접대비가 많이 듭니다. 그래서 세금을 걷으면 중앙으로 보내지 않고 평안도에서 독자적으로 비축해서 운영합니다. 이런 연유로 평안도는 경제적으로 매우 풍족한 지역으로 성장했던 겁니다.

「기성전도」 서울대학교 규장각한국학연구원 소장.

「**연광정연회도**」 김홍도의 작품으로 알려진 「평안감사향연도」의 일부다. 국립중앙박물관 소장.

그날	평안 감사도 저 하기 싫으면 그만이라는 말이 그래서 나왔던 거군요. 재정 자립도가 확연히 높은 지방자치단체잖아요.
권내현	근데 문제가 생기기 시작합니다. 18세기 중엽부터 중앙의 재정이 부족해지니까 평안도의 재정을 계속해서 끌어다 쓰기 시작합니다. 그것도 일시적인 게 아니라 영조 때부터 지속적이고 장기적으로 평안도의 재원을 끌어다 씁니다. 그러다 보니까 평안도에 필요한 재원이 부족해지죠.
최태성	그럼 차별할 게 아니라 평안도 쪽에 고마워해야 하는 거잖아요.
그날	돈은 돈대로 뺏으면서 홀대하네요. 평소에 동생을 무시하고 내팽개쳐 뒀는데, 동생이 성공하니까 동생네 집에 얹혀살면서도 계속 무시하는 느낌인데요. 너는 돈만 내놓고 저리 가라는 느낌 말이죠.
최태성	화날 만도 한 분위기예요.

그날　이때의 시대적 배경을 듣고 나니까 어떤 난이든 충분히 일어날 만한 상황이었다는 생각이 드네요. 그러면 관리들은 중앙으로 세금을 보낸 만큼 백성들에게 또 뽑아낼 거 아니에요? 결국 피해를 보는 건 백성들이네요.

매향의 부정부패

최태성　맞습니다. 그뿐만이 아니라 평안도 지역에서는 부유한 사람들을 상대로도 수탈이 일어납니다. 아까도 이야기가 나왔지만, 평양 지역이 상업적으로 활성화된 지역이기 때문에 부를 창출한 사람이 많이 있었거든요. 사람이 돈을 많이 가지면 그다음에는 명예를 얻고 싶어 하잖아요. 근데 방법이 있었어요. 매향(賣鄕)이라고 해서 향임직을 사는 방법이었습니다. 향임직을 사면 부역이나 세금에서 혜택을 받는 등 좋은 면이 많이 있었거든요. 그리고 이런 심리를 잘 아는 수령이 높은 가격을 불렀습니다. 특히 평안도 지역에서 매향의 부정부패가 대단히 심했고요.

그날　근데 돈이 많아서 향직을 산 사람들은 수탈에서 벗어나 살기가 편해졌겠지만, 그 사람이 짊어졌던 부담까지 사라지는 것은 아니잖아요. 그렇게 빠진 사람의 몫이 고스란히 하층민에게 전가되었을 것 같은데, 정말 없는 사람들에게만 고혈을 더 짜내는 구조예요. 한마디로 악순환인 겁니다.

최태성　있는 사람도 힘들어지고, 없는 사람은 더 힘들어지는 거네요.

그날　항상 그런 거죠. 열매는 다 가져가면서 계속 무시하고 차별하네요. 그런데 난을 일으켰을 때의 격문을 잘 보면 "나이 어린 임금이 왕위에 있어 권세 있는 간신배가 날로 국권을 멋대로 하고 있다."라는 내용이 있잖아요. 단순히 지역 차별 문제만은 아니었던 것 같아요.

신병주 그렇죠. 18세기 후반 이후에 평안도 사람들이 자신들이 이룬 경
제적인 성과의 혜택을 제대로 보지 못하는 상황에서 기름을 더
부은 것이 19세기 세도정치입니다. 권력이 소수 가문에 집중되
면서 백성들이 수탈당하는 정도가 커짐으로써 홍경래의 난이 터
지는 중요한 배경이 됩니다. 홍경래가 난을 일으킨 동기 중 하나
로 김조순 같은 사람이 권력을 독점한다는 걸 들 정도였죠.

그날 정확하게는 홍경래의 난 때 "김조순과 박종경[8]이 나라를 어지럽
힌 주체다."라는 격문이 나붙었다고 해요. 이 내용을 보면 안동
김씨와 반남 박씨가 가장 강력한 세도를 부렸다는 이야기가 아
닌가 싶은데요. 그래서 과거에 합격해도 원하는 좋은 관직에 가
려면 세도가에게 뇌물을 바쳐야 하는 구조가 되고요.

최태성 그렇죠. 빚을 내서 관직을 산 다음에 빚을 갚고 더 높은 관직에
올라가려면 또 돈이 필요하잖아요. 그래서 백성들의 고혈을 짜
내는 악순환이 일어나죠.

그날 백성을 수탈하는 것으로도 모자라서 매관매직까지 일어나네요.
조선이 상업이 발달하지 않은 나라라고 하지만, 사실은 놀라운
상업 국가예요. 세도가는 지방 수령직을 팔고, 지방 수령은 향임
직을 파니, 다단계 피라미드 국가의 면모를 보여 주는 것 같아서
조금 슬픈 생각이 드네요.

권내현 봉기에 가담한 양반 중에 김창시라는 사람이 있습니다. 김창시
도 엽관(獵官) 운동을 하다가 가산을 탕진한 사람입니다. 그리고
김창시뿐만 아니라 주도 세력의 면면을 한번 살펴보면 세도정치
때문에 피해를 본 사람이 상당히 많습니다. 예를 들면 서울에서
는 경상(京商), 평안도에서는 그 유명한 임상옥[9]과 같은 지역의
대상인들에게 세도가들이 이익을 몰아줬기 때문에 다른 상인들

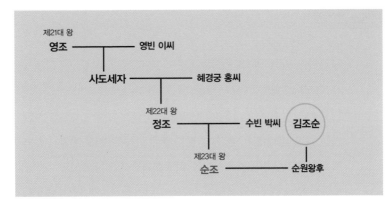

순조 가계도

이 피해를 봤죠. 그리고 실력이 있더라도 관직을 얻을 수가 없었던 양반과 지식인, 세도가와 결탁한 수령들의 수탈로 피해를 본 농민들도 있었고요. 그래서 지역 차별의 철폐와 함께 봉기군이 내세웠던 주요한 주장이 바로 세도정치 척결이었던 겁니다.

그날 　지역 차별의 철폐와 세도정치의 척결, 이 두 가지로 구호를 요약할 수 있겠네요. 백성은 가난 때문에 불평하는 것이 아니라 공정하지 못한 것 때문에 불평한다고 하잖아요. 이 구조 자체가 너무나 공정하지 못해요. 가지들이 시들 때는 뿌리가 썩었기 때문이잖아요. 홍경래가 백성의 마음을 잘 읽어서 문제의 원인을 평안도 차별과 세도정치의 폐해로 집약한 것 같아요. 기치를 잘 내건 거 같습니다.

최태성 　평안도 사람들의 가려운 곳을 정확히 긁어 준 거죠. 당시에 불린 「홍경래난요」라는 노래를 통해 백성들의 호응을 알 수 있습니다. 가사를 보면 "철산 치오 가산 치오 정주 치오"라고 되어 있어요. 철산과 가산, 정주는 홍경래의 봉기군이 진격한 경로거든요. 당시에 평안도의 백성들이 호응하지 않았더라면 아마 이런 노래가 남아 있지 않았을 겁니다.

송림 전투 패배

1811년(순조 11) 음력 12월 29일,
봉기군은 송림 평야에서 관군과 전투를 벌인다.

전투 초반, 봉기군은 관군을 압박하며 기세를 몰아간다.
하지만 바로 그때, 관군의 원군이 나타나
봉기군의 배후를 기습한다.

봉기군은 맥없이 무너진다.
수백 명이 죽는 처참한 패배였다.

결국 봉기군은 정주성으로 철수한다.
엄청난 규모의 관군에 포위된 채
봉기군은 철저하게 고립되고 만다.

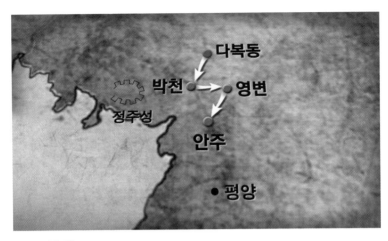

봉기군의 진격 계획

봉기군, 송림 평야에서 무너지다

그날   기세가 등등했는데, 참으로 허망하게 패배하네요. 준비하는 과정에 비하면 믿을 수 없을 만큼 싱거운 패배가 아닙니까? 아무리 민란이라고 해도 저렇게 전략과 전술이 허술할 수 있는 건가요?

최태성   저는 평야에서 관군과 맞붙는다는 전술 자체가 무모했다는 생각이 들어요. 그 지역의 지형을 이용해서 매복한 상태로 치고 빠지는 전술로 갔어야 했는데, 저렇게 평야에서 맞붙으면 쉽지 않죠.

권내현   근데 사실 이 전투는 봉기군이 계획대로 했다면 피할 수도 있었던 전투였습니다. 홍경래의 봉기군은 원래 박천을 점령하고 난 뒤에, 영변을 치고 안주를 함락하려고 계획을 세워 두고 있었습니다. 근데 영변을 거치지 말고 안주를 바로 치자는 주장이 나오면서 분열이 일어나죠. 안주를 먼저 치자고 주장했던 사람들은 영변을 치고 나면 안주 공략이 어려워져서 결국 난이 실패할 것으로 생각하고 자신들의 의견이 받아들여지지 않자 홍경래를 공격합니다. 홍경래는 다행히 목숨은 건졌지만, 이마에 상처를 입고요. 그래서 홍경래가 낫기를 기다리고, 전열을 가다듬는 데 시간이 걸리는 바람에 봉기군이 송림에 도착했을 때는 초기와는 달리 이미 상당한 준비를 한 관군과 전투를 벌이게 됩니다.

그날　처음에 조정과 관군의 초기 대응이 대단히 엉성했던 것으로 아는데, 이제는 조금 정신을 차렸나 봐요.

신병주　홍경래의 봉기군이 일어났다는 소식을 듣고 조정에서는 관서 지역에서 징병하는데, 응하는 사람이 거의 없었다는 기록이 전합니다. 게다가 그 당시에 순조의 건강이 좀 좋지 않았는데, 왕이 사망했다는 소문도 들릴 정도였습니다.† 그러니까 우왕좌왕하는 상황이 지속되다가 겨우 정비하죠.

그날　근데 안주를 먼저 치자는 의견이 갑자기 나오면서 분열이 일어나는 바람에 결과적으로 패배한 건데, 지금에 와서 파악해 볼 때 그 의견을 따르는 게 조금 더 나았을까요? 아니면 애초의 계획대로 영변을 친 다음 안주를 치는 게 더 유리했을까요?

권내현　아마 안주를 치고 난 뒤에 서울 쪽으로 진격해 들어갈 계획을 세웠었을 텐데, 안주가 관군의 병력이 집결해 있던 곳이다 보니 쉽지는 않았을 겁니다. 하지만 결과적으로는 관군이 대열을 가다듬을 시간을 주지 않고, 전략적 요충지를 바로 먼저 점령하는 것이 상당히 효과적이었을 거라고 생각합니다.

그날　관군의 작전 본부는 언덕에 있었다고 해요. 전투의 양상을 다 지켜봤던 거예요. 적전 분열까지 벌어진 상황에서 처음부터 이길 수 없는 전투를 벌인 거죠. 홍경래가 병법서를 많이 읽었다고 했는데 이상하네요. 홍경래 말고 작전참모도 있었을 텐데 말이죠.

신병주　이때 봉기군이 거의 수백 명 전사하고, 체포되기도 하면서 조금 위축됩니다.

그날　더 마음이 아픈 게, 그동안은 패배를 모르고 승승장구했잖아요.

관군에게 첫 패배를 당해서 정신적인 충격이 가장 컸을 거 같습니다. 봉기라는 건 사기가 참 중요한 건데 말이죠.

최태성 결국 봉기군은 재기하기는 좀 어렵겠다고 판단해서 정주성으로 들어가 문을 잠그고 농성전을 벌입니다. 반면에 관군은 승리한 기세를 몰아서 이제까지 봉기군에게 빼앗겼던 고을을 하나씩 되찾습니다. 그런데 되찾는 과정에서 봉기군의 근거지를 소멸한다는 명분 아래 마을을 불태운다거나 양민들을 죽이는 식으로 초토전술[10]을 전개합니다.

> † 이때 서사(西師)는 아직 미처 개선하지 않았고, 임금의 환후는 바야흐로 정섭(靜攝) 중이었는데, 이달 13일 저녁 갑자기 감히 말할 수도 없고 차마 들을 수도 없는 말이 길거리에 전파되어 온 성안이 떨고 두려워하였으므로, 포도청에서 그 말의 근원을 정탐하여 세 사람을 잡았다.
> ―『순조실록』 12년(1812) 2월 1일

관군, 초토전술을 펴다

그날 양민 학살까지 저질렀군요. 왜 반란이 일어났는지도 모르고, 아직도 반성하지 않는 거예요. 기세를 몰아서 봉기군을 진압했다면 모르겠는데, 그 기세를 몰아서 양민까지 죽였다는 건 조금 그렇습니다.

신병주 조정에서 난을 빨리 진압하라고 압박하는 상황에서 관군으로서는 양민과 봉기군의 구분이 잘 안 되었던 거죠. 그러다 보니까 무고한 사람들까지 희생당하는 상황이 벌어졌고요.

그날 명색이 한 나라의 관군인데, 조정에서는 조치가 없었나요?

신병주 조정에서도 뒤늦게 이런 사태가 벌어지는 것을 알고 살육 행위를 금하는 조치를 단행합니다. 그리고 백성들을 함부로 죽인 일부 주동자를 잡아서 효수까지 하는데도,† 워낙 어지러운 상황인지라 진정이 잘 안 됩니다. 그래서 봉기가 진압된 후에도 두고두고 논란거리가 됩니다.

그날   조금 단견이었던 거 같은데, 초토전술을 쓰면 진압은 당장 편하겠지만, 백성들 마음이 돌아서잖아요. 그리고 봉기군은 항복해도 그냥 죽게 생겼으니 싸우다 죽자는 쪽으로 마음이 다 돌아설 거 같거든요.

> † 황해 감사 한용탁이 "황주 애진포의 무뢰한 뱃놈들이 무리를 지어 마장리, 용암리 등 열두 포구에서 300여 호를 불태우고 네 명을 살해했으므로 이미 적괴(賊魁)를 잡아 가두었다."고 아뢰고, 여쭈어 처리할 것을 청하였는데, 비국에서 복계(覆啓)하여 말하기를, "이는 적도들의 우두머리이자, 난민 중 가장 흉악한 자들입니다. 불을 지른 두 명과 살인한 세 명은 모두 수신(帥臣)에게 맡겨 군민(軍民)을 불러 모아 효수하게 하소서." 하니, 그대로 따랐다.
> — 『순조실록』 12년(1812) 1월 28일

항쟁의 주역이 된 농민들

권내현   그래서 봉기군이 정주성에 들어갈 때 매우 많은 농민이 같이 따라 들어갑니다. 반면에 봉기 초반에 가담했던 향리와 같은 중간 계층들은 전세가 불리해지면서 관군 쪽으로 돌아섭니다.

그날   선불리 먹물 든 자들의 기회주의가 이런 데서 나오네요. 뚜렷한 신념이 있었던 게 아니에요. 잃을 게 있는 사람들은 눈치를 보잖아요. 농민이야 잃을 게 없으니까 결사적인 거고요.

권내현   봉기 초기에 참여한 농민들은 사실 먹고살기 어렵던 차에 광산을 연다는 소문을 듣고 일자리를 구하고자 몰려들었던 사람들이거든요. 그래서 초창기에는 봉기군의 지휘부처럼 어떤 뚜렷한 목적의식을 품고 봉기에 가담한 것은 아닙니다. 근데 송림 전투를 거치고 관군이 초토전술을 펼치면서 수많은 농민이 자발적으로 봉기에 가담하죠. 결국에는 농민들이 봉기의 중요한 중심 세력으로까지 발전하는 겁니다.

발미 전투 프랑스 대혁명의 여파가 자국에 미치는 것을 두려워한 유럽 각국은 프랑스를 공격했는데, 농민으로 구성된 의용군이 합류한 프랑스군이 발미에서 프로이센군을 물리쳤다.

신병주　농민 출신의 광산 노동자들이 자연스럽게 봉기에 흡수된 것이 홍경래의 난에 참여한 계층이 다양해지는 과정을 보여 주는 지표가 된 거죠.

그날　뿌리를 뽑겠다고 강경하게 진압했는데 그게 실수였네요. 불 끄러 왔다가 오히려 불붙인 격이 되어서 저항 의식만 활활 타오르게 한 거 같아요. 어찌 보면 비로소 의식이 성장하기 시작했다고도 볼 수 있어요. 그냥 이렇게 태어났으니까 이렇게 살다가 죽을 수밖에 없다고 생각했던 농민들이 '왜 이렇게 되었는가?'와 '이 모순을 타개하려면 어떻게 해야 하는가?'에 관한 고민을 비로소 시작한 게 아닌가 싶습니다. 농민들의 참여가 늘어나면서 홍경래를 비롯한 지도부도 아마 하층민들을 저항 동력으로서 다시 돌아보지 않았을까 하는 생각도 들고요.

최태성 1789년에 일어난 프랑스 대혁명도 초기에는 부르주아 측, 즉 유산계급이 주도하는데, 혁명전쟁을 거치면서 무산계급들이 합류해 혁명의 원동력으로 계속 이어지거든요. 마찬가지로 홍경래의 난 당시에 봉기군이 정주성에 들어가서 넉 달 동안이나 농성한 것은 농민들이 가담했기 때문에 그만큼 계속 버틸 힘이 유지된 게 아닌가 하는 생각이 듭니다.

정주성 전투, 공성과 수성

그날 넉 달이면 꽤 오래 버틴 거네요. 겨울부터 봄까지 버텼어요. 정주성에서 봉기군과 관군이 맞서면서 농성전과 공성전이 된 거잖아요? 이 상황을 어떻게 봐야 할지 박금수 박사님과 함께 자세히 알아보겠습니다. 먼저 단도직입적으로 여쭤 볼게요. 이런 공성전과 농성전에서는 공격과 수비 중 어느 쪽이 더 유리한 거예요?

박금수 지금 보이는 그림이 홍경래의 난 당시에 정주성을 포위한 관군의 모습을 그린 「정주성공위도」라는 그림이에요. 당시 관군의 총수는 8329명이었다고 합니다. 관군의 수가 봉기군보다 월등히 많았죠. 그런데 일반적으로 성을 공격하려면, 성을 지키는 쪽보다 열 배 이상의 군사가 필요하다고 합니다. 즉 성을 지키는 쪽이 절대적으로 유리하다 할 수 있겠죠.

그날 근데 성안에 갇힌 걸 수도 있잖아요? 관군이 무기나 화력 면에서 더 우수했을 텐데, 성 하나쯤은 쉽게 공략하지 않았을까 하는 생각도 들거든요.

박금수 홍경래의 난 때 관군이 새로 제작한 무기로 윤제라는 게 있어요. 바퀴 윤(輪) 자에 사다리 제(梯) 자인데, 먼저 성벽을 굽어볼 정도로 높은 사다리 위에서 조총수들이 아래를 향해 공격합니다. 마치 오늘날 헬기에서 아래로 사격하는 것처럼요. 그리고 그 밑

「정주성공위도」

에는 살수들이 숨어 있다가 윤제가 성벽에 가까이 다가가면 바로 사다리를 타고 성벽을 넘어 싸웠죠. 그런데 정주성 전투에서는 이 신무기가 그다지 큰 성공을 거두지 못했다고 합니다. 윤제가 가까이 접근하면 봉기군이 마른 풀과 화약을 던져서 윤제를 불태움으로써 공격을 막아냈다고 합니다.

그날 홍경래의 난 때문에 최첨단 무기까지 개발했는데도 진압에 실패한 거예요. 훈련이 덜 된 상태인 거 같고요. 근데 봉기군으로서는 관군이 성에 오르지 못하게 하려면 끊임없이 방어해야 할 거 같은데, 어떤 식으로 관군의 접근을 막았을까요?

박금수 일단 조총과 활을 쏴서 관군의 접근을 막는 것이 기본적인 방법이 되겠죠? 그래서 봉기군은 관군이 사람의 걸음 수로 100보 밖에 있을 때는 활을 쓰고, 100보 안으로 들어오면 조총을 쏘고, 더 가까이 접근하면 돌을 던져서 관군을 막았다고 합니다. 성에 가 보면 총안(銃眼)이라는 구멍들이 있잖아요. 조총은 그 구멍을 통해서 조준 사격을 하는데, 활은 조총보다는 동작이 좀 크죠. 그래서 쏘는 방법이 평상시와는 좀 달랐다고 합니다. 평상시에 활을 쏘는 방법은 생각보다 시간이 오래 걸리고, 몸이 노출되어서 화살을 장전하는 도중에 여러 발의 화살과 총알을 맞기 십상입니다. 반면에 봉기군은 성벽에 최대한 몸을 붙여서 장전을 끝낸 다음에 하늘을 향해서 시위를 어느 정도 미리 당겨 놨다가, 바로 일어나자마자 조준해서 활을 쏘았을 것으로 생각합니다.

그날 총보다도 활을 쏘는 사람들이 조금 더 훈련이 잘되어 있어야 했겠네요. 말만 들어도 얼마나 격렬했을까 싶어요. 지키려는 자나 함락하려는 자나, 동족끼리 못할 짓입니다.

박금수 그리고 아까 성벽 가까이 오면 돌을 던진다고 말씀드렸죠? 돌팔매로 던지기도 했는데 숙련된 사람들은 매우 강하고 정확하게

성을 수비하는 법 활을 쏘기 전에 하늘을 향해 미리 시위를 당겨 놓기(왼쪽), 대나무 막대를 이용해 돌을 던지기(가운데), 항아리에 들어가 땅굴을 탐지하기(오른쪽).

던질 수 있었다고 합니다. 실제로 정조 시대에 활동했던 송규빈이라는 사람이 쓴 『풍천유향』에는 "대나무 막대에 물풀매를 달고 돌을 담아서 빙빙 돌리다 던지면 힘이 강하고 맹렬하여 맞는 것을 모두 부술 수 있다."라고 나옵니다.

그날 돌을 빙빙 돌린 후에 힘을 더 세게 해서 던지려면 훈련을 꽤 해야 할 거 같아요.

박금수 성을 공격하는 방법으로는 성을 넘는 방법과 부수는 방법이 있는데, 또 한 가지 방법이 있습니다. 그게 무엇일까요?

류근 군대에서 장애물을 통과하는 방법이 세 가지가 있잖아요. 타 넘기, 우회하기, 밑으로 가기로 기억합니다.

박금수 그렇죠. 정확하게 맞히셨습니다. 바로 땅굴을 파는 거죠. 그런데 당시에는 항아리를 이용해서 성을 향해 땅굴을 파는지 안 파는지 감지할 수 있었다고 합니다. 지금 이해가 잘 안 가시죠? 직접 체험해 봐야 하는데, 제가 이윤석 씨에게 체험할 기회를 드리겠습니다. 무서울 수도 있는데, 한번 들어가 보시죠.

이윤석   실제로 사람이 이 안에 들어갔다는 거죠? 엄청나게 좁은데요.

박금수   제가 항아리를 두드려 볼 테니 소리를 한번 들어 보세요. 별로 안 크죠? 이번엔 안으로 들어가서 들어 보세요. 머리를 집어넣으시고, 이제 제가 다시 두드려 보겠습니다.

이윤석   오, 차이가 나네요. 한 서너 배는 커요. 소리가 울려요.

박금수   아주 크게 들리시죠? 그래서 밤에는 보초병을 이 항아리에다 집어넣죠. 그러면 밖에서 아무리 조용히 해도 삽질하는 소리와 곡괭이질 소리를 이 항아리를 통해서 들을 수 있습니다.

그날   이를테면 항아리가 청진기 역할을 하는 거네요.

박금수   그렇죠. 일종의 땅굴 탐지기입니다.

그날   박사님, 실제로 농성전을 할 때 저런 항아리를 정말 사용했어요?

박금수   조선 후기에 편찬된 『병학지남연의』라는 병서에 이런 방법도 있다고 제시되어 있습니다. 이렇게 공성전과 농성전에 사용되는 다양한 무기를 소개해 드렸는데, 사실 성을 지키는 사람들의 또 다른 무기는 결사 항전의 의지라고 볼 수 있겠습니다. 방금 말씀 드린 항아리 안에 들어간 사람이 졸거나 잠을 잔다면 땅굴을 파는 소리를 들을 수 없겠죠? 정주성에서 봉기군이 넉 달간이나 버틸 수 있었던 것은 결국에는 어떤 상황에도 꺾이지 않는 저항 정신이 있었기 때문이라고 할 수 있겠습니다.

그날   의지는 굉장히 강했잖아요. 전투 결과는 어떻게 됐을까요?

홍경래의 난, 막을 내리다

1812년(순조 12) 음력 4월, 일촉즉발의 대치 상황 속에
관군의 은밀한 작전이 진행된다.

성벽을 허물고자 정주성 북장대 아래에
땅굴을 파고 화약을 묻기로 한 것이다.

4월 19일 새벽, 마침내 도화선에 불이 댕겨지고
1700근이 넘는 화약은 견고하던 성벽을 날려 버린다.

물밀 듯이 밀려온 수천 명의 관군과
그 절반도 되지 않는 봉기군의 치열한 전투.

결국 대원수 홍경래는 총에 맞아 숨지고
100여 일간의 교전은 허무하게 끝을 맺는다.

정주성 함락과 함께 약 3000명의 봉기 가담자가 체포되고
여자와 어린이를 제외한 1900여 명이 참수형에 처해진다.

백성들에게 새로운 세상을 꿈꾸게 했던 홍경래의 난.
아래에서 시작된 저항은 그렇게 막을 내린다.

그날 저렇게 많은 사람이 죽었는지는 몰랐네요. 정말 저항밖에는 다른 대안이 없었던, 가난하고 핍박받던 백성들 아닙니까? 나라에서 조금만 보살펴 줬어도 반란군에 합세하지 않았을, 그냥 보통 사람들인 거예요. 가슴이 아픕니다. 굳이 1900여 명이나 참수했었어야 했나요? 무시무시하지 않아요? 살아남은 아이와 여자들도 아마 노비가 되었겠죠? 게다가 좀 당황스러운 것이, 화약 1700근은 요즘으로 치면 1000킬로그램 정도 되는 엄청난 양이거든요. 활 쏘고, 칼 휘두르면서 싸울 줄 알았는데 갑자기 화약을 설치해서 터뜨려 버리니까 황당하네요.

신병주 고려 말에 최무선[11]이 화약을 개발하잖아요. 그런데 외적을 대비하고자 만든 화약이 백성들에게 사용된 거죠.

그날 처음에 이윤석 씨가 말한 노래의 홍경래 부분 가사가 "못 살겠다 홍경래"였잖아요. 오죽 못 살겠으면 그랬겠어요. 죽을 거 뻔히 알면서 저항하는 거죠.

최태성 이런 봉기를 통해서 위정자들이 자신을 돌아볼 줄 알아야 하는데, 꺾기만 하면 해결될 것으로 착각들을 한다는 거죠. 이런 교훈을 배워야 할 거 같아요.

그날 홍경래의 난 당시에 순조의 몸이 좀 좋지 않았다고 했잖아요. 외람된 이야기일 수 있지만, 조선의 상황을 조금 상징하는 게 아닌가 하는 생각이 조금 들어요. 어쨌든 이렇게 많은 희생을 치렀는데, 세도정치와 지역 차별은 조금이라도 해결되나요?

권내현 조정으로서는 단순하게 반란을 진압한 것에 지나지 않습니다. 그래서 사회적 모순을 해결하기 위한 근본적인 개혁 조치는 전혀 취하지 않습니다. 결국은 사회적 모순이 계속해서 누적되고, 백성들의 불만이 축적되면서 농민들이 이른바 항쟁과 저항의 주체로 성장해 나가죠. 그 결과 1862년의 임술 농민 봉기나 1894년의 동학농민운동으로 발전해 나갔다고 볼 수가 있겠습니다.

최태성 비록 봉기는 실패했지만, 홍경래라는 이름은 저항의 상징으로 남죠. 홍경래의 난 이후에도 여러 봉기가 있었는데, 그때마다 늘 홍경래라는 이름이 거론되거든요. 홍경래는 죽지 않고 다른 어딘가에서 새로운 꿈을 꾸고 있다는 식으로 민심을 동요시키는 데 활용되는 건데, 심지어 『홍경래전』이나 『홍경래실기』에는 홍경래가 죽지 않고 도망쳤다고 나와 있습니다.

신병주 그만큼 그 당시 백성들에게 홍경래가 살아 있었으면 하는 바람, 그리고 살아 있다면 분명히 또 우리에게 뭔가 비전을 제시해 줄 것이라는 의식이 계속 남아 있었던 거죠.

그날 이렇게 우리가 홍경래에 관해 이야기함으로써 홍경래는 살아 있는 거나 마찬가지잖아요.

최태성 우리 시대에도 홍경래가 제기했던 문제들이 여전히 있는 건 아닌지 자꾸 둘러보게 되네요.

신병주 결과적으로 보면 홍경래를 중심으로 한 봉기는 실패로 끝나죠. 세도정치의 장벽을 결국 넘지 못했고요. 또한 지역 차별을 호소했지만, 평안도 지역 일대에 한정된 봉기로만 끝난 한계성이 분명히 나타납니다. 그러나 또 다른 관점에서 보면 19세기에 농민들의 의식이 성장하고 새로운 저항의 시대를 열어 가는 기폭제가 되었다는 점에서 홍경래의 난이 지니는 역사적 의미가 크다고 볼 수 있습니다.

그날 홍경래의 난이 농민 항쟁으로 발전하면서 백성이 저항의 주체가 될 수 있다는 깨우침을 얻었던 날, 역사의 전환점이 됐던 바로 그날을 살펴본 거네요.

1 영조, 반란의 칼끝에 탕평으로 맞서다

병마절도사(兵馬節度使): 조선 시대에 각 지방의 병마를 지휘하던 종2품의 무관 벼슬. 1466년(세조 12)에 병마도절제사를 고친 것이다.

『남정일록(南征日錄)』: 1728년(영조 4) 무신란 때의 사실을 적은 책. 영조의 명에 의하여 엮은 것으로, 이인좌 등이 밀풍군 탄을 추대하고 일으킨 반란의 경과를 오명항 등이 기록하였다.

정중부(1106~1179): 고려 시대의 무신. 무신을 학대하는 데 불만을 품고 정변을 일으켜, 임금을 폐하고 정권을 잡은 후 무단정치를 행하다가 경대승에게 피살되었다.

이의민(?~1196): 고려 시대의 무신. 천민 출신으로 1170년 정중부의 난에 가담하여 공을 세웠으며, 경대승이 죽은 후 권력을 잡아 13년 동안 독재하다 최충헌에게 살해되었다.

도참사상(圖讖思想): 앞날의 길흉에 관한 예언을 믿는 사상. 음양오행설, 풍수지리설, 천인(天人) 감응설(感應說), 부서설(符瑞說) 등을 혼합하여 천변지이(天變地異)를 설명하였다. 중국 주나라 말 혼란기에 움텄는데, 우리나라에는 신라 말기와 고려 초기에 들어와 퍼졌다.

경신환국(庚申換局): 1680년(숙종 6), 서인 일파가 반대파인 남인을 몰아내고 권력을 잡았던 사건. 서인의 김석주 등이 주동이 되어 남인인 영의정 허적의 서자 허견이 복창군, 복선군, 복평군 형제와 함께 역모를 꾀한다고 고발하여 남인을 권력에서 대거 몰아내고 정권을 잡았다.

기사환국(己巳換局): 1689년(숙종 15)에 소의 장씨 소생의 아들을 원자로 정하는 문제로 정권이 서인에서 남인으로 넘어간 일. 원자 책봉에 반대한 서인이 원자 책봉을 지지한 남인에 패배하였으며, 송시열은 제주도로 유배된 후 사사되었다.

갑술환국(甲戌換局): 1694년(숙종 20)에 당시의 집권층인 남인이 폐비 민씨의 복위 운동을 꾀하던 일파를 제거하려다 도리어 화를 입은 사건. 이를 계기로 남인계는 와해되고 소론계가 집권하게 되었으며, 정계는 노론과 소론의 양립 국면으로 전환하였다.

몽진(蒙塵): 먼지를 뒤집어쓴다는 뜻으로, 임금이 난리를 피하여 안전한 곳으로 떠남.

조현명(1690~1752): 조선 후기의 문신. 자는 치회(稚晦). 호는 귀록(歸鹿)·녹옹(鹿翁). 이인좌의 난 때 공을 세웠고 탕평책을 주장해 붕당에 끼지 않았다. 문집으로 『귀록집』이 있고 『해동가요』에 시조 한 수가 전한다.

제네바 조약: 스위스 제네바에서 조인된 네 차례의 조약. 전투 지역에 있는 군대 부상자의 상태 개선과 포로의 인도적 대우, 전시(戰時)의 민간인 보호 등을 규정한다.

이광좌(1674~1740): 조선 후기의 문신. 자는 상보(尙輔), 호는 운곡(雲谷). 소론 출신으로, 1723년(경종 3)에 우의정, 1725년(영조 1)에 영의정에 올랐다가 노론의 등장으로 파직되었다. 1727년(영조 3) 정미환국으로 다시 영의정에 올랐다. 저서로 『운곡실기』가 있다.

민진원(1664~1736): 조선 후기의 문신. 자는 성유(聖猷). 호는 단암(丹巖)·세심(洗心). 누이는 인현왕후로, 이조판서와 호조판서를 지내고 우의정에 올랐으며, 노론의 거두로 소론과 대결했고 탕평책을 반대했다. 문장과 글씨에 능하였고, 저서로 『단암주의(丹巖奏

議)』,『연행록(燕行錄)』 등이 있다.

2 백성들의 슈퍼 히어로, 어사 박문수

1 모음조화(母音調和): 두 음절 이상의 단어에서, 뒤의 모음이 앞 모음의 영향으로 그와 가깝거나 같은 소리로 되는 언어 현상으로, 'ㅏ', 'ㅗ' 등의 양성모음은 양성모음끼리, 'ㅓ', 'ㅜ' 등의 음성모음은 음성모음끼리 어울리는 현상이다.

2 이항복(1556~1618): 조선 후기의 문신. 자는 자상(子常). 호는 백사(白沙)·필운(弼雲). 임진왜란 때 병조판서로 활약했으며, 뒤에 벼슬이 영의정에 이르렀다. 광해군 때에 인목대비 폐모론에 반대하다 북청으로 유배되어 죽었다. 저서로 『백사집(白沙集)』,『북천일기(北遷日記)』,『사례훈몽(四禮訓蒙)』 등이 있다.

3 이덕형(1561~1613): 조선 후기의 문신. 자는 명보(明甫). 호는 한음(漢陰)·쌍송(雙松). 1592년(선조 25)에 예조참판에 올라 대제학을 겸임하였다. 임진왜란이 일어나자 동지중추부사로서 일본 사신 겐소와 화의를 교섭하였으나 실패했다. 그 후 왕을 정주까지 호종하였고, 청원사(請援使)로 명나라에 파견되어, 원병을 요청하여 성공을 거두었다. 광해군 즉위 후에 영의정에 올랐다. 저서로 『한음문고(漢陰文稿)』가 있다.

4 가렴주구(苛斂誅求): 세금을 가혹하게 거두어들이고, 무리하게 재물을 빼앗음.

5 감진어사(監賑御史/監賑御使): 조선 시대에 기근이 들었을 때 임금이 지방에 파견하던 특명 사신. 기근의 실태를 조사하고 지방관들의 구제 활동을 감독하기 위한 것으로, 주로 당하관 중에서 선발하였는데, 특별히 당상관이 선발될 때는 '사(史)' 자 대신 '사(使)' 자를 썼다.

6 증광시(增廣試): 조선 시대에 나라에 큰 경사가 있을 때 시행하던 임시 과거 시험. 1401년(태종 1)에 처음 시행하였으며, 생진과의 초시와 복시, 문과의 초시와 복시와 전시까지 총 다섯 단계로 나누었다.

7 신임옥사(辛壬獄事): 1721년(경종 1)에 왕의 동생인 연잉군을 세제로 책봉하고 정무를 대신하게 하자는 노론사대신의 주장을 소론이 불가하다고 상소하며 역모라고 고함으로써 노론사대신을 극형에 처했다.

8 궁방(宮房): 조선 시대에 왕실의 일부인 궁실(宮室)과 왕실에서 분가하여 독립한 대원군, 왕자, 공주, 옹주가 살던 집을 통틀어 이르던 말이다.

9 북: 베틀에서 날실의 틈으로 왔다 갔다 하면서 씨실을 푸는 기구. 베를 짜는 데 중요한 역할을 하며, 배 모양으로 생겼다.

10 보인(保人): 조선 시대에 군에 직접 복무하지 아니하던 병역 의무자. 정군(正軍) 한 명에 대하여 두 명에서 네 명씩 배당하여, 실제로 복무하는 대신에 베나 무명 따위를 나라에 바쳤다.

11 선무군관포(選武軍官布): 1751년(영조 27)에 균역법의 시행에 따라 양인의 자제 중에서 새로 임명된 군관인 선무군관에게 해마다 한 필씩 부과하던 군포.

12 코스프레: 코스튬 플레이(costume play)의 일본식 조어로, 애니메이션이나 만화의 캐릭터, 혹은 인기 연예인들이 입은 의상을 꾸미어 입고 흉내 내거나 즐기는 행위다.

13 『탁지정례(度支定例)』: 조선 영조와 정조 때에 호조에서 왕실의 각 궁(宮)·전(殿)과 중앙 각 사(司) 등의 재정수입과 재정지출에 관

해서 그 규모와 규정을 기록한 책. 조선 후기 중앙 재정의 구조를 살피는 데 기본이 되는 자료다.

3 아바마마, 소자의 죽을죄가 무엇이옵니까

『임오일기(壬午日記)』: 승정원 주서 이광현이 사도세자가 뒤주에 갇혀 죽임을 당한 임오년의 상황을 기록한 일기.

밭소주방: 외소주방이라고도 한다. 조선 시대에 대전 밖에 있던 소주방. 주로 선원전에 차례를 올리거나 진연(進宴), 회작(會酌) 또는 그 밖의 잔치 때 음식을 만들던 곳이다.

『효경(孝經)』: 공자가 제자인 증자에게 전한 효도에 관한 논설 내용을 기록한 책. 유교 경전의 하나다.

『삼국지연의(三國志演義)』: 중국 원나라의 작가 나관중이 지은 장편 역사소설. 유비, 관우, 장비가 도원결의하는 것에서 시작하여 오나라의 손호가 항복하여 천하가 통일될 때까지의 사적을 소설체로 풀어 서술하였다. 중국의 사대기서(四大奇書) 가운데 하나다.

청룡언월도(靑龍偃月刀): 보병이나 기병이 쓰던 긴 칼을 이르던 말. 날은 반달 모양이고, 칼등의 중간에 딴 갈래가 있어서 두 겹의 상모를 달도록 구멍이 있으며, 밑은 용의 아가리를 물렸다. 중국식과 우리나라식의 두 가지가 있는데, 우리나라 것의 전체 길이는 일곱 자로 중국 것보다 조금 길다.

모원의(1594~1640): 명나라 말기의 인물로 병법서 『무비지』를 지었다.

『무예신보(武藝新譜)』: 1759년(영조 35)에 사도세자가 만든 무예 교본. 훗날 정조의 『무예도보통지』 간행에 참고가 되었다.

김재로(1682~1759): 조선 후기의 문신. 자는 중례(仲禮). 호는 청사(淸沙)·허주자(虛舟子). 1710년(숙종 36)에 문과에 급제하고 지평과 수찬을 거쳐 좌의정과 영의정을 지냈다. 노론의 선봉으로 활약하였으며, 청빈한 재상으로 이름이 높았다.

홍봉한(1713~1778): 조선 후기의 문신. 자는 익여(翼汝). 호는 익익재(翼翼齋). 사도세자의 장인으로, 영조를 도와 국고의 충실을 꾀하고, 환곡의 작폐를 엄금하며 은결(隱結)의 조사를 시행하였으며, 1770년(영조 46)에 왕명으로 『동국문헌비고』를 찬수하였다.

4 죄인의 아들 정조, 왕이 되다

의궤(儀軌): 예전에 나라에서 큰일을 치를 때 후세에 참고하기 위하여 그 일의 처음부터 끝까지의 경과를 자세하게 적은 책.

홍계희(1703~1771): 조선 후기의 문신. 자는 순보(純甫). 호는 담와(淡窩). 통신사로 일본에 다녀왔으며 균역청을 설치하고 균역법 제정에 힘썼다. 왕명으로 『해동악(海東樂)』을 지었으며, 저서에 『삼운성휘』가 있다.

장용영(壯勇營): 1793년(정조 17)에 왕권 강화를 목적으로 설치한 금위(禁衛) 조직으로, 내영(內營)과 외영(外營)으로 구성되어 각각 한양 도성과 수원 유수부(留守部)의 숙위(宿衛) 업무를 담당하다가 1802년(순조 2)에 폐지되고 외영만 축소되어 총리영(總理營)으로 바뀌었다.

화성(華城): 조선 정조 때 경기도 수원시에 쌓은 성. 1794년(정조 18)에서 1796년(정조 20) 사이에 영중추부사 채제공의 주관하에 축성하였는데, 근대적 성곽 구조를 갖추고 거중기 등의 기계장치를 활용함으로써 우리

나라 성곽 건축 기술 사상 중요한 위치를 차지한다. 1997년에 유네스코 세계 문화유산으로 지정되었다.

5 현릉원(顯隆園): 경기도 화성시에 있는 사도세자의 묘. 정조 때 영우원을 고친 것으로, 1899년(고종 36)에 사도세자를 장조로 추존하면서 '융릉'으로 승격했다.

5 정조, 소상인의 눈물을 닦아 주다

1 매점매석(買占賣惜): 물건값이 오를 것을 예상하여 한꺼번에 샀다가 팔기를 꺼려 쌓아 두는 행위를 가리킨다.

2 사농공상(士農工商): 예전에 백성을 나누던 네 가지 계급. 선비, 농부, 공장(工匠), 상인을 이르던 말이다.

3 신문고(申聞鼓): 조선 시대에 백성이 억울한 일을 하소연할 때 치게 하던 북. 태종 때에 대궐의 문루에 달았으며 등문고를 고친 이름이다.

6 정조 최후의 날, 죽음을 둘러싼 미스터리

1 주사(朱沙): 황화수은(HgS)을 주성분으로 하는 붉은색의 천연 광물. 육방정계에 속하며 진한 붉은색을 띠고 다이아몬드 광택이 난다. 흔히 덩어리 모양으로 점판암, 혈암, 석회암 속에서 나며 수은의 원료, 붉은색 안료(顔料), 약재로 쓴다.

2 법제(法製): 약의 성질을 그 쓰는 때에 따라 알맞게 바꾸기 위하여 정해진 방법대로 가공해 처리하는 일.

3 경옥고(瓊玉膏): 생지황(生地黃), 인삼, 백복령(白茯苓), 백밀(白蜜) 따위를 넣어서 달여

만드는 보약. 혈액 순환을 고르게 해 준다.

4 독삼탕(獨蔘湯): 인삼을 넣어서 달여 만드는 탕약. 병이 매우 위태할 때에 쓴다.

5 팔물탕(八物湯): 사물탕과 사군자탕을 합한 탕약. 기허(氣虛), 혈허(血虛)를 겸한 증상에 쓴다.

6 김구주(1740~1786): 조선 후기의 문신. 누이가 영조의 계비가 되자 음보(蔭補)로 좌승지에 오른 후, 사도세자를 무고하여 죽이고 홍봉한을 영의정에서 물러나게 하였다. 왕세손인 정조가 즉위하자, 흑산도로 유배되었다.

7 김효원(1532~1590): 조선 전기의 문신. 자는 인백(仁伯). 호는 성암(省庵). 1565년(명종 20)에 문과에 장원하고 정언과 지평을 거쳐 이조참의에 이르렀다. 신진 사림파인 동인의 중심인물로, 기성 사림파인 서인 심의겸과 대립해 당쟁의 근원이 되었다. 저서로 『성암집』이 있다.

8 심의겸(1535~1587): 조선 전기의 문신. 자는 방숙(方叔). 호는 손암(巽菴)·간암(艮菴)·황재(黃齋). 이황의 문인으로 대사헌을 지냈으며, 서인의 중심인물이 되어 김효원을 중심으로 한 신진 세력과 대립한 것이 당쟁의 시초가 되었다.

9 이발(1544~1589): 조선 전기의 문신. 자는 경함(景涵). 호는 동암(東巖)·북산(北山). 1573년(선조 6) 문과에 급제하였으며 1583년(선조 16) 부제학을 지내고, 이듬해 대사간에 이르렀다. 북인의 수령이 되어 왕도 정치를 제창하였으나, 정여립의 모반 사건에 연좌되어 장살(杖殺)되었다.

10 우성전(1542~1593): 조선 후기의 문신·의병장. 자는 경선(景善). 호는 추연(秋淵)·연암(淵庵). 이황의 문인으로, 임진왜란 때 의병

장 김천일과 함께 강화에서 왜적과 싸우다 병사하였다. 저서로 『계갑일록(癸甲日錄)』이 있다.

11 안정복: 조선 후기의 학자(1712~1791). 자는 백순(百順). 호는 순암(順菴)·한산병은(漢山病隱)·우이자(虞夷子)·상헌(橡軒). 이익의 문인으로, 그의 학문을 계승하여 발전시켰다. 특히 과거의 역사와 지리학을 비판하고 우리 역사의 정통성과 자주성을 세웠다. 저서로 『동사강목』, 『순암집』, 『가례집해(家禮集解)』 등이 있다.

12 정약종(1760~1801): 조선 후기의 학자·천주교인. 정약용의 셋째 형이다. 이승훈과 함께 청나라의 신부 주문모를 맞아들이고, 천주교 회장이 되어 전교(傳敎)에 힘쓰다가 체포되어 처형당하였다.

13 정약전(1758~1816): 조선 후기의 학자·천주교인. 자는 천전(天全). 호는 손암(巽庵)·연경재(研經齋). 정약용의 둘째 형이다. 전적(典籍)과 병조 좌랑(佐郎)을 역임했고, 천주교의 전교에 힘쓰다 신유박해 때 흑산도에 귀양 가서 죽었다. 저서로 『자산어보』가 있다.

14 이가환(1742~1801): 조선 후기의 학자·천주교인. 자는 정조(廷藻). 호는 금대(錦帶)·정헌(貞軒). 안정복, 정약용 등과 교유하며 학문 연구에 힘썼으며 천주교에 흥미를 갖고 그 교리를 연구하였으나, 신해박해 때는 광주 부윤으로서 천주교를 탄압하였다. 벼슬에서 물러난 후 천주교 신자가 되어 신유박해 때 순교하였다. 문장과 글씨에 뛰어났으며, 저서로 『기전고』가 있다.

15 박제가(1750~1805): 조선 후기의 실학자. 자는 차수(次修)·재선(在先)·수기(修其). 호는 위항도인(葦杭道人)·초정(楚亭)·정유(貞蕤). 시문 사대가(詩文四大家)의 한 사람으로, 박지원에게 배웠으며, 이덕무, 유득공 등과 함

께 북학파를 이루었다. 시와 그림, 글씨에도 뛰어났으며 저서로 『북학의』, 『정유고략(貞蕤稿略)』 등이 있다.

16 이덕무(1741~1793): 조선 후기의 학자. 자는 무관(懋官). 호는 형암(炯庵)·아정(雅亭)·청장관(靑莊館). 박학다식하였으며 개성이 뚜렷한 문장으로 이름을 떨쳤으나, 서출이라 크게 등용되지 못하였다. 청나라에 건너가 학문을 닦고 돌아와 북학 발전의 기초를 마련하였다. 박제가, 이서구, 유득공과 함께 사가(四家)로 이른다. 저서로 『청장관전서』가 있다.

17 유득공(1749~1807): 조선 후기의 실학자. 자는 혜풍(惠風)·혜보(惠甫). 호는 고운당(古芸堂)·영재(泠齋)·영암(泠庵). 사가의 한 사람으로, 벼슬은 규장각 검서와 풍천 부사에 이르렀다. 박지원의 문하생으로 실사구시의 한 방법으로 산업 진흥을 주장하였다. 저서로 『영재시초(泠齋詩抄)』, 『발해고(渤海考)』 등이 있다.

18 건륭제(1711~1799): 중국 청나라의 제6대 황제. 본명은 홍력(弘曆). 묘호는 고종. 건륭은 연호. 인도차이나, 대만, 티베트 등지를 평정하여 강한 국가를 형성하였다. 『대청일통지』와 『사고전서』 등을 편집하도록 하여 청나라의 융성기를 이루었다. 재위 기간은 1735~1795년이다.

7 순조, 김조순의 딸을 왕비로 맞던 날

1 삼정(三政): 나라의 정사 가운데 가장 중요한 전정(田政), 군정(軍政), 환곡(還穀)의 세 가지. 토지세와 군역의 부과 및 양곡 대여와 환수를 이른다.

창의문(彰義門): 서울특별시 종로구 창의동에 있는 성문. 1396년(태조 5)에 세운 사소문

가운데 남은 유일한 문이다.

3 김수항(金壽恒, 1629~1689): 조선 후기의 문신. 자는 구지(久之). 호는 문곡(文谷). 1651년(효종 2)에 알성문과에 장원으로 급제하고, 서인으로 대제학과 영의정을 지냈다. 1689년(숙종 15)에 기사환국으로 남인이 재집권하자 진도에 유배되어 사사되었다. 저서로 『문곡집』, 『송강행장(松江行狀)』 등이 있다.

4 예문관(藝文館): 조선 시대에 사명(詞命)을 짓는 일을 맡아보던 관아. 1392년(태조 1)에 둔 예문춘추관을 1401년(태종 1)에 예문관과 춘추관으로 분리하였는데, 1894년(고종 31)에 경연청에 합하였다.

5 「평산냉연(平山冷燕)」: 중국 청나라 초기의 재자가인 소설. 산현인의 딸 산대와 그의 몸종 냉강설이 평여형, 연백함과 결혼하는 내용이다. 작품 제목은 이 네 사람의 성을 모은 것이다. 작가와 연대는 알 수 없다.

6 서장관(書狀官): 외국에 보내는 사신 가운데 기록을 맡아보던 임시 벼슬. 정사, 부사와 함께 삼사(三使)로 불리며, 직위는 낮지만 행대어사를 겸하였다.

7 남공철(南公轍, 1760~1840): 조선 후기의 문신·문장가. 자는 원평(元平). 호는 사영(思穎)·금릉(金陵). 대사성과 부제학을 거쳐 영의정을 지냈다. 글씨에 뛰어나 많은 금석문을 남겼고 전사자(全史字)라는 동활자를 만들었다.

8 심상규(沈象奎, 1766~1838): 조선 후기의 문신. 초명은 상여(象輿). 자는 치교(穉敎)·가권(可權). 호는 두실(斗室)·이하(彝下). 영의정을 지냈고 『만기요람』을 편찬하였다. 저서로 『두실존고(斗室存稿)』가 있다.

9 홍동백서(紅東白西): 제사상을 차릴 때 붉은 과실은 동쪽에 흰 과실은 서쪽에 놓는 일.

10 차대(次對): 매달 여섯 차례씩 의정, 대간(臺諫), 옥당(玉堂) 들이 임금 앞에 나아가 정무를 보고하던 일.

11 돈령부(敦寧府): 조선 시대에 왕실 친척들의 친목을 위한 사무를 맡아보던 관아. 1414년(태종 14)에 처음 설치하였다가 1894년(고종 31)에 종정부에 합쳤다.

12 영돈령부사(領敦寧府事): 조선 시대에 둔 돈령부의 으뜸 벼슬. 품계는 정1품으로 국구에게 내리었다.

13 황현(黃玹, 1855~1910): 구한말의 시인·학자. 자는 운경(雲卿), 호는 매천(梅泉). 성균관 생원으로 지내다가 갑신정변 이후 민씨 정권의 무능과 부패에 환멸을 느껴 벼슬하기를 단념하고 귀향해 시작(詩作)에 전념하였다. 1910년에 일본에 국권을 강탈당하자 망국의 울분을 이기지 못하고 자살하였다. 저서로 『매천야록(梅泉野錄)』이 있다.

14 김유근(金逌根, 1785~1840): 조선 후기의 문신. 자는 경선(景先). 호는 황산(黃山). 예조판서, 병조판서, 판돈령부사를 지냈다. 글씨, 그림, 시에 뛰어났으며, 특히 바위를 잘 그렸다. 저서로 『황산집』이 있다.

15 김좌근(金左根, 1797~1869): 조선 후기의 문신. 자는 경은(景隱). 호는 하옥(荷屋). 1838년(헌종 4)에 문과에 급제하고, 벼슬이 영의정에 이르렀다. 김조순의 아들로 안동 김씨 세도정치의 중심인물이었으나 대원군의 집정으로 실각하였다.

16 김병학(金炳學, 1821~1879): 조선 후기의 문신. 자는 경교(景敎). 호는 영초(穎樵). 1853년(철종 4)에 정시 문과에 급제하고, 장령(掌令)과 사간을 거쳐 좌의정에 이르렀다. 보수파의 척화론자로서 천주교 탄압을 주장하였다. 『철종실

록』과 『대전회통』의 편찬에 관여하였다.

김병국(1825~1905): 조선 후기의 대신. 자는 경용(景用). 호는 영어(穎漁). 1850년(철종 1)에 문과에 급제하여, 육조의 판서와 영의정을 지냈다. 안동 김씨 세도의 권세가로, 흥선대원군의 통상·수교의 거부에 동조하였다.

김병기(1818~1875): 조선 후기의 권신. 자는 성존(聖存). 호는 사영(思穎). 훈련대장과 육조의 판서를 두루 지내고, 대원군 집정으로 한때 한직에 머물다가 다시 좌찬성에 올랐다. 저서로 『사영집』이 있다.

김동인(1900~1951): 1910~1930년대에 활약한 작가. 호는 금동(琴童)·춘사(春士). 1919년에 우리나라 최초의 순수 문예 동인지 《창조》를 발간하였고, 사실주의적 수법과 문장의 혁신을 보여 주었다. 작품으로 단편 「약한 자의 슬픔」, 「배따라기」, 「감자」, 장편 「운현궁의 봄」 등이 있다.

유수(留守): 조선 시대에 수도 외의 요긴한 곳을 맡아서 다스리던 정2품의 외관(外官) 벼슬로, 개성, 강화, 광주, 수원, 춘천 등지에 두었다.

8 홍경래의 난, 저항의 시대를 열다

『대동기문(大東奇聞)』: 강효석이 세상에 알려지지 않은 기이한 이야기를 모아 엮은 책. 조선 태조 때부터 고종 때까지 역대 인물의 전기와 그들에 관련된 일화를 총 716항으로 수록했다. 1926년에 한양 서원에서 간행했다.

소과(小科): 생원과 진사를 뽑던 과거. 초시와 복시가 있었다.

『진중일기(陣中日記)』: 홍경래의 난 당시의 일기. 저자는 확실하지 아니하며, 1811년(순조

11)에 홍경래가 기병하고 난 뒤 다음 해 토벌을 당하기까지의 경과와 사실을 기록했다.

향임(鄕任): 향소(鄕所)의 일을 맡아보던 사람으로, 좌수(座首), 별감(別監) 등이 있다.

이중환(1690~1752): 조선 후기의 실학자. 자는 휘조(輝祖). 호는 청담(淸潭)·청화산인(靑華山人). 벼슬은 병조 좌랑에 이르렀다. 이익의 실사구시 학풍을 계승하여 전국을 떠돌아다니면서 지리, 사회, 경제를 연구하였다. 저서로 『택리지』가 있다.

『택리지(擇里志)』: 1751년(영조 27)에 이중환이 지은 우리나라의 지리서. 전국 팔도의 지형, 풍토, 풍속, 교통에서 고사 또는 인물에 이르기까지 상세히 기록하였다.

윤치호(1865~1945): 구한말의 정치가. 호는 좌옹(佐翁). 윤웅렬의 아들. 일본에 다녀와서 개화사상에 눈을 뜬 후 미국에 유학했다. 서재필 등과 독립협회를 조직했으며, 국권 강탈 후 총독 암살 계획에 가담한 혐의로 6년 형을 받았다. 일제 강점기 말기에 귀족원 의원을 지냈으며 광복 후 일본에 협력한 것을 자탄하다가 자결하였다.

박종경(1765~1817): 조선 후기의 권신. 자는 여회(汝會). 호는 돈암(敦巖). 1801년(순조 1)에 문과에 급제하여 교리와 승지를 거쳐 병조판서와 이조판서를 지냈으며, 순조와 그 왕후의 총애를 받아 정사를 장악하여 권세를 부렸다.

임상옥(1779~1855): 조선 후기의 상인. 자는 경약(景若). 호는 가포(稼圃). 1810년에 우리나라 최초로 인삼 무역권을 독점하였고, 중국 청나라에 가서 북경 상인들의 불매 동맹을 교묘히 분쇄하여 큰 이득을 올렸다. 빈민과 수재민을 구제하여 관직에도 올랐다.

10 초토전술(焦土戰術): 모든 시설이나 물자를
   적군이 이용할 수 없도록 모조리 파괴하거나
   불을 질러 없애는 작전.

11 최무선(1325~1395): 고려 말기와 조선 전기
   의 무기 발명가·장군. 중국 원나라 사람에게
   서 화약 제조법을 배워 화통도감을 설치하고
   화약과 화통, 화포, 화전 등을 만들었으며,
   이를 이용하여 진포에 침입한 왜구를 크게
   무찔렀다.

고성훈 국사편찬위원회 편사연구관. 동국대학교 사학과를 졸업하고 같은 학교 대학원에서 석사 학위와 박사 학위를 받았다. 동국대학교 사학과 겸임 교수, 국사편찬위원회 연구편찬실장, 동국사학회 회장, 역사민속학회 감사 등을 역임하였고, 한국사학회 회장 등으로 활동 중이다. 주요 논저로는 「영조의 정통성을 묻다」, 「민란의 시대」(공저), 「조선후기 변란연구」, 「조선 후기 '해도기병설(海島起兵說)' 관련 변란의 추이와 성격」 등 다수가 있다.

권내현 고려대학교 역사교육과 교수. 한국역사연구회 연구위원장, 계간 《역사비평》 편집위원 등을 역임했다. 저서로는 「노비에서 양반으로, 그 머나먼 여정: 어느 노비 가계 2백 년의 기록」, 「조선후기 평안도 재정 연구」 등이 있다.

김문식 단국대학교 사학과 교수. 서울대학교 국사학과 및 같은 학교 대학원을 졸업하고, 서울대학교 규장각에서 학예연구사로 근무했다. 조선 시대의 경학 사상, 왕실 교육, 국가 전례, 대외 인식에 대해 연구해 왔다. 저서로 「조선 후기 경학 사상 연구」, 「정조의 경학과 주자학」, 「조선의 왕세자 교육」, 「정조의 제왕학」, 「조선 후기 지식인의 대외 인식」, 「조선 왕실 기록문화의 꽃, 의궤」, 「왕실의 천지 제사」 등이 있다.

박금수 사단법인 전통무예십팔기보존회 사무국장 및 서울대학교 체육교육과 강사. 서울대학교 전기공학부 및 같은 학교 대학원 체육교육과를 졸업했다. 「조선 후기 무예와 진법의 훈련에 관한 연구」로 박사 학위를 받았으며, 주요 논문에 「조선 후기 공식무예의 명칭 십팔기에 관한 연구」 등이 있고, 저서로 「조선의 武와 전쟁」이 있다.

송길영 다음소프트 부사장, 한국BI데이터마이닝학회 이사 및 이화여자대학교 경영학과의 겸임 교수. 고려대학교 컴퓨터학과에서 박사 학위를 받았으며, 오피니언 마이닝 워킹 그룹(Opinion Mining Working Group)을 개설하여 기업에서의 데이터 마이닝 활용 연구를 이끌고 있다. 저서로 「여기에 당신의 욕망이 보인다: 빅데이터에서 찾아낸 70억 욕망의 지도」가 있다.

심재우 한국학중앙연구원 인문학부 교수. 서울대학교 국사학과 및 같은 학교 대학원 국사학과를 졸업했다. 주요 논문에 「조선후기 단성현 법물야면 유학호의 분포와 성격」, 「조선 후기 소송을 통해 본 법과 사회」 등이 있고, 저서로 「조선후기 국가권력과 범죄 통제」, 「네 죄를 고하여라: 법률과 형벌로 읽는 조선」 등이 있다.

이상곤 한의학 박사. 한방 안이비인후피부과 전문의. 대구한의대학교 교수, 같은 학교 부속 한방 임상 시험 센터 부센터장, 한의사 국가고시 출제 위원 등을 역임했으며, 현재 서초 갑산한의원 원장이자 한방 안이비인후피부과 학회 상임 이사로 재직 중이다. 저서로는 「낮은 한의학」, 「왕의 한의학」 등이 있다.

이윤석 개그맨. 연세대학교 국문학과를 졸업하고, 중앙대학교 신문방송학과에서 박사 학위를 취득했다. 경기대학교 엔터테인먼트경영대학원 겸임 교수를 거쳐 현재 서울예술전문학교 학부장을 맡고 있다. 1993년 MBC 개그 콘테스트에서 금상을 받으며 개그계에 입문한 뒤 그해 MBC 「웃으면 복이 와요」에서 개그맨 서경석과 콤비를 이룬 코너로 전 국민의 사랑을 받았다. 이후 MBC 간판 예능 프로그램인 「일요일 일요일 밤에」, KBS 「쾌적 한국 미수다」 등에 출연하였다. 1995년 MBC 방송연예대상 신인상, 2004년 MBC 방송연예대상 쇼 버라이어티 부문 우수상, 2005년 MBC 방송연예대상 코미디 시트콤 부문 최우수상을 받았다.

이해영 영화감독 및 시나리오 작가. 서울예술대학교 광고창작학과를 졸업했다. 「품행 제로」, 「아라한 장풍 대작전」, 「26년」 등의 각본을 썼으며, 연출한 작품으로는 「천하장사 마돈나」, 「페스티발」, 「경성학교: 사라진 소녀들」 등이 있다.

임혜련 대학 외래 교수. 숙명여자대학교 한국사학과를 졸업했고, 같은 학교에서 박사 과정을 졸업하였다. 한남대학교에서 2년간 포스트 닥터 과정을 이수했고, 현재 충남대학교, 국군간호사관학교, 한남대학교, 숙명여자대학교 등에서 강의하고 있으며, 활발한 연구 활동을 하고 있다. 박사 학위논문으로 「19세기 수렴청정 연구」를 저술했고, 저서로는 『정순왕후, 수렴청정으로 영조의 뜻을 잇다』, 『한국 왕실여성 인물사전』(공저) 등이 있으며, 왕비를 중심으로 정치, 왕실 의례, 외척 등의 분야에서 다수의 논문을 집필하였다.

역사저널

그날

7권

영조에서 순조까지

1판 1쇄 펴냄   2016년 10월 12일
1판 2쇄 펴냄   2017년 1월 12일

지은이   KBS 역사저널 그날 제작팀
발행인   박근섭, 박상준
책임편집   이황재
펴낸곳   (주)민음사
출판등록   1966. 5. 19. (제16-490호)
주소   서울특별시 강남구 도산대로1길 62
          강남출판문화센터 5층 (우편번호 06027)
대표전화   515-2000 | 팩시밀리 515-2007
홈페이지   www.minumsa.com

ISBN 978-89-374-1707-8 (04910)
      978-89-374-1700-9 (세트)